世界の生涯学習

現状と課題

新海英行・松田武雄 編著

大学教育出版

はじめに

1980年代当初、新自由主義政策が英米をはじめいくつかの国々に導入された。その後、競争原理が最優先する政策のもとで、国際的には南北間の格差の拡大、民族紛争や宗教・宗派間抗争の激化が、そして、国内的にも富の分配の不公平、とくにマイノリティの差別と排除の拡大がこれまで以上に深刻な社会問題として自覚されるに至った。加えて市民生活においても、福祉国家時代に享受できた各種の権利が保障の対象として存続することが困難となった。

新自由主義・市場化政策がもたらした影響は顕著であった。軍事拡張をはじめ富裕層の減税、企業（中小・零細）の淘汰、金融資本の再編・系列化・肥大化、不良債権の累増化、行財政改革による公共サーヴィスの圧縮、雇用市場の劣悪化、そして教育の質的低下などである。とくに教育と福祉の分野において受益者負担原則が積極的に導入され教育や福祉の商品化をもたらし、専門職員の充実が疎かにされるなど、専門性や公共性の後退が余儀なくされた。さらに、生涯学習の機会均等原則も存続が危ぶまれ、今日に至っている。

総体的に経済的な環境条件の整備が難しい時代に直面し、ヨーロッパにおける先進諸国では生涯学習を含む教育改革が取り組まれた。例えば、英国労働党を中心とした「第3の道」政策においては、「新しい公共性」の創出を目指し、市場原理政策の緩和策が追求され、教育の最重視を謳い、疲弊した福祉・教育現場の修復と改革が試みられた。EU諸国では、雇用の安定化を求めて職業的スキルや資格取得を重視するエンプロイアビリティ（被雇用者の職業的適応力）の開発教育が重視された。一方、スウェーデンをはじめ相対的に福祉国家体制を存続させてきた北欧諸国では、教育の競争原理を排除し、大学と労働組織と自治体が協働して市民主体で無償を原則とする伝統的な生涯学習政策を持続させてきたことはあらためて注目に値する。他方、新興国では内実はアメリカンスタンダードのグローバル化の中で経済的停滞に苦しみ、教育改革が遅滞しているとは言え、青年・成人教育実践の可能性や教育的不利益層の解消を

ii

目指す「国家教育計画」（2011 年）の着実な実現が期待される。

　日本では、「生涯学習体系への移行」と題し、臨調行政改革の教育版とも言える能力主義教育政策の再編構想（1984 〜 1987（昭和 59 〜 62）年、臨時教育審議会）が提言され、教育の個性化（自由化）のもと、地域との連携、学校との連携、さらに首長部局を軸にすえた一般行政主導の生涯学習改革が試みられた。近年では指定管理者制度の導入によって市場化政策がいっそう促進され、公教育としての社会教育（生涯学習）を解体しつつあることが懸念される。

　各国の生涯学習をめぐる改革は必ずしも順調に成果をあげているとは言えないけれど、公民館をはじめ、成人教育センターや民衆大学では、人びとが日々の地域や暮らしの問題をテーマに学び合う講座やサークルにおいて自らをエンパワーし、地域や暮らしの主人公—自由、平等、公正な立場に立って公共社会を担う主体—として人びとが成長している教育実践・学習実践は数多く存在する。さらに、発展途上国ではとくに、内外の NPO、NGO 等の民間セクターによる民衆教育実践（識字をはじめ基礎的な市民教育・職業教育）が「教育への権利」を実現する貴重な担い手となっている。ドイツ民衆大学連盟のアジア・アフリカ・ラテンアメリカ諸国でのこうした教育活動への支援も有意義な働きである。こうした教育実践の中にこれからの生涯学習の可能性が潜在しているものと思われる。多くの国や地域で、とりわけ第三世界における市井の人びとによるボランタリー（自発的、自治的）な学習活動の深化・発展に期待したい。

　この間に、ユネスコは、教育を「人間の抑圧の手段ではなく解放の手段」（P. フレイレ）ととらえる教育論を基底に置き、「学習権」宣言の採択（1985 年）をはじめ、「21 世紀への成人教育計画（アジェンダ）」（1997 年）をアピールし、また「学習：秘められた宝」（1997 年）を提言するなど、生涯学習の自由と権利および公共性を正当に主張するいくつかのメッセージを世界に発信した。

　上述のような、1980 年代以降の生涯学習政策・実践の動向やユネスコや OECD のメッセージに積極的、かつ批判的に学びながら、新しい時代の生涯

学習のあるべき方向をどう構想するか。平和、民主主義、人権、さらに貧困、環境といったボーダレスで現代的な課題を正面にすえ、子ども、若者、働く市民、女性、高齢者、障がい者、先住民、および移民・難民といったマイノリティの顕在的、かつ潜在的要求に真正面に応え得るオルタナティヴな教育システム（雇用市場や労働組織と結ぶ職業教育や労働学習を含む）をどう構築するか。そのために究極的には、とりわけ福祉国家において実現した社会権としての学習権をいかに復権するか。そして何よりも、学習者の自由と自治を前提とする「権利としての生涯学習」をどう理念的に深化し、さらにどう実質化するか。以上の問題意識こそ本書の執筆者がほぼ共有するものである。

　本書は、このような問題意識に立って、わが国をはじめ、諸外国の生涯学習の政策、制度、実践について現状と課題を論述している。まさに、生涯学習をめぐる地域と日本と世界の動向を総体的に俯瞰し、それぞれの国におけるこれからの生涯学習のあり方に論及している。本書は、かつて名古屋大学社会・生涯教育研究室のOB・OGのメンバーで公にした『現代世界の生涯学習』（2002年）の全面的な改訂版である。同書の問題意識を継承しつつ、本書では、主として世紀転換期以降現在に至る日本と諸外国の生涯学習の動向に着目した。したがって、本書に収録されている各論文は日本と各国の生涯学習の概説にとどまらず、特定のテーマにフォーカスした論稿であり、本書はそれらの論文から成る論文集である。生涯学習に関心をお持ちの方々が、現代日本における生涯学習にかかわる諸問題を世界の動向を視野に入れて考える上で、また今後将来の日本と諸外国の生涯学習の可能性を読み解く上で、本書が少しでもお役に立つならば、嬉しい限りである。

　最後に、ご多忙中、玉稿を寄せていただいた諸氏にお礼を申し上げる。本書の編集作業を担って下さった松田武雄、河野明日香の両氏に深く謝意を表したい。また、出版を快諾下さった大学教育出版の佐藤守氏にお礼を申し上げる。

2016年8月15日

新海英行

世界の生涯学習
―現状と課題―

目　次

はじめに …………………………………………………………………… 新海　英行…i

序　論　輝いて生きる ─ 学びこそ原動力 ─ ………………………… 新海　英行…1
　1.　広がる「生きづらさ」─ 競争・格差・貧困の中で ─　2
　　（1）　経済的効率性を最優先する新自由主義政策　2
　　（2）　ツケは社会的弱者に　2
　2.　「輝いて生きる」身近な人びとに学ぶ ─ なかまたちと共に地域の主人公
　　として ─　4
　　（1）　「ボランティア人生50年。学習と闘いにあけくれて」M. Y さん ─ 福
　　　　　祉のまちづくりをとおして ─　5
　　（2）　「社会教育で生きがい発見し、自己実現」N. M さん　6
　　（3）　「まちづくりは人づくり」を貫く T. N さん　7
　　（4）　「ふれ合いの中でなかまと共に成長」A. S さん　8
　　（5）　「国籍を超えて共に生きられる社会に」M. K さん　9
　　（6）　「お金儲けより人儲け ─ 学びは生きることの証 ─」K. T さん　9
　　（7）　「地域の遊びは子どもにとって権利」R. O さん　10
　　（8）　40年のボランティア体験 ─「学習もだいじ、実践もだいじ」─ F. N さん
　　　　　　　　　　　　　　　　　　　　　　　　　　　　　　　　　　11
　　（9）　文化と社会教育を結ぶ J. F さん　12
　　（10）　社会教育職員として実践づくりの先端を走りきった A さんと K さん
　　　　　　　　　　　　　　　　　　　　　　　　　　　　　　　　　　13
　　（11）　紡績工場から石油コンビナートまで綴る Y. S さん ─ 生活記録と反公害
　　　　　にかかわって ─　14
　　（12）　市民として市長として教育と福祉の充実に尽力した M. M さん ─ 研究
　　　　　と実践を統一 ─　15
　3.　「輝いて生きる」人びとに見る特色 ─ 学びこそ、実践の礎 ─　16

総　論　生涯学習の国際的動向 ─ ヨーロッパを中心に ─ …… 松田　武雄…19
　1.　グローバリゼーションの中の生涯学習　19

目　次　*vii*

2.　国際機関の生涯学習に関する政策 ── ユネスコを中心に ──　*22*

3.　ヨーロッパにおける生涯学習の形態 ── EU の政策との関連で ──　*27*

4.　日本の生涯学習政策　*29*

おわりに　*32*

第1部　ヨーロッパ

第1章　ドイツ民衆大学の歴史・現状・課題 …………………… 新海　英行…*36*

1.　ドイツ教育制度における民衆大学の位置と役割　*36*

（1）　概念的定義と原理的特色　*36*

（2）　社会的役割　*38*

（3）　民衆大学の歴史的性格 ── 成立と転換 ──　*39*

2.　事業構成の特色　*43*

（1）　事業内容（講座）、受講者、職員　*43*

（2）　協働、ネットワーク、市場志向　*44*

（3）　事業と開催時間　*44*

3.　受講者　*45*

（1）　受講者の領域（テーマ）別の受講状況と年齢層の分布　*45*

（2）　参加動機　*46*

（3）　特定の受講者と目的グループ　*46*

4.　職員と講師　*47*

（1）　職員　*47*

（2）　講師　*47*

5.　管理運営と講座編成　*47*

（1）　管理運営　*47*

（2）　講座編成　*48*

6.　法制度と財政　*48*

7. DVV の発展と国際化　　*49*

　（1）　DVV の発展　　*49*

　（2）　国際化のさらなる推進　　*50*

8. 民衆大学の将来的課題　　*50*

第 2 章　高齢化と労働の多様化に対応した英国型生涯学習再構築への試み
　　　　　— "Learning Through Life"（2009）の提言とその後の動向より —
　　　　　……………………………………………………………… 鈴木　尚子…*53*

はじめに　　*53*

1. 報告書（"Learning Through Life"）の策定経緯と概要　　*54*

　（1）　報告書の策定経緯　　*54*

　（2）　報告書の概要　　*56*

2. 報告書発行以降の 3L をめぐる進捗状況 — 進展と課題 —　　*62*

おわりに　　*67*

第 3 章　北欧における成人教育と民主主義の発展
　　　　　— スウェーデン学習サークルの事例を中心に — …　木見尻 哲生…*69*

はじめに　　*69*

1. スウェーデン学習サークルの実施状況　　*71*

2. 民衆教育への国庫補助とその理念　　*74*

3. 学習サークルの創設と発展　　*76*

4. 民衆教育の担い手としての学習連盟　　*79*

おわりに　　*82*

第 4 章　フランスにおける生涯学習関係職員（アニマトゥール）の構造と課題
　　　　　……………………………………………………………… 岩橋　恵子…*85*

はじめに　　*85*

1. アニマトゥールの仕事内容　　*86*

2. アニマトゥールの種類と社会的地位　　*89*

目　次　*ix*

（1）篤志的アニマトゥール　*89*

（2）民間職員アニマトゥール　*90*

（3）地方公務員アニマトゥール　*92*

3. アニマトゥール国家資格免状改革　*94*

まとめにかえて ― 内包する課題 ―　*96*

第2部　北米・南米

第5章　アメリカ公立学校成人教育の歴史に見られる教育における公共性の

理念 ……………………………………………… 新田　照夫…*100*

1. 教育における公共性の概念とアメリカ進歩主義教育　*100*

（1）「教育」における「公共性」　*101*

（2）アメリカ進歩主義教育に見られる「自己決定」概念　*102*

2. アメリカ公立学校成人教育の歴史と理念　*104*

（1）公立学校成人教育（Los Angeles Unified School District Adult Education）

106

（2）コミュニティ・カレッジ（Los Angeles Community College District:

LACCD）　*107*

（3）ロサンゼルス地域成人教育コンソーシアム（Los Angeles Regional

Adult Education Consortium: LARAEC）　*109*

（4）アダルトスクール（Adult School）　*112*

3. アメリカ社会における教育の公共性と成人教育　*115*

第6章　ブラジルにおける青年・成人教育の展開と特徴 …… 野元　弘幸…*118*

はじめに　*118*

1. 第6回国際成人教育会議への取り組み　*119*

（1）民衆運動と民衆教育運動の拡大　*119*

（2）参加と民主的手続き　*120*

（3）ナショナルレポートの特徴　*121*

2. 青年・成人教育における参加と民主主義　*122*

（1）ブラジル社会における「青年」の位置　*122*

（2）ブラジルの青年の権利と青年運動　*123*

（3）学生・青年運動の歴史　*124*

（4）参加と民主主義　*125*

3. 民衆教育としての青年・成人教育　*126*

（1）社会変革の実践への参加　*126*

（2）民衆教育としての青年・成人教育　*127*

（3）ラテンアメリカ・カリブ地域に広がる青年・成人教育　*128*

第7章　ブラジルの識字教育 ― 連邦直轄区の取り組みを中心に ―

……………………………………………………… 二井 紀美子…*131*

はじめに　*131*

1. ブラジルの識字教育をめぐる状況　*132*

（1）非識字率と機能的識字率　*132*

（2）ブラジルの学校教育制度　*134*

（3）識字教育キャンペーンと民衆教育　*135*

2. ブラジリア連邦直轄区の識字教育　*137*

（1）ブラジリア連邦直轄区の識字状況　*137*

（2）連邦直轄区の青年・成人教育　*138*

（3）識字連邦直轄区プログラム（PDFA）　*140*

おわりに ― PDFA が残した課題 ―　*146*

目　次　*xi*

第3部　アジア

第8章　中国における教育の普及と生涯学習の展開
　　　　― 学習型都市の建設に向けた改革 ―　……………　上田　孝典…*150*
はじめに　*150*
1. 「国家中長期教育の改革と発展計画綱要」に見る教育指針　*151*
2. 生涯教育の地方性条例の制定と「学習型都市」の建設　*156*
3. 生涯学習の普及と振興のための取り組み ―「生涯学習活動ウィーク」の
　展開 ―　*161*
おわりに　*164*

第9章　韓国の教育改革20年と平生教育　………………… 李　　正連…*168*
はじめに　*168*
1. 平生教育法制の改編と平生教育推進体制の構築　*169*
2. 主要な平生教育支援事業とその成果　*173*
　（1）平生学習都市造成事業　*173*
　（2）成人文解教育支援事業　*174*
　（3）独学学位制度と学点銀行制度　*174*
　（4）職業平生教育 ― 平生学習中心大学と平生学習口座制度 ―　*175*
　（5）多文化家庭平生教育支援事業　*176*
　（6）平生教育士の力量と配置の強化　*177*
3. 地域づくりと平生教育 ― 学習を基盤とする地域共同体づくりへ ―　*178*
おわりに　*179*

第10章　東南アジア諸国におけるノンフォーマル教育とコミュニティ学習
　　　　　センター（Community Learning Center: CLC）
　　　　　― カンボジア、ラオスの事例 ―　………………　益川　浩一…*182*
1. アジア太平洋地域諸国の現状と人びとの学習活動　*182*

2. カンボジアにおけるノンフォーマル教育とCLC　*184*

（1）カンボジアの概要とCLCの設立　*184*

（2）カンボジアにおけるCLCの設立過程　*184*

（3）CLCの学習・活動実践　*186*

（4）シェムリアップ州チョンクニア村のCLC活動　*187*

3. ラオスにおけるノンフォーマル教育とCLC　*188*

（1）ラオスの概要　*188*

（2）CLCの設立過程　*188*

（3）CLCの学習・活動実践　*189*

4. CLCの学習活動に参画した学習者の声　*191*

5. カンボジア・ラオスのCLCにおける学習・活動実践の類型化の試み

192

第11章　中央アジアにおける生涯学習 ―「継承」と「創造」の観点から ―
・・・河野 明日香・・・*197*

はじめに　*197*

1. 現代中央アジアにおける生涯学習　*198*

（1）ソ連期における生涯学習　*198*

（2）独立後の中央アジアにおける教育改革と生涯学習　*200*

2. 国際成人教育の動向と中央アジア諸国　*203*

（1）ユネスコによる国際成人教育の進展とウズベキスタン　*203*

（2）ウズベキスタンにおけるDVVの取り組み　*205*

3. 地域社会における人びとの学び　*207*

おわりに ― 新たな国づくりにおける生涯学習とは ―　*210*

第4部　現代日本の社会教育・生涯学習の課題

第12章　現下の社会保障としての「学び」
―〈社会〉をつくりだす生涯学習へ― ……………… 牧野　篤…216

1. 「われわれ」の自明性の喪失　*216*
2. 「社会教育終焉論」とその論理　*217*
3. 近代的自我の確立と「自由」-「平等」　*219*
4. 臨教審の亡霊　*221*
5. 「個人の必要」と「社会の要請」との乖離　*223*
6. 現下の社会保障としての「学び」　*225*

第13章　社会教育と教育福祉論 …………………………… 高橋　正教…229

はじめに　*229*
1. 地域住民の生活課題と社会教育　*231*
   (1) 生活課題の深刻化と社会教育　*231*
   (2) 協同活動による生活課題への接近　*233*
2. 教育福祉の視座としての社会教育　*234*
   (1) 社会教育と教育福祉の視座　*234*
   (2) 丁寧な人間関係に基づく協同　*235*
3. 地域自治体づくりと地域生活文化運動　*236*
   (1) 自立した地域自治体づくりとしての地域協同　*236*
   (2) 地域生活基盤の創造に向けた地域生活文化運動　*238*
おわりに　*239*

第14章　地域社会教育の実践と課題 ― 子どもと青年の人格形成支援 ―
…………………………………………………… 大村　惠…243

1. 1990年代以降の子ども・青年の生育環境　*243*
   (1) 貧困と経済的格差　*243*

xiv

（2）　学校の機能不全—「いじめ」と不登校—　*244*

（3）　不安定就労と「ブラック企業」　*244*

（4）　結婚・家族形成の危機　*245*

（5）　地域社会形成の担い手　*246*

2.　2010年代の子ども・青年世代の生活課題　*247*

（1）　貧困・格差問題　*247*

（2）　就労問題　*248*

（3）　恋愛・結婚・家庭問題　*248*

（4）　友情・なかまづくり問題　*248*

（5）　情報化社会における教養問題　*248*

（6）　地域づくり問題　*248*

3.　子ども・青年の要求実現と人格形成　*249*

4.　学校教育における人格形成支援の不均衡　*250*

5.　社会教育における人格形成への支援　*252*

6.　生活史学習に見る子ども・青年の集団形成と人格形成　*253*

7.　子ども・青年の生活領域と人格形成　*259*

8.　子ども・青年の人格形成支援のために　*260*

第15章　現代日本の社会教育・生涯学習をめぐる課題
　　　　　— 社会教育の自由と自治をめぐって — …………　長澤　成次…*262*

はじめに　*262*

1.　社会教育における自由と自治をめぐって　*264*

2.　九条俳句不掲載事件と社会教育の自由　*266*

3.　社会教育施設への指定管理者制度の導入について　*270*

4.　「公的サービスの産業化」と「公共施設再生計画」　*272*

5.　教育委員会に対する首長権限の拡大と自治体社会教育行政の再編　*275*

おわりに　*277*

目　　次 *xv*

おわりに……………………………………………… 松田　武雄…*280*

索　　引……………………………………………………… *282*

執筆者紹介………………………………………………… *287*

序　論

輝いて生きる
― 学びこそ原動力 ―

　新自由主義政策のもと、人間のいのちと暮らしを最重視するのではなく、経済的な効率性を優先する考え方がさらなる競争を煽り、競争は不当な格差を生み、格差は悲惨な貧困（絶対的かつ相対的な）を、そして貧困は経済的、精神的な「生きづらさ」（時として「生きること」への諦めを伴う）をとりわけ社会的弱者（子ども、高齢者、障がい児・者、在日外国人など）と呼ばざるをえない人びとにやや顕著なかたちでもたらしている。そこでは、人間の生存と発達といった問題（まさに人権中の人権）がもっぱら個々人の自己責任とされ、社会的、国家的な保障責任の外におかれるなど、福祉と教育の私事化（関連する政策とサービスにおける公共性の後退）という由々しい事態が増幅していることが看過できない。本稿では、こうした現状と問題の所在を１で素描したい。

　上述のような事態はむろん放置されるべきではない。問題解決のために当事者の立場に立ち、いのちの尊さを最重視し、より充実した暮らしの実現を目指した、何らかの社会的実践の試みが痛切に求められている。しかも、世界的な視野のもと、他方では、地域に根を下ろし、暮らしの足元から発想し、行動する、文字通りグラスルートな、あるいはグローカルな実践である。東海・名古屋の多くの地域にも、こうした実践がもつ有意義な価値に着眼し、活動を着実に深めている実践者はけっして少なくない。注目すべきは、そうした実践者が一様に現代的な問題状況への危機感をもちながらも、希望を捨てないで今できることに精一杯専念していることである。そして何よりも生き生きと輝いていることである。さらに注目したいのは、多くの実践者を動機づけ、実践の力量

形成を可能にしてきたものは、公民館をはじめ、コミュニティ・センターや文化センターの講座や自主グループでの学習であったということである。これらの実践者については、社会教育（生涯学習）との出会いによる自己形成と自己実現に取り組んできた経緯を 2. で紹介し、こうした実践者の学習実践に見られる人間観・社会観・学習観の特色について 3. で考察したい。

1. 広がる「生きづらさ」─ 競争・格差・貧困の中で ─

（1） 経済的効率性を最優先する新自由主義政策

1980 年代以降、イギリスのサッチャー政権下で着手された新自由主義・市場原理政策はアメリカ（レーガン政権）を経て中曽根内閣の政治・行政改革に導入され、小泉内閣において郵政民営化や地方分権推進など、各種の改革が行われた。そこでは「小さな政府」が標榜され、経済的効率性が政策原理とされ、公共部門の大幅な縮減と民営化が進められた。また、経済政策を市場の「見えざる手」にゆだねた結果、社会的格差が一挙に拡大した。とりわけ福祉と教育の自己負担増とサービスの低下を招き、これらの領域における公共性が著しく後退した。加えて一般企業においてもこれまで以上に競争原理が強化され、成果主義が徹底され、終身雇用が解体され、非正規労働者（派遣・請負・パート社員）を増加させ、企業経営の一方的都合でリストラが常態化するなど、働く者の現在ないし将来への不安とストレスは限度を超えるに至った。さらにバブル経済を含む「失われた 10 年」の末、アメリカ金融資本の崩壊（リーマンショック）が日本経済と市民生活にさらなるダメージを与えた。

（2） ツケは社会的弱者に

子どもは時代の大人社会を映しだす鏡である。子どもたちを囲む競争的でストレスの多い学校生活や生活・社会環境（生育環境）には、彼らの人間的発達を疎外する要因が少なからず潜んでいる。子どもの権利条約が国連で採択されてすでに 26 年余が経過したが、その基本的理念が必ずしも十分に法・制度の

改正に具現されてこなかったことも一因して、子どもをめぐる問題はいまだに解消されないどころか、重大な社会問題の一つでありつづけている。学校生活における疎外状況は、いじめや不登校がいっこうに減少していないという事実が物語っている。自傷行為（リストカット）や自殺願望が小学生高学年や高校生にまで広がっている。子育て放棄や親による虐待が激増していることも焦眉の問題である。近年、養護施設に入所する子どもたちが増えているのもそのためである。親の生活破壊、その結果としての養育能力の破綻がその背景にあることはいうまでもない。

　子どもの教育問題では、とくに心身に障がいをもつ子どもたちの発達保障のための環境条件が十分に整備されていないことが看過されてはならない。このことが、社会人として就労し、社会参加する機会を保障されていないことにつながる。障がい者にとって自立という言葉は「自分のことは自分で責任を負って生きる」という意味内容にすり替えられ、ますます本来の意味を喪失している。

　さらに新来外国人（ニューカマー）の子どもたちの不就学の実態が見逃されるべきではない。多くの子どもたちが母語と日本語の習得機会を失い、その結果、日本であれ母国であれ人間らしく働き、生きることができず、社会から排除されてしまう。外国籍の子どもたちを含むすべての子どもたちの学習権保障が急がれなければならない。

　働く機会（権利）保障の貧しさは、相対的に恵まれた青年たち（高校生や大学生）にとっても他人事ではない。就活の厳しさは今なお続いている。若い世代にフリーター・非正規労働者、そしてワーキングプア予備軍が急増するのも当然である。自らの人生の、そして社会の主人公として主体的に生きることができるように、彼らの学習を援助し、人間らしく働ける環境が準備されなければならない。

　近年、高齢者への虐待、孤立（独）死、そして自殺が社会問題化している。年金や介護制度の破綻が懸念されている。市場原理政策下の公助の縮小と少子化と核家族化の中で自助の限界を共助がどう補完しうるか、経済的価値を生み出せない非生産能力人間として高齢者を排除する論理をどう克服し、高齢者の

人間としての尊厳を最優先する高齢者福祉をいかに構築するか、ますます大きな課題となっている。

　以上のような社会的弱者をめぐる問題状況は、無縁社会の到来と言われるほど家庭や地域の人的関係・絆がますます脆弱化しており — これもネオ・リベラリズム政策下、経済的効率性重視の現代日本社会がもたらしたものではあるが — 昨今ではいっそう厳しいものとなっている。他者を顧みる余裕のない個人主義的な生き方を選ばざるを得ない現代社会の仕組みの下にあって家庭や地域の子育て・子育ち能力や障がい児・者や高齢者のケア能力を著しく失わしめているからである。そうした家庭や地域の生活現実をふまえてまさに地域に根ざした問題解決、そのための実践的な取り組みが求められている。

2.「輝いて生きる」身近な人びとに学ぶ
— なかまたちと共に地域の主人公として —

　まず1では、現代日本の新自由主義政策がもたらした福祉と教育へのマイナスの影響がいかに甚大なものであるか、そして子ども、障がい児・者、在日外国人の子ども、高齢者など、社会的に弱い立場の人びとをめぐる生きづらさの現実がいかに深刻なものであるのか、断片的ではあるが、素描してみた。さらに注目すべきは、こうした現実に挑戦し、問題の解決を目指して、地域を拠点に地域のなかまと共にさまざまな実践にとりくむ人びとの存在である。そして、彼ら、彼女たちはそうした実践をとおして生き生きと輝いて生きていることである。さらにそうした輝いた生き方の原動力は、学習にほかならないということである。

　以下では、幾人かの実践的な取り組みを取り上げ、地域（社会）における実践と学習が有する教育的価値がどういうものかについて考えてみよう。

（1）「ボランティア人生 50 年。学習と闘いにあけくれて」M. Y さん
― 福祉のまちづくりをとおして ―

　Y さんは戦後 60 数年にわたって名古屋市昭和区の住民として、自治会活動をはじめ、PTA や子ども会の役員、学童保育のサポーター、保護司、民生委員、「心の電話」相談員、昭和区ボランティア連絡協議会会長など、多くのボランティア活動に取り組み、男性中心の地域・社会の中で女性の主体的な参加と自立的な生き方を追求した。

　Y さんはまず昭和区婦人学級に参加した。そして、その良妻賢母主義的な学習内容と、講師の講義への「拝聴」に終始する「承り」学習に疑問と不満を感じ、学級の改革に着手する。3 年を経て受講者が企画と運営に参加し、受講者相互の話し合いを重視する「昭和方式」の婦人学級を完成させた。

　さらに、名古屋市婦人会館（現・女性会館）の社会教育講座に参加し、「社会教育の勉強に随分一生懸命」取り組んだ。Y さんは社会教育の勉強をふりかえって次のように述懐している。

> 　「社会教育」とは何か。それは、人びとが自分の力で暮らしを拓く智恵と力を身につける営み。学校教育とはまた違って、いわゆる普通の人が地域で暮らすために自らの力で切り拓く智恵と力をつける教育。これができれば怖いものなし。このときの社会教育の洗礼が、いまだに続いている。

学習のための学習ではない。地域や社会で「生きて働く力」を身につけるための学習である。

　女性の自立をめぐる学習活動から、「昭和区の福祉を学ぶ会」が誕生した。メンバーは、舅・姑、実の父母を看取った女性たち、目下、在宅介護中の方々が中心で、切実な問題意識を携えて参加した。市民ボランティアも次第にその数を増した。この会を母体に「昭和区の福祉まつり」が開催され、現在に至っている。まつりでは、昭和区の福祉課題をテーマとするシンポジウムで学び、高齢者・障がい者の作品展示、コーラス、マジック、ゲーム等のレクリエーションを楽しんでいる。2016（平成 28）年も 8 月末の土・日曜日に、区役所のホールで開催され、例年に劣らず大盛況であった。

Yさんは市民運動の先頭に立って名古屋市の社会教育改革にも大きな力を発揮した。「名古屋市の社会教育の自由と自治を守る市民の会」では、公的生涯学習施設での学習内容編成への行政介入をはじめ、生涯学習センターの区への編入、非公民館化、兼務職の社会教育主事の削減、青年の家の統廃合等に反対し、「これでは戦前・戦中の社会教育に戻る」と、名古屋市の社会教育行政の後退を痛烈に批判した。

2009（平成21）年、84歳で亡くなられた「Yさんを偲ぶ会」には、会場（区役所ホール）に溢れんばかりの車いすの方々や高齢者、そして大勢の市民ボランティアが集まった。その会そのものが生前のSさんの生き方を証左するものであった（横田美枝さんを偲ぶ会、2009）。

（2）「社会教育で生きがい発見し、自己実現」N. Mさん

人生90年時代である。高齢者教室には、趣味やなかまづくりなど、生きがいの発見を目指して、また知的好奇心を満たすために多くの高齢者が参加している。学習の余裕もないまま、懸命に働き続けてきた高齢者にとっては、ようやくつかんだ学習のチャンスだけに、彼ら、彼女たちの熱意と意欲は尋常ではない。

無趣味で仕事人間だったMさんは、定年退職後、高齢者教室を受講し、陶芸との出会いが彼の生き方を一変させた。陶芸クラブに日参し、さらに腕を磨いた。鯱城学園（名古屋市高年大学）にも入学し、陶芸と福祉の学習グループに参加した。

それまで30年余の間、軽い脳梗塞を患い、時には手術を受けるなど、体調は必ずしも万全ではなかったけれど、後輩の高齢者を導くボランティア・リーダーとして、また高齢者教室や陶芸クラブの講師として活躍した。

Mさんはご自分の経験をもとに、社会教育にも大いに関心をもった。名古屋では高齢者学級への聴講希望者が定員をはるかに上回り、かなりの入学難であった。鯱城学園はもっと難しかった。1区1センターの体制では生涯学習センターへの道のりが遠い高齢者も少なくない。Mさんは、高齢利用者の声に耳を傾けない名古屋市の生涯学習政策のあり方に疑問を抱き、「名古屋市の社

会教育の自由と自治を守る会」の発起人のひとりとなり、市民集会や学習会に参加した。名古屋で開催された社会教育推進全国協議会の研究集会（全国の社会教育に取り組む市民、職員、研究者、学生の研究交流大会）では実行委員として、また高齢者分科会の世話人として尽力した。

　Mさんと最後にお会いしたのは、5年前の熱田生涯学習センター（Mさんが学習の拠点としていた）であった。和室で子どもたちにお茶の手ほどきをしていた。陶芸クラブでつくった茶碗で茶道の醍醐味をやさしい口調で教えておられた。このとき97歳。いつまでも陶芸の奥義を追い求めてやまないMさんを見た。

（3）「まちづくりは人づくり」を貫くT. Nさん

　社会福祉センターの元嘱託職員のNさんは、余暇のほとんどを子育て、福祉、環境にかかわる地域づくりに費やしている。今やK市だけでなく愛知県の地域コミュニティ活動の代表的なリーダーである。

　もともとNさんは大手商社のビジネスマンだった。その傍ら、学習が趣味のNさんは多忙な生活に負けないで大学二部（法学部）に通い、みごとに成果をあげて卒業した。なにげなく目に留まった「地域づくり入門」というタイトルの、半年にわたる講座で、何よりも今、地域生活を建て直さないと、近い将来取り返しのつかない事態に陥ることを痛感した。さっそく団地の集会所でゴミ・産廃問題を学習し、環境をテーマに地域の実態をふまえ、系統的に基礎理論を学べるセミナーの開講を公民館に要請した。筆者とNさんとの初めての出会いは愛知県地方課（現・地域振興課）主催の「コミュニテイカレッジ」（2泊3日の地域コミュニティ・リーダー養成講座）であった。そこでもNさんは意欲的に学び、地域が今いかに疲弊しているかを実感した。

　地域コミュニティ活動や自治会活動での学習や情報交換が進むにつれて、ゴミの分別や生ゴミを土に返す取り組みが次第に広がった。商社を退社し、常時地域を見て回ることができる福祉センター職員に転職したNさんの活動はいっそう活気づいた。K市はみごとな環境のまちづくりを達成したとの理由で、自治大臣賞（1996（平成8）年）を受けた。現在、Nさんは愛知県地域づ

くり団体交流協議会の会長として県内の地域づくり活動の促進に邁進中である。Nさんのまちづくり実践はNHK・TV名古屋で報道され、多くの地域でこれからの地域づくりの導きの糸となった。

　他方、東京の自由が丘、大阪の千里が丘、そして愛知の高蔵寺のニュータウンという高度経済成長期の初めに開発された3大団地は今いずれも急速に高齢化し、一人暮らしや高齢夫婦世帯が目立っている。空家も増え、住民の通常の生活が困難化している。あらためて指摘するまでもなく、大都市における団地の限界集落化が進行している。そしてこれこそが、目下、Nさんが取り組んでいるメインテーマである。

（4）「ふれ合いの中でなかまと共に成長」A.Sさん

　Sさんはやや軽い知的障害者である。養護学校（特別支援学校）を卒業し、授産所で働いている。いちばん待ちどおしいのは給料日である（月給1万5,000円）。もう一つの楽しみは月1回の障害者青年学級である。学級に通い始めてから、たくさんのなかまやボランティアの友だちができ、おたがいにふれ合い、絵や手紙を書き、歌や軽スポーツやゲーム、買いものや遠足、誕生会、クリスマス、餅つきなどを楽しみ、学び合ったりするのが何よりのはりあいとなったからである。

　こうした青年学級での活動をとおして自分の意思を人に伝えたり、人の話をきちんと聞けるようになったし、みんなと一緒にいろんな活動に取り組めるようになった。青年学級ではさまざまな障害をもつ青年たちが学生や地域のボランティアの援助のもとでお互いに支え合い、力を寄せ合って学級活動が進められている。そのような障がいをもつなかまたちやボランティアの集団の中で、Sさんは青年たちのまとめ役として信頼されるようになったし、なかまやボランティアにも協力してもらいながら自立的に生きる意欲と能力を育ててきた。

　Sさんの夢はふつうの会社で働くことである。みんなから頼りにされるくらいの社会人として生きていきたいと願っている。そんな夢が実るように、もうしばらくの間は授産所でウデを磨き、そして青年学級で学びつづけたいという。ボランティアの学生たちやボランティアも青年学級へのかかわりの中で成

序　論　輝いて生きる─学びこそ原動力─　*9*

長し、これからも何らかのかたちで障がい者への支援活動を継続したいと思っている（名古屋障害者社会教育研究会、pp.20 ～ 27、1997）。

（5）「国籍を超えて共に生きられる社会に」M. K さん

　K さんが T 市のブラジル人集住地域で日本語教室のボランティアを始めたのは 20 数年前（1990（平成 2）年ごろ）である。きっかけは国際センターでの異文化間教育についての研究会に参加したことだった。以来、出入国管理法改正（1990 年）後来日するようになった日系ブラジル人を対象に、毎週日曜日に日本語の学習支援をしている。学校、地域、職場のいずれの生活に適応するためにも、ある程度の日本語能力が不可欠だからである。

　これからも日本社会で生きていくかもしれない子どもたちにとって就学の機会は逃すわけにはいかない。時とともに K さんの活動範囲は広がった。テキストの開発、教育方法の研究など、日本語教育を理論的にも実践的にも深めることに挑戦してきた。さらに、行政（文部科学省、文化庁、教育委員会）や学校にも外国人児童生徒への日本語教育（多文化共生教育）のあり方を提言し、彼ら、彼女たちの学習権を保障する条件づくりのために尽力してきた。

　K さんは、日本語教室での学習支援、研究会やシンポジウム、大学（非常勤講師）での授業、教育委員会をはじめ国際センター、国際交流センターなどに取り組む。公私を問わず外国人対象の教育支援、とくに日本語教育の活動のアドバイスを怠らない。国籍を問わずだれもが日本語を学べるほんものの多文化共生社会を目指す、このライフワークのために寸暇を惜しんで東奔西走、活躍中である（新海・加藤・松本、pp.41 ～ 48、2001）。

（6）「お金儲けより人儲け ─ 学びは生きることの証 ─」K. T さん

　T さんは代々つづいた商家（小企業）の女性経営者である。40 数年前、まだ高齢化問題が社会問題となっていない頃、舅、姑の在宅介護を経験し、女性の職業的自立がいかに困難かを実感した。特別養護老人ホームをはじめ高齢者施設の劣悪な実態を見分するとともに、将来必ずやこれがもっと深刻化するであろうことを予想して高齢化問題をテーマに研究会を発足し、これをもとに

NPO 法人「こんぺいとう倶楽部」という生涯学習組織を立ち上げた。

　倶楽部では、生涯学習の大切なことは、ただ知的好奇心を満たせばよいのではなく、なかまと出会い、親しくふれ合う中で育ち合うことが実感できることだと考えた。そこで「老い」をメインテーマに専門家や実践家の講義と施設見学を繰り返す一方、料理、美術、陶芸、手芸、音楽なども織り交ぜて、計 400 回のセミナーを開催し、延べ 1 万人の参加者を数えた。会長の T さんはじめ運営委員会が企画や運営を担い、無理なくステップを踏みながら学習が深められた。これまでを振り返り、これからを話し合うなかま集団が育ったことが倶楽部が長年つづいた理由であった（NPO 法人こんぺいとう倶楽部、2010）。

　この間に、倶楽部の一人のメンバーが学んだことを実践に移した。社会福祉法人「たいようの杜」（長久手市）がそれである。緑の環境の中で子どもたちとも交流しながら介護が受けられるユニークな施設である。5 年前（2011（平成 23）年）、400 回の講座を機に倶楽部はピリオドをうった。超高齢社会の今、こうした学習の場はもっと必要になった。今後、倶楽部が細胞分裂し、名古屋市の内外にいくつかのサークルが誕生することが期待される。

（7）「地域の遊びは子どもにとって権利」R. O さん

　O さんはかつて天白子どもセンター（名古屋市天白区に在住する父母、教師、保育士、学童関係者、地域文庫のボランティアなどからなる地域子育て市民活動）のリーダーであった。地域の子育て文化・環境づくりのために、遊び、読書指導、図書館・公園づくりなどに熱心に取り組んだ。筆者もこのセンターの学習と実践の中で地域子育てのイロハを体験的に学んだひとりである。センターの活動には小学校、中学校、高等学校の教師たちも参加していたが、そのうちの 2 人が筆者の高校時代の同級生だったのも不思議な縁であった。

　さて O さんの子育て観は、自然環境の中でなかま同士の遊びをとおして子どもに潜む自然（可能性）を引き出す、という考え方である。J. ルソーや J. デューイの教育論を思い起こさせる。地域の子育て力を高めるには、親やおとなの成長も欠かせない。生涯学習センターで自主講座「社会教育とは」を開き、憲法、教育基本法、社会教育法をはじめ、権利としての社会教育のあり方

について自主講座を開いて共同学習し、教育委員会に要望したのもそのためである。

　現在、Oさんは「子どもの遊ぶ権利のための国際協会」(IPA) 日本代表として、また天白子ネット代表として、「子どもの権利条約」を地域や日本社会に広め、深める取り組みの傍ら、R.ハート著『子どもの参画 — コミュニティづくりと身近な環境ケアへの参画のための理論と実際 —』(萌文社、2000 年)を翻訳、出版し、地域における子育て活動の理論的解明に専念している。子どもたちが既製の人工的な遊具に依存するのではなく、自由で創造的な遊びや自発的ななかま活動を育て、促す天白「プレイ・パーク」は、まさにOさんの教育論が具現されたものの一つである。

(8)　40 年のボランティア体験 —「学習もだいじ、実践もだいじ」— F. N さん

　N さんは子育てを終え、「したいこと探しの末」、当時はまだそれほど関心はなかったが、「老人問題講座」を聴講した。なかまを募って「老後をどう生きるか」について語り合い、まずは実態を知るためにボランティアを始めた。名古屋市婦人会館（現・女性会館）の建設とその後の学習活動に熱心に参加し、同会館にボランティアビューローもつくった。1970 年代後半から 1980 年代の同会館での、いわば女性参加による学習活動の発展は N さんたちの熱意によるところが大きかった。

　福祉ボランティア活動の広がりの中で、N さんと彼女のなかまたちはもっと質の高い介護サービスを求めて「地域福祉を考える会」を立ち上げ、「ふれあいサービス」を始めた。地域福祉まちづくりのために食事サービスにも取り組んだ。さらには「お達者弁当の水曜コーディネーター」として、「傾聴ボランティア」として、時には福祉大学の特別講師として、相変わらず忙しい日々を送ってこられた。

　こうした実践活動に積極的に参加し、行政に高齢者福祉政策について提言することによって市民の立場に立った福祉サービスにより近づいていく。これが N さんのスタンスであった。長年 N さんのよきアドバイザーであった大友信

勝氏（元・日本福祉大学教授、現・龍谷大学教授）は彼女をこう評している。

> 「『行政とは決定的な亀裂はつくらない』。しかし、逆に『利用されることもない』。柔軟さの中に市の政策への批判と妥協しない精神がある」（野村、2007）

　Nさんのすぐれた福祉ボランティアとしての半生を支えていたものは、たえざる学習であり、しかもその中心テーマは、女性の自立とその具体的可能性の追求であった。そこでは、自分の生き方と重ねてとらえる問題意識、そして「学習と行動をフィードバックさせる」ことにより問題解決できるという社会教育（力）への強い信念が貫かれている。女性会館や生涯学習センターの学習が、Nさんの生き方の自己発見と自己実現を導いた。学習が彼女の新たな人生を創造した原動力といってよい。

（9）　文化と社会教育を結ぶ J.F さん

　人びとの心を解放し、人間的な生き方を創造する文化、したがってそれは人間的な成長を後押しする営みともなる。それこそ社会教育だと考え、社会教育の世界に入ってこられたのが、俳優で演出家のFさんである。Fさんは、NHKやCBCによく出演された著名な文化人であったし、今もそうである。名古屋では女性会館（婦人会館）をはじめ、生涯学習（社会教育）センターや青年の家や文化小劇場で演劇や朗読を指導され、多くのサークルを育てた。こうした講師活動をとおして、演劇や朗読に取り組む市民文化活動が着実に広がった。

　さらに、1980年代初め、Fさんは、こうした社会教育実践をもとに、文化（行政）と社会教育（行政）の分断状況と文化の公共性の後退をもたらす政策に対して異議申し立てをした。前者は、教育委員会事務局文化課の一般行政（市民局）への移管であり、これにより文化行政が独立性を失い、政治・行政のプロパガンダの手段と化し、ひいては市民の文化の自由が脅かされることへの異議申し立てであった。後者は文化振興事業団の発足であり、これにより文化、とりわけ文化の有する公共性の希薄化への異議申し立てであった。この名古屋市の行政改革に対する批判的検討を契機に、貴重な副産物が生まれた。F

さんや文化団体・文化行政職員と私たち社会教育の市民・職員・研究者の出会いと交流であった。

Ｆさんは、文化と社会教育のかかわりが両者にとって欠かせないと確信した。すなわち、人間の生き方の表現形態である文化の教育的価値を創造し、深化するうえで、また社会教育に内在する文化的価値を引き出し、発展させるうえで、両者の結びつきの大切さを主張した。この考え方は、社会教育法第３条が言う「実際生活に即した文化的教養を培う」教育営為としての社会教育観の実践的な裏づけをもった解釈でもあった。むしろ文化と社会教育を分断する名古屋市の行政改革を憂慮したＦさんは、「名古屋市の社会教育の自由と自治を守る市民集会」（2000年）で「教育が死ぬ」と述べ、市民主体の社会教育の瓦解を予想し、これを批判した。この一文から、筆者も名古屋の社会教育の現状に危機感を覚えると同時に、これからの社会教育の再生と創造のために、あらためて市民、職員、研究者の連帯と協働の必要性を痛感したものである。

戦後、憲法・教育基本法制下、名古屋においては、とりわけ青年や女性のすぐれた社会教育実践が数多く蓄積されてきた。Ｆさんはそうした実践のど真ん中で青年や女性の学習を牽引してきた。これらの実践の継承と発展こそ、これからの大きな課題である。

（10）社会教育職員として実践づくりの先端を走りきったＡさんとＫさん

お二人は、筆者にとって最も親しく交流し、かつ信頼すべき社会教育主事であった。Ａさんは、かつて青年団において普及した地域・生活課題を中心に、話し合いと生活記録をベースに小集団（サークル）で学び合う「共同学習」に学び、対策的な青年教育事業を批判し、市民の学習要求に応える社会教育実践に着手した。女性会館（婦人会館）では、女性の学習と交流を柱に、運営審議会や利用者懇談会による女性の参加による内容編成、自主グループの育成、託児ボランティアへの学習支援などに取り組んだ。また、社会教育にかかわる職員の自立的な集団づくりを目指して職員協議会も発足させた。さらに社会教育専門職としての自己形成と同時に、社会教育労働者の視点から政策、制度、施設のあり方について問題提起した。

晩年には、名古屋市の社会教育・生涯学習の現状を調査し、『社会教育を地域再生の力に』（2004 なごや市民生活白書シリーズ No.8）の編集に専念した。同報告書の中でＡさんは次のように述べている。「市民と職員のコミュニケーションを断ち切る職員削減と人事、運営予算削減に加え、運営委員会の廃止に代表される市民参加の否定と予算削減」によって「住民参加の保障、教育の機会均等、教育・学習の自由といった社会教育の根幹」が脅かされるに至った。Ａさんの予言は間違っていなかった。社会教育・生涯学習施設の指定管理化、学習実態の著しい低迷傾向を見れば一目瞭然である。

　Ｋさんは、学生時代から公民館に魅せられ、社会教育を専攻し、社会教育職員になった。生涯学習（社会教育）センターでは、文学作品や女性史を取り上げ、女性問題や女性の生き方を話し合い、考える講座を切り拓いた。託児のあり方をめぐって、子どもと親の育ち合える学習内容を探求した。今なお継承されている「こどもまつり」（瑞穂生涯学習センター）は子ども・父母が主人公の市内最高の子ども・子育ての集いである。生前のＫさんの献身的、側面的なサポートが偲ばれる。さらに、青年の生い立ち学習や生き方学習に取り組み、講座からサークルへの発展を目指し、しかも青年が講座の企画や運営に参加するといった、青年期の「主体形成」のあり方を追求した。愛知・名古屋での社会教育全国研究集会（1985 年、2000 年）では、事務局長として地域の実践を掘り起こし、基調報告と実践報告をまとめ、これからの課題を明らかにした。

（11）　紡績工場から石油コンビナートまで綴るＹ.Ｓさん
― 生活記録と反公害にかかわって ―

　Ｓさんは 2015（平成 27）年 12 月に 87 歳で他界した。亡くなる直前まで四日市公害をなくす市民運動の先頭に立っていた。そもそもは、Ｓさんがリーダーとなって東亜紡織泊工場で取り組んだ女子工員たちの生活記録のサークル活動に始まる。その多くは長野県伊那谷の貧しい農家の出身であり、中学を卒業して工場に集団就職していた。同じような境遇の中学生が書いた『山びこ学校』（山形県山元中学校生の生活綴り方集、1951 年出版）に触発され、サークルで生活記録学習に着手した。

序　論　輝いて生きる —学びこそ原動力—　*15*

　「私の家」でお互いの農家の貧しさについて、その貧しさを背負ってきた「母の歴史」を綴り、読み合い、話し合う中でなかまづくりを深めた。「私たちは農村に嫁いだら運命と諦め忍従してきたお母さんたちの歴史は二度と繰り返さない。封建的な村のしくみを変えていかねば」と誓い合う。

　しかし、Sさんや彼女たちを会社も組合も危険分子と見た。人間の生き方や社会のあり方に目覚め、やがて会社を批判するようになると考えたのであろう。彼女たちは操業短縮の名目で指名解雇、Sさんは懲戒解雇となった。これを不当と訴えたSさんたちは地裁判決で勝訴を手にした。彼女たちは復職し、Sさんは地区労働組合協議会に転職したが、生活記録学習はつづいた。

　高度経済成長下の1960年代、四日市臨海工業地帯に石油工場コンビナートが建設され、SO_2を含む煤煙公害で多くの市民がぜんそくに罹った。Sさんは公害患者の死（自殺）に遭遇する。これがきっかけで患者の話を聞き取り、ガリ版文集「記録公害」（60号まで）を発行した。「公害市民学校」や「公害塾」を拠点に、公害を記録し、学習し、これに反対する市民運動は着実に広がった。当然のことながら四日市公害ぜんそく訴訟は原告患者側が勝訴した（澤井、2007、2012）。

　これまでSさんは一貫して「現実（事実）をありのままに綴る」生活記録（生活綴り方）を土台にすえ、なかまと共に話し合い、学び合い、実践してきた。Sさんには職場や市民生活の中に潜む不合理や不当性を見逃さない確かな知性—透徹したリアリズムが確認できそうである。

（12）市民として市長として教育と福祉の充実に尽力したM. Mさん
—研究と実践を統一—

　M. Mさんは1973（昭和48）年以来3期にわたって市長を務め、その後も市民として教育や福祉や平和のために大いに力を尽くした。もう亡くなって5年になる（2016（平成28）年現在）。享年98歳であった。Mさんはもとはといえば、大学で教育行政学を教える研究者であった。筆者にとってはM先生である。学部のゼミでは、英国の1871年以来の公教育の成立とその基本的原理が書かれているレスター・スミス『教育』（L. Smith, *"Education"*）の講読を

指導していただき、講義では「教育の自由」とそれを確実に担保する「教育行政の独立性」が近代教育の原則だと強調された。大学院では「教育裁判」をテーマに、国民の教育権保障の視点から既存の判例研究を分析し、教育法の国民的解釈の重要性を教えていただいたことが記憶に新しい（本山、1981）。

　大学の外では東濃・恵那や員弁の綴り方教育をベースにした教育民主化運動のよきアドバイザーであり、家永三郎教科書裁判では原告を支援し、教育基本法の改訂に反対した。Mさんは研究と実践の統一を目指し、戦後民主教育の実現に取り組んだリベラルな教育学者であった。また市長としては、肝心の教育については上述の教育行政の独立性の原則のゆえに、皮肉なことには教育委員会への介入はしないで、教育改革のための意見・要望を述べなかった。教育行政学者としての力量を発揮する機会に恵まれなかったのは残念ではある。しかし、障がい者や高齢者の福祉サービスの改善のためには大いに努力した。その努力は、地域福祉の市民活動に呼応する福祉改革として評価されている。晩年は憲法「9条の会」の集会にも熱心に参加し、反戦・平和をアピールした。Mさんは一貫して戦後民主主義・民主教育の実現を目指ししたリベラルなデモクラットであった。まさに輝いた人生を全うされたMさんであった（本山、1999）。

3. 「輝いて生きる」人びとに見る特色 ― 学びこそ、実践の礎 ―

　上に述べた13名のすぐれた実践者は、地域の暮らしに根ざした教育や福祉の実践にかかわった人たち、学習を媒介しつつ地域づくりに参加した方々、市民の学習を組織し、指導した専門職員、講座やセミナーの講師、行政の先頭に立った人などであるが、これらの実践者の学びと生き方から多くの教訓が示されている。以下では、彼ら、彼女たちの人間観や社会観や生き方など、その共通点に注目してみたい。

　①　人としての成長・発達と人らしく生きることを人権の基本ととらえている。こうした人権感覚は社会教育（生涯学習）との出会いの中で身につけ、

社会的実践の中でよりリアルな認識として深められたものであった。こうした社会教育（生涯学習）考え方の背後には生存権に裏打ちされた学習・教育権発想が読み取れる。

② やや発達心理学的な視点から見るならば、青年期を超えて成人期ないし高齢期における自らのアイデンティティの揺らぎへの気づきも学びへの内発的動機であったと考えられる。学習は、子育て・家事への埋没であれ仕事への過剰適応であれ、ジェンダーによる呪縛への疑問に始まり、それからの解放への挑戦へと進んでいったといえないか。地域（社会）での実践はこうした挑戦が具現されたものの一つであったと解釈されよう（柏木、2011）。

③ 社会的に弱い立場の人びとに着眼し、そうした人びとの視点に立って「生きづらさ」の要因となっている競争、格差と差別、貧困をめぐる社会的現実を鋭敏にとらえ、この現実に真正面から向き合い、その要因をいかに解消できるかという問題意識を共有している。

④ このような問題意識が学習をつき動かしている。その学習の特色は、身近な現実に内包される問題を直視し、問題の所在と因果関係について学習、分析し、問題の解決を目指して、そして学習の成果をもとに積極的に実践し、社会に還元している。こうした過程で人間として、また主体的な市民（社会的存在）として逞しく成長している。

⑤ 地域づくりに参加し、多くの市民（ボランティア・NPO 等）や専門家（行政・施設の職員・研究者等）と共同学習し、協働の実践に取り組み、両者を結ぶコーディネーターとしての役割を果たしている。こうした共同学習と協働の実践は地域・社会を差別や偏見のない共生社会に組み換えるための公共空間をつくり出そうとしている。

⑥ 人らしく成長し、生存できる地域・社会づくりのために、社会的弱者がより「生きやすい」生活環境を確保することができるように、教育と福祉の新たな公共性の構築を目指す政策提言をしている。

以上のように、これらの人びとはなかまたちとの学びをとおして生きる目標や生き方を発見し、教育や福祉の現実に真摯に向き合い、問題解決への実践

的な活動にかかわることによって個人的な関心や課題意識が社会化され、そうした活動の存在意義をより深く認識し、文字どおり「輝いて生きる」生き方を自らのものとしている。要言すれば、まさに「学び」こそその原動力といえよう。

参考文献

横田美枝さんを偲ぶ会編『花たちばな』（自費出版）2009 年。

NPO 法人こんぺいとう倶楽部記念誌刊行委員会『心にかける老楽の虹』（自費出版）2010 年。

本山政雄『心かよう緑の町 ― 本山政雄回想録 ―』風媒社、1999 年。

同上『教育裁判と教育行政の理論』勁草書房、1981 年。

新海英行・加藤良治・松本一子編『新版 在日外国人の教育保障 ― 愛知のブラジル人を中心に ―』大学教育出版、2002 年。

大友信勝・高齢者保健医療福祉推進会議編『あんきに暮らしていける街にしよまい ― 私たちが作る老人保健福祉計画 ―』KTC 中央出版、1992 年。

野村文枝『野村文枝の本 ― 学習もだいじ 実践もだいじ ―』（自費出版）2007 年。

舟木淳『並走 45 年 ― 役者の社会教育実践 ―』社会教育推進全国協議会愛知支部、愛知書房、1916 年。

荒川忠夫「名古屋市婦人教育の第一線施設としての社会教育センターの現状と可能性」『戦後名古屋の婦人教育 ― 回顧と展望 ―』所収、戦後名古屋市婦人教育史研究会、1994 年。

木村美彦ほか「名古屋の社会教育 ― 歴史、現在、そして明日へ ―」『名古屋・東海の社会教育実践 ― 名古屋・東海の社会教育の発展を願って ―』所収、第 40 回社会教育研究全国集会、現地実行委員会、社会教育推進全国協議会愛知支部、2000 年。

澤井余志郎編『「四日市公害」市民運動記録集』（全 2 巻）日本図書センター、2007 年。

澤井余志郎『ガリ切りの記 ― 生活記録運動と四日市公害 ―』影書房、2012 年。

柏木惠子『おとなが育つ条件 ― 発達心理学から考える ―』岩波書店、2013 年。

付記 本章は、拙稿「輝いて生きる」『名古屋柳城短期大学紀要』第 33 号、2011 年を大幅に加筆修正したものである。

総　論

生涯学習の国際的動向
― ヨーロッパを中心に ―

1.　グローバリゼーションの中の生涯学習

　グローバリゼーションの流れは各国の教育システム、特に高等教育システム
に大きな影響を与えてきたが、現代世界の生涯学習も、学校教育ほどではない
にせよ、いまやグローバリゼーションの影響のもとにある。かつてはユネスコ
等の国際機関が生涯教育や生涯学習を提唱したとしても、それぞれの国民国家
でその政策決定がなされていたが、今日では、ユネスコ、OECD、EU、世界
銀行など超国家的な組織、さらにさまざまな国際的なネットワークが、各国の
生涯学習政策に影響を及ぼしている。それは特に EU において顕著に見られる
が、東南アジアなどに広がっている CLC も、グローバリゼーションの流れの
一つと見ることができる。

　グローバリゼーションの定義は文献によってさまざまになされており、解釈
の違いが見られる上に、反グローバリゼーション運動も展開されており、激し
い議論が起きている。現時点でグローバリゼーションを定義することは不可能
であると言ってよいであろう。ただ、グローバリゼーションについて議論する
ための下位議論の要素について、アンドリュー・ジョーンズは次の5点を指摘
している[1]。

　第1に、経済的、技術的なグローバリゼーションについての議論である。こ
れは最も一般的なものであり、多国籍企業やグローバル経済に関わる議論であ
る。第2に、グローバルな政治や統治に関する議論である。国民国家の権力

が移行し、国家主権の衰退について議論がなされている。第3に、社会的文化的なグローバリゼーションの本質に関する議論である。ここで重要なのは、流動的でグローバルな経済的、政治的エリート勢力の増大と増加する移民、難民の波のインパクトである。そこでは「ディアスポラ的な国境を越えたコミュニティの出現と発展」が見られる。第4は、グローバリゼーションの議論から始まり分派していった環境問題が注目される。最後に、グローバリゼーションの議論の大半を占めている批判的、ラディカルな、あるいは反グローバリゼーションの議論である。それは、特に現代の新自由主義的な経済のグローバリゼーションの問題に焦点をあてている。

　この中で大きな議論になるのは、グローバリゼーションと国民国家との関係である。例えばマーク・オルセンは、この点について次のように述べている。

　　　グローバル化がさまざまな大きな変化をもたらしつつある一方で、国家の役割は変化しつつあるけれども、だからといって、そのことは国家の役割が小さくなりつつあるということを意味するのではない…。労働や福祉や教育や防衛に関して、国家は依然としてきわめて重要な役割を有している。依然として国家は、明確な国境で区画される領土の中で、他のすべての構成要素と位階的に関係する優越した機関である[2]。

　オルセンは、このように国民国家の機能が存続することを認めつつも、主権を従来の国家の枠組みに戻すことはできず、「新しい形態のグローバル民主主義」を提起し説明している。グローバル化とテロリズムの時代には、個人と国家の双方に「生存」という問題を突きつけ、そうした問題を解決するために新しいグローバル民主主義の形が求められるのである[3]。

　このようにグローバリゼーションに関する議論が活発になされているが、生涯学習の分野においても、それぞれの要素に関わった議論がこの間、なされてきた。例えば日本社会教育学会では、『グローバリゼーションと社会教育・生涯学習』（東洋館出版社）を2005（平成17）年に出版し、2015（平成27）年には『社会教育としてのESD』（同上）を刊行している。2008（平成20）年に出版された『〈ローカルな知〉の可能性』（同上）も、グローバリゼーション

に対する批判的な立場からの問題提起がなされている。世界を見渡せば、生涯学習との関連で多様な議論がなされているであろう。

「成人学習に関するハンブルク宣言」を採択した第5回国際成人教育会議（1997年）においても、その基調報告において、国際社会の変化をグローバリゼーションの概念で捉えている。佐藤一子の紹介によれば基調報告で、グローバリゼーションは各国に「著しい経済的・社会的・心理的な結果」を及ぼし、教育・訓練の全体的な水準を上げることが国際競争に打ち勝つうえで緊急の課題となっているが、これによって社会的正義の理念が侵食され、成人教育を含む社会的サービスが縮小されつつある、そしてこの現象はマクロレベルで顕著なだけではなく、個々人の日常生活を含むミクロレベルでも深い影響を及ぼしており、この過程で成人学習の必要性に対する認識が著しく増大している、と記されている[4]。グローバリゼーションを批判し、それを克服する一つの方途を成人教育に見ているのである。このことは、まさに日本においてもあてはまることであるが、成人学習の必要性の増大に反して、それに対する公的保障は大きく縮小している。

直近の第6回国際成人教育会議は2009年12月にブラジルのベレンで開催されたが、その会議に提出された調書では、グローバリゼーションの進行によって世界が深刻化していることを訴えている。

　　グローバル化した世界では、多くの可能性、特に、地理的な境界を越えた、豊かで多様な文化から学習する可能性への道が開かれている。しかし、不平等の拡大が、我々の時代の支配的な特色となっている。世界人口の多くが貧困の中で暮らしており、43.5％の人びとは1日2米ドル未満で生活している。世界の貧困層の大半は農村地域に住んでいる。（中略）食料、水、エネルギーは平等に行き渡っておらず、長期的には、生態学的な退廃によって、生存そのものが脅かされている。

このようなグローバル化の中で「成人教育は、我々が直面している課題に対する、非常に重要かつ必要な対応策である」が、実際のところ、多くの課題があり、「極めて重要なのは、CONFINTEAV をきっかけにして成人教育を再

22

構築し、強化するという期待が実現していないことである」[5] と、第 5 回国際
成人教育会議以降の取り組みを批判的に総括している。グローバリゼーション
の波の中で、世界の生涯学習を再構築していくことが困難になっているという
認識が見られるのである。

2. 国際機関の生涯学習に関する政策 ―ユネスコを中心に―

　生涯教育という用語は、北欧諸国の成人教育の伝統と結びついて、すでに
1920 年代に現れている。しかし、その概念が議論され始めたのは第二次世界
大戦後、特に 1965 年にユネスコでその概念が提案されて以降のことである。
近年は、生涯教育ではなく生涯学習という用語が国際的に普及しているが、生
涯学習という概念は、1960 年代から生涯教育の概念のうちに徐々に含まれて
いた。

　生涯学習という用語は 1970 年代初めから使用されるようになり、1990 年
代半ば以降に幅広い国内的・国際的な団体や機関によって着目されて、生涯学
習の教育政策・制度、実践やプログラムとして形成されていった。生涯学習の
用語が国際的に一般化し始めたのは 1990 年代半ばである。1996 年に開催され
た OECD 諸国の教育大臣会議では、「生涯学習をすべての人びとのために実現
すること」というタイトルの報告書が出された。また、同年にユネスコが開催
した、21 世紀に向けての教育に関する国際会議のレポートのキー・コンセプ
トは、「生涯を通した学習」であった。さらに EU は、1996 年を生涯学習年と
指定した。OECD とユネスコは生涯学習の政策化において異なったスタンス
を有しており、同列に論じることはできないが、いずれにせよ先進諸国におい
ても開発途上国においても、生涯学習は教育改革の重要なフレームワークとな
り、今日に至っている。

　ところで、ピーター・ジャービスによれば、生涯学習の政策や実践に影響を
及ぼしている国際機関は 4 つある。世界銀行、ユネスコ、OECD、EU である。
この中でユネスコは、生涯教育という用語を早くから採用して普及し、ヒュー

マニスティックな観点で概念を発展させるべく方向づけてきたという。

　ユネスコの最初の主要な報告書は『フォール・レポート（生きるための学習）』（1972 年）である。これは、グローバルな資本主義が支配的になる以前のものだが、その結論は今日においても適切なものであるとされる。このレポートを通じて、次のように「人間の全体性」が強調されている。

　　　個人を完全な人間へと、身体的、知的、感情的、倫理的に統合していくことは、教育の基礎的目的の広い定義である。

この指摘には先見性があり、教育の世界に足跡を残すラディカルな勧告と原理を十分に表したレポートであった。しかし、それがどれだけ受け入れられたのかは別問題である。

　同様の報告書は、1996 年に『ドロール・レポート（学習：秘められた宝）』として刊行された。新自由主義経済政策のグローバリゼーションのもとで、このレポートは時代の変化を認識するとともに、フォール・レポートと同様のメッセージを繰り返している。ドロール・レポートの核心はよく知られているように、「知ることを学ぶ」「為すことを学ぶ」「ともに生きることを学ぶ」「人として生きることを学ぶ」という 4 つの柱である。これは、新自由主義経済が今日のグローバル社会の発展の大きな原動力になる前に、フォール・レポートが早くから提案していた内容と一致している。と同時に、これらの 2 つのレポートの間に、成人教育の国際会議が開催されるとともに、1990 年に国連人権宣言に基づいた「すべての人のための教育」に関する国際会議が開催された。この宣言では、すべての人間は生存し、尊厳を持って生きていく能力を発達させるために、教育機会を得る権利を持つことを主張している。

　その後、ユネスコは、『知識社会に向けて』（2005 年）を提出し、各国政府に教育の質を高めるように勧告した。このレポートではドロール・レポートに応じて、知識社会の 3 つの柱を結論づけている。「知識の価値の強化」「いっそうの参画型知識社会」「知識政治のより良い統合」である。ここでの関心は、世界における知識の不平等であり、したがって知識を共有すべきだということである。知識は、他の富の形態と同様に、人類の幸福のために平等に配分され

なければならないのである。

　他の機関と異なり、ユネスコの文書は、全体として人類が、私たちが生きている世界の成果をどのように享受する必要があるのか、という点についてユートピア的であると言われている。しかし、それは倫理的ではあるが政治的でもある。それは他の国際機関とは異なった生涯学習像を示しており、この点において、ユネスコは、グローバル社会のサブ構造から生じる社会変化の勢いを緩和し方向を変えようとする主要な力となっている。

　生涯学習については、1990年代にその定義をめぐってユネスコやOECDが議論したが、そこにEUも社会的結束と雇用という視点から参加し、3つの機関は次第に生涯学習に関する合意形成をしていった。それは、雇用、社会的結束、個人の自己実現、社会的包摂を一体的に取り組むという合意に近づくものであった。

　EUは近年、生涯学習のプルーラル・モデルを提起し議論しており、欧州理事会によって「生涯学習のキー・コンピテンス」（2007年）が提案された。それは、個人の自己実現、活動的なシチズンシップ、社会的結束、知識社会における雇用のためのキー・コンピテンスを示している。この提案は欧州委員会コミュニケーションが継承し、「成人教育の行動計画：学ぶために常に最良の時である」（2007年）という文書が公表されて、生涯学習の目的が明確にされた。欧州理事会の報告書は次のよう述べている。

　　　市民的コンピテンスのスキルは、公的領域における他のスキルと効果的にかみ合う能力、そして地方や広いコミュニティに影響を与えている諸問題を解決することにおいて、連帯と共通関心を発揮する能力に関わっている。これは批判的創造的な思考、および地方から国家的・ヨーロッパ的なレベルでの、特に投票を通じたすべての分野での政策決定とともに、コミュニティと近隣社会での活動への積極的な参加を含んでいる[6]。

　生涯学習とシチズンシップの関係は、EUの政策文書で重視されている。シチズンシップにおける今日の増大する関心は、生涯学習のアジェンダと文化的に豊かなシチズンシップをいっそう活気づけるような方向性を開いている[7]。

総　論　生涯学習の国際的動向─ヨーロッパを中心に─　*25*

特に、「コミュニティと近隣社会での活動への積極的な参加」が明示されているのは、日本をはじめアジア諸国の取り組みと共鳴するものであり、重要である。

ところでユネスコでは、12年に1度、国際成人教育会議（CONFINTEA）を開催してきた。近年は、政府だけでなく、NGOや民間団体、研究機関などがオブザーバーで参加するようになっており、成人教育のネットワークが広がってきている。

これまでに開催された会議の中では、1985年にパリで開かれた第4回国際成人教育会議で「学習権宣言」が採択されており、世界の成人教育に大きなインパクトを与えた。次の第5回は1997年に、ドイツのハンブルクで開かれ、「成人学習に関するハンブルク宣言」と「成人学習の未来へのアジェンダ」が採択されている。「ハンブルク宣言」では、次のように成人教育の社会的な性格を力強く宣言している。

　　成人教育は権利以上のものであり、21世紀への鍵である。それは積極的な市民性の帰結であると同時に社会生活への完全な参加の条件である。それは生態学的に持続可能な開発を育み、民主主義と公正、ジェンダー平等、科学的社会的経済的な開発を促進し、暴力紛争が対話と正義に基づいた平和の文化に転換された世界を創るための強力な概念である。成人学習はアイデンティティを形成し、人生に意味を与えることができる。生涯にわたる学習は、年齢、ジェンダー平等、障害、言語、文化的経済的格差といった要因を反映した学習内容への変革を迫っている。
　　　　　　　　　　　　　（翻訳：三宅隆史・シャンティ国際ボランティア会）

最近では、第6回国際成人教育会議が2009年12月にブラジルのベレンで開催され、その最終報告書として「行動のためのベレン・フレームワーク」が採択された。この会議には多くの市民団体が参加している。

その中で、生涯学習について次のように記されている。

　　生涯学習は、世界的な教育問題とその困難な状況に対処するための不可欠な役割を担っている。「ゆりかごから墓場まで」の生涯学習は、包括的、人道的で人びとの解放に役立つ民主的価値を基盤とするあらゆる様式の教育哲学であり、概

念的な枠組みであり、組織化の原則である。それは知識を基盤とした社会のビジョンのすべてを網羅する統合的なものである。我々は、二一世紀教育国際委員会が推奨する学習の４つの柱である「知るための学習」「行うための学習」「なるための学習」「共に生きるための学習」を再確認する[8]。

　ここで生涯学習は、現代社会が直面する困難な状況を克服していくための不可欠の役割を担っており、そのための学習活動を組織する教育哲学であり、概念的な枠組みであることが確認されている。生涯学習は、社会における民主主義を実現するための重要な理念なのである。

　生涯学習の概念と関連して、リカレント教育が、スウェーデンのパルメ教育大臣によって、1969 年に開かれたヨーロッパ教育大臣会議で提案された。そして、OECD が『リカレント教育：生涯学習のための戦略』（1973 年）を刊行したことなどにより、1970 年代にこの用語は普及した。リカレント教育は、学校卒業後、特に労働と教育を循環する原理として、すべての個人にその活動の生涯を通して教育を配分していこうとする考え方である。

　生涯学習の概念的特徴には、リカレント教育と共通するものがあったが、重要な差異もあった。リカレント教育は、定型教育と仕事との調和を重視しているが、それは生涯にわたる教育プロセスをさえぎることを意味している。教育機会はライフスパンにわたるものであるが、リカレント教育は、定型的な学校教育、特に高等教育の保障への代替的な戦略である。それに対して生涯学習の概念は、学習の切れ目のない継続性という見方であり、多様な場面でのノンフォーマル、インフォーマルな教育・学習、つまり家庭や仕事や地域などでの学習の継続性を意味している。生涯学習は、リカレント教育の戦略以上に、フォーマルとノンフォーマルの形態の学習の統合を強調しており、成人へのセカンド・チャンスを与えるものと考えられている[9]。生涯学習は、リカレント教育と密接な関連性を持ちながら、個人の能力開発とともに社会的諸問題を解決するための継続的・統合的な学習理念を示している。

3. ヨーロッパにおける生涯学習の形態 ― EU の政策との関連で ―

　生涯学習という用語は、いまや国際的に共通用語となっているが、これまで見てきたように、その推進にはユネスコ、OECD、EU などが中心を担ってきており、ヨーロッパ主導で生涯学習の推進がなされてきたと言える。しかし、アジア諸国においても、日本、韓国、中国をはじめとして、生涯学習の政策が取り組まれており、モンゴルでは国立教育大学に新たに生涯教育学部が設置された。本書では、ブラジルの取り組みを考察しているが、ラテンアメリカの生涯学習の動向も注目されるところである。

　生涯学習には、主として成人教育と民衆教育が含まれるが、前者はフォーマルな形態であり、後者にはノンフォーマルな形態が多く見られる。

　例えばスウェーデン教育省によれば、成人教育と民衆教育について次のように説明されている。

　　　成人教育は、長い伝統を持ち、多様な形態がある。国もしくは地方自治体（コミューン）によって運営され、職業訓練や退職後の教育、職業生活における能力の開発教育が挙げられる。民衆教育は、スウェーデンの成人教育において長い歴史を持つ。民衆教育におけるポイントは、「自由と自治」であり、つまり国から独立し、参加者の要求によって運営されるということである。民衆大学と学習協会が主な民衆教育事業として挙げられる[10]。

　すなわち成人教育は公的に組織された制度であり、国もしくは地方自治体が管轄し、職業に関わる教育や資格の取得を主としている。一方、民衆教育は、民衆運動と密接な結びつきを持って組織されてきたものであり[11]、文化活動など民衆の学習要求が反映された内容となっている。

　ヨーロッパで、ノンフォーマル成人教育という用語は、ユネスコによって1970 年前後に導入され、1970 年代後半にはノンフォーマル成人教育の大規模な調査が行われた。しかし、1970 年代に始まった教育改革がフォーマルとノンフォーマルの間の区別をぼかすようになり、最近では、両者の制度的な区別

は、めったに語られることがなくなったという。一方で、フォーマル成人教育については、ヨーロッパでの各国間の統計的な比較調査が行われており、調査のフレームワークとして、次のような7つの類型化がなされている[12]。

第1に、基礎的なスキルと矯正のプログラムである。この分野は、低いリテラシー能力による社会的排除のリスクを克服するために、ヨーロッパのほとんどの国で行われている。対象者は、義務教育レベルの知識を有していない成人や失業者、移民などである。

第2に、セカンド・チャンスのための教育である。この分野は、高等教育や高等学校の職業教育を提供するものであり、すべての国々が、中学校や高等学校を終えた成人を対象に実施している。例として、イブニング・ギムナジウムなどが挙げられる。

第3に、非伝統的な成人学生のための高等教育プログラムであり、大学修了者に学ぶ場を提供している。最も典型的な例は、フルタイムの学生と同じカリキュラムのパートタイムのプログラムであり、長期間にわたって、主として夜間に行われる。多くの場合、働いている成人がフルタイムのプログラムに出席し、学修期間を長くすることができる。他方、あらかじめ定められた期間のうちにフルタイムのプログラムを終えなければならない大学もある。

第4に訓練プログラムである。このプログラムは、長期間の失業者が職を得て、周辺的な位置を克服することを支援するものである。すべてのヨーロッパの国々が、公的な雇用サービスを持っており、職業的な再訓練のための多様な形態の福祉制度を持っている。プログラムの管理と位置づけは、それぞれの国によって多様である。

第5に、諸組織のためにカスタマイズされた職業的・専門的なプログラムである。教育機関（中等技術学校や応用科学の大学など）は、一つ、あるいはグループの企業のためのプログラムをカスタマイズする。その代わり教育機関は、企業のノンフォーマル訓練プログラムに公的なステータスを与えることによって、その企業と協働することができる。

第6に、大学卒業後の継続高等教育である。この分野は職業的あるいは専門的な科目を教えている。高等教育機関は継続教育プログラムを提供する資格が

あり、プログラムはしばしば入学の要件として、学位あるいは多くの年数の職業経験を求めている。このプログラムは数年間の専門的な経験を持った成人学生にサービスを提供している。

第7に、職業機関によって管理された継続専門教育である。専門的職業的な団体は、一定のプログラムを提供し管理しており、資格認定を行う基準を設定する権利を求めている。この種の継続専門教育は、国のフォーマル成人教育として理解されているが、その形態はそれぞれの国によって異なっている。

このような類型化はEUの生涯学習政策が反映されたものと思われるが、ヨーロッパ、特にEUでは、主として成人のためのフォーマルな職業教育を中心に生涯学習が理解されており、それは経済政策と強く結びついている。しかし一方で、北欧の民衆大学のように必ずしも職業教育ではない多様な内容の民衆教育が活発に行われたり、学習サークルのようにノンフォーマルな学習活動が市民主体で精力的に展開されており、ヨーロッパにおける民衆教育、ノンフォーマルな学習が生涯学習の重要な一翼を形成していることは確かである。ユネスコの生涯学習政策は、このような民衆教育における「自由と自治」の伝統を継承していると言ってよいであろう。生涯学習における民衆教育の伝統は、ここでは詳しく言及する余裕がないので、本論を参照してほしい。

4. 日本の生涯学習政策

日本において生涯学習という用語が登場するのは主として政策用語としてである。宮原誠一編『生涯学習』（東洋経済新報社）が1974（昭和49）年に刊行されていたが、この頃から、日本でも生涯教育とともに生涯学習という用語が使われ始めている。

1972（昭和47）年に出された日本経済調査協議会編『新しい産業社会における人間形成 ─ 長期的観点からみた教育のあり方』（東洋経済新報社）では、生涯学習について次のように記されている。

生涯学習という新しい教育の視点は、従来の教育の通念に革命的な反省を強くうながすものであり、とくにわが国の学校教育偏重に猛省を求めると同時に人間形成の第一の基礎たる家庭教育の振興を強く要請しているのである。生涯学習の立場は、学校教育なるものは家庭に続く第二の基礎的教育の場であって、大学といえども、もはや昔日のような完成教育の場たりえなくなっていることをあらためて明示しているのである[13]。

そして、「これからの社会においては、従来の画一的な学校教育を打破し、『自己啓発のための生涯学習』を支援することが、文教政策の基本理念であるとし、家庭、地域社会、学校、企業を通じて多様な学習機会が提供され、人間形成に寄与する環境条件をすみやかに整備すべきである」[14]と提言している。これからの産業社会において「自己啓発」が重要になるという観点から、生涯教育ではなく生涯学習という用語を用いたと思われる。産業界が生涯学習を教育再編の理念として提案したのであるが、家庭教育や自己啓発を重視している点、公教育としての生涯学習の保障という観点は見られない。

文部省が答申において生涯学習を用いるのは、1981（昭和56）年の中央教育審議会答申「生涯教育について」においてである。よく紹介されているようにこの答申では、生涯学習と生涯教育について、次のように区別して定義している。

今日、人びとが自己の充実や生活の向上のため、その自発的意思に基づき、必要に応じ自己に適した手段・方法を自ら選んで行う学習が生涯学習であり、この生涯学習のために社会の様々な教育機能を相互の関連性を考慮しつつ、総合的に整備・充実しようとするのが生涯教育の考え方である。

基本的には生涯教育を教育再編の理念と捉え、個人の学習に視点を置いて生涯学習という用語を用いているのであり、生涯学習の用語は理念ではなく、単に個人の生涯にわたる学習という機能を示すものとして理解されている。このような文部省の生涯学習理解に変更を加えたのが、1984（昭和59）年から始まった臨時教育審議会の答申である。特に第二次答申（1986（昭和61）年）において「生涯学習体系への移行」が中心理念として打ち出された。そこで

は、次のように提言がなされていた。

　　本審議会は生涯学習体系への移行を主軸として、学校中心の考え方を脱却し、二十一世紀のための教育体系の総合的な再編成を提案する。

　　これからの学習は、学校教育の自己完結的な考え方を脱却するとともに、学校教育においては自己教育力の育成を図り、その基盤の上に各人の自発的意思に基づき、必要に応じて、自己に適した手段・方法を自らの責任において自由に選択し、生涯を通じて行われるべきものである…[15]。

　この答申では生涯学習は、個人の生涯にわたる学習を意味するとともに、教育再編の理念として位置づけられている。しかし、生涯学習における自己責任が強調され、その後の生涯学習の市場化を推し進める根拠とされている。これ以降、学校教育も社会教育も、臨時教育審議会答申の路線のもとで改変が進められてきた。

　生涯学習を教育改革のフレームワークとして理念化している点では、ユネスコの捉え方と共通しているが、例えば「行動のためのベレン・フレームワーク」と比較して、現代社会が直面する困難な状況に対して生涯学習が重要な役割を果たさなければならないという問題意識は希薄である。中央教育審議会答申「新しい時代を切り拓く生涯学習の振興方策について～知の循環型社会の構築を目指して～」（2008 年）においても、「ベレン・フレームワーク」と通底するような問題意識を見ることができない。わずかに現代社会の問題に言及した記述は次の通りである。

　　近年指摘されている国民の経済的な格差の問題や非正規雇用の増加等の問題を考慮すれば、各個人が社会の変化に応じ、生涯にわたり職業能力や就業能力（エンプロイアビリティ）を持ち、社会生活を営んでいく上で必要な知識・技能等を習得・更新し、それぞれの持つ資質や能力を伸長することができるよう、国民一人一人が必要に応じて学び続けることができる環境づくりが急務となっている。その場合、学習機会が等しく提供され得るよう各種の支援方策を含めた配慮が求められる。

しかし、具体的な支援方策については現実性がないし、現在の社会教育・生涯学習の領域における危機的な状況に対する認識も弱い。結局、自己責任による生涯学習に帰着してしまう可能性が高い。現代社会が直面する困難性の克服に対して生涯学習が不可欠の役割を果たすという、現代社会において生涯学習を社会的に意味づけるという積極的な姿勢を答申の中に見ることはできないのである。

このように、生涯学習の日本的な文脈とユネスコの文脈には大きな差異がある。趣味・教養的な学習を自己責任において行うというのが、従来の日本における生涯学習の通俗的な理解であったが、国際的な文脈の中に生涯学習を位置づけてみれば、移民労働者や若者の失業問題、人権問題、識字教育、貧困と格差の問題など、「ベレン・フレームワーク」で提起されている諸課題と生涯学習が密接に連関していることがわかる。

特に東日本大震災以降、現代社会のさまざまなリスクに向き合うような社会教育・生涯学習が求められている。その点で、社会的諸問題の解決に関連づけられた、ユネスコの生涯学習の取り組みに共振するような生涯学習理解を日本で定位する必要があり、また、EU の職業教育中心の生涯学習も、今後の日本の生涯学習政策に位置づけていく必要があるだろう。日本には社会教育の豊かな歴史的伝統が脈々と継承されており、それが日本の生涯学習の内実をつくっているが、職業教育のような領域は弱く、ヨーロッパの経験から学ぶ余地は大きい。

おわりに

世界の生涯学習の動向を俯瞰するのは、筆者の手に余る作業であり、本章では、ヨーロッパの政策動向を中心に部分的にまとめてみた。アジアの動向については、ほとんど言及することはできなかったので、関係する章を読んでいただきたい。アジア諸国において、生涯学習の取り組みが大きく動いていることがわかる。韓国、中国においてそれは顕著に見られるが、例えばモンゴルでも

国立教育大学に新たに生涯教育学部が設置されるなど、他のアジア諸国にも生涯学習の理念と実践がこれから広がっていくものと思われる。

近年、生涯学習と関連して、ヨーロッパを中心に Social Pedagogy の研究と実践が急速に広まっている[16]ことも最後に指摘しておきたい。Social Pedagogy の定義は定まっておらず、国によってもさまざまであるが、主として教育と福祉を融合したような教育福祉的な支援を青少年などに行う活動である。貧困問題、青少年の犯罪に関わる問題、薬物中毒の問題、難民問題など、社会的な困難を抱える人びとは先進諸国において増大しているように思われる。このような社会的な諸問題を教育的福祉的に解決しようとするのが Social Pedagogy の領域であり、生涯学習における社会的な側面と重なっている。グローバリゼーションのもとでの深刻な社会的諸課題を克服していくために、生涯学習が一定の役割を果たすことができるとすれば、Social Pedagogy との学術的・実践的な交流は欠かせないであろう。

注

1) アンドリュー・ジョーンズ／佐々木てる監訳『グローバリゼーション事典』明石書店、2012 年、pp.12-14。

2) マーク・オルセン「新自由主義・グローバル化・民主主義 ― 教育の課題」ヒュー・ローダー／フィリップ・ブラウン／ジョアンヌ・ディラボー／ A.H. ハルゼー編、広田照幸／吉田文、本田由紀編訳『グローバル化・社会変動と教育 市場と労働の教育社会学』東京大学出版会、2012 年、p.105。

3) 同上、pp.113-114。

4) 佐藤一子『生涯学習と社会参加』東京大学出版会、1998 年、p.25。

5) 第 6 回国際成人教育会議「行動のためのベレン・フレームワーク」(2009 年 12 月 4 日)、http://www.mext.go.jp/a_menu/shougai/koumin/1292447.htm、アクセス日：2016 年 7 月 26 日、文部科学省による仮訳。

6) David N. Aspin, Judith Chapman, Karen Evanc, Richard Bagnall 'Second International Handbook of Lifelong Learning Part 1' Springer, Dordrecht Heidelberg London New York, 2012, p.332.

7) Peter. Jarvis 'Democracy, Lifelong Learning and the Learning Society' Routledge, London and New York, 2008.

8) 同上。

9) Albert C. Tuijinman *'International Encyclopedia of Adult Education and Training second edition'* Oxford:Pergamon Press, 1996.

10) スウェーデン教育省公式ホームページ、URL:http://www.regeringen.se/sb/d/1454/a/15633、アクセス日：2014年11月18日。松田弥花「スウェーデンのSocialpedagogikに関する研究 ― 民衆大学における『教育福祉』的実践を対象に ―」（東京大学大学院修士論文、2015年1月提出）を参照した。

11) 大田美幸『生涯学習社会のポリティクス ― スウェーデン成人教育の歴史と構造』新評論、2011年、p.35。

12) Günter Hefler and Jörg Markowitsch 'Seven types of formal adult education and their organaizational fields: Towards a comparative framework', Eilu Saar/Odd Bjørn Ure /John Holford, *Lifelong Learning in Europe*, Edward Elgar UK, USA 2013.

13) 日本経済調査協議会編『新しい産業社会における人間形成 ― 長期的観点からみた教育のあり方』東洋経済新報社、1972年、p.17。

14) 同上、p.1。

15) 臨時教育審議会『教育改革に関する第二次答申』1986年。

16) 松田武雄『コミュニティ・ガバナンスと社会教育の再定義』福村出版、2014年。

付記 「4. 日本の生涯学習政策」は松田武雄編著、『現代の社会教育と生涯学習』（九州大学出版会、2013年）から転載した。

第1部

ヨーロッパ

第 1 章

ドイツ民衆大学の歴史・現状・課題

　現代ドイツにおける成人・継続教育（Erwachsenen und Weiterbildung）
（新海、pp.242 ～ 260、2002）は、成人教育、女性教育、高齢者教育、さらに
は移民教育まで多領域にわたり、教育内容は、広範な一般教育を中心としなが
らも職業教育、そしてドイツ社会への移民の編入を目指す統合教育をも含んで
いる。さらに、より包括的な広概念として生涯学習（Lebenslanges Lernen）
がよく用いられる。その主要な教育機関（施設）は地方自治体をはじめ、NPO
等の民間団体、およびキリスト教会が設置する民衆大学である。本章では、
R. ジュスムート、R. シュプリンク「民衆大学」（Rita Süssmuth, Rolf Sprink,
Volkshochshule）、R. ティッペルト、A. フォン・ヒッペルト編『ハンドブッ
ク・成人教育／継続教育』第 5 改訂版、VS 出版、所収（Rudolf Tippelt, Aiga
von Hippel（Hrsg.）*"Handbuch Erwachsenenbildung/Weiterbilbung"* 5.
Auflage, VS Verlag, 2011）を中心に、関連する文献資料をもとに民衆大学の
現状と当面の課題を素描してみたい。なお、文中のページのみの引用は上記の
ハンドブックからのものである。

1. ドイツ教育制度における民衆大学の位置と役割

（1） 概念的定義と原理的特色

　民衆大学は広くは生涯学習施設であり、狭くは成人・継続教育の代表的な
施設であり、同時に地域・生活圏における出会いの拠点施設でもある。その起

源は、直接的には新ロマン主義的な思潮を背景とした改革教育学運動の影響下に、また間接的にはとくにヴァイマル時代の民主主義運動や労働運動の影響下に生起した民衆教育（Volksbildung）実践であった（新海、2006）。民衆大学は、第一次世界大戦終結直前に発足して以来、そしてとくに1970年代以降は地域・国境を超え、ヨーロッパのみならず途上国を包括した世界的な広がりのある交流と学習が重視されている。ドイツでは民衆大学は、地域社会の生活や文化にしっかり根を下ろし、人びとの学習活動にとって不可欠の成人教育施設となっている。さらに民衆大学は、創設以来呼称されてきた民衆教育という概念を超えて、現在ではすべての人びとのための継続教育施設と理解されている。そして、民衆大学の学習内容には、広く人間形成（人格発達）にとって必要な人間教育・市民教育を中心に、文化的、社会的、経済的、そして政治的学習、さらには一般および職業的知識・能力の習得が含まれている（p.473）。

　民衆大学のモデルとする原理は、第1に、包括的な開放性である。民衆大学への入学要件は、形式的な卒業証書でもなければ、会員資格証明でもなければ、特定の信条でもない。民衆大学は、あらゆる社会層と年齢層に開かれており、さまざまな目的や方法についても耳を傾ける。この開放性は文字通りすべての人びとへの開放であり、年齢制限、特定の推進目標への法的規定や移民の語学講座への参加義務以外は制約されていない。第2に、伝統的な原則は学習の自由と自主性であり、学習者にとってはむろん義務や強制ではない。これを厳守するのが民衆大学の責任である。第3に、公平性である。すべての人びと、とくにマイノリティーへの配慮である。教育を受けられなかった人びと、教育によって不利益を被った人びとに教育を届けることは民衆大学の責任である。したがって学び直しの事業は中心的な役割を果たしている（p.473）。さらに、民衆大学は、学び直し事業のほか、非識字者や移民のための言語能力の向上 — それは、彼らの認知的、感性的、社会的な学習能力、さまざまな問題解決能力、彼らの参加と所属への能力、労働への参加能力、収入や社会保障を取得する能力、そして共同体での協働と共生を実現する能力へと導く — について高い関心を示している（p.474）。

　民衆大学は、大変革の今日、勝ち組、負け組を問わず誰からも求められて

いる。また、貧富の違いなく、社会的な帰属意識をもつ者、排除された者にかかわらず、力のある者、ない者にかかわらず、誰からも必要とされている。民衆大学は、可能な限りすべての人びとを、さまざまな方法であらゆる生活領域におけるさまざまな変化に配慮して、いかに人びとを受け入れるか。民衆大学は、市民をいかに元気づけ、参加させるか。民衆大学は、いかにして労働や生活にかかわる問題解決に有効な学習社会の担い手たりうるのか（pp.474 〜 475）。もっぱらこうした課題が問われている。

（2）　社会的役割

　さて、民衆大学のそもそもの社会的役割は何であろうか。まず第1に、成人のために教育施設を設置し、教育活動に取り組んで欲しいという要求は、学習意欲・欲求を有する人間の本質への認識にもとづいている。学習能力の程度は、生来的な才能・資質ないし社会的な出自のみならず、学習チャンスと集約的な学習支援次第で決まる。学習能力の発達は、青少年期に限らず生涯にわたって継続する。第2に、民衆大学の設置の根拠は、社会的な課題の解決に協働する人びとの人格的権利および参加する権利である。「教育は市民の権利」であり、「民主主義は政治教育」を必要とする。これが民衆大学の中心的な存在理由である。また、民衆大学は、人びとの教育機会と社会参加を制約した身分・階級社会から社会的、公共的活動の民主的参加へと転換する産業社会を経験し、さらに産業社会から急速に知識が変化・進化し新しい職業とともに専門的社会的資格・能力が必要な知識サービス社会へと展開する変革の時代における経済的・職業的要求にも応えなければならない。専門的資格取得（Qualifizierung）や職業能力（Beschäftigungsfähigkeit）習得のためのよりいっそうの学び直しが必要である。第3に、生活世界における所属と参加への要求に応えなければならない。システムに呪縛され、社会的機能の単なる履行者として組み込まれるべきではない。いうまでもなく、人間は客体ではなく、主体としてその価値を有する。われわれの社会は、相互思考、自己のイニシアティヴと責任、認知的、社会的能力、多文化社会における相互関係のゆえに、成立する。知的学習は外国語の習得と同様に、教育施設では中核的なカリキュ

ラムとして位置づけられるべきである（pp.474 ～ 475）。

　継続教育においては、日常の生活過程ないし生涯における学習 ― 国内外の教育政策アジェンダの中心に位置づけられている ― が、知識の急増（高度知識社会）、急激な技術革新、グローバル化、急速に変化する職業労働、世界に広がる移民等に直面する現在、ますますその重要性を増している。個人と社会・経済・政治のための生涯学習という意味での継続教育の位置づけと必要性はドイツのみならず国際的にも異論はないが、目的と任務、教育機関と組織、行政制度上の位置づけ、公私の財政負担、および市民参加を含む教育政策・制度上の変化については今なお議論が続いている（p.475）。

　継続教育には多くの活動の担い手が参加している。国家にはすべての人びとのために生涯学習の条件整備という中心的な役割がある。企業、社会人、団体、教育関係者、雇用者（経営者）も責任を負っているし、市民も生涯にわたる継続学習に責任を負う。振り返れば民衆大学は創設以来、人びとの教育参加と社会的統合に取り組んできた。とりわけ、教育機会に恵まれなかった者の学び直し、移民の統合 ― ドイツ語入門講座、女性や高齢者の教育等 ― への要請を引き受けてきた。就学前教育のための言葉の学習支援、健康づくり、環境学習、音楽・芸術活動等、広く教育事業を提供している。不足しているのは、教育制度上の明確な位置づけであり、適切な財政的整備である。利用者自らの参加は他の教育施設と比べていっそう重要である。経済的不利益層や教育的不利益層が落伍しているからである。国家的な位置づけと財政措置の明確化は、継続教育のさらなる発展にとって先送りできない課題といえよう（p.475）。

（3）民衆大学の歴史的性格 ― 成立と転換 ―

　民衆大学のこれまでの足跡を振り返ってみよう。19世紀ドイツにおける民衆大学の成立は、デンマークにおいて、1844年、N.グルントヴィ（Grundtvig）（ハル・コック、2007）が着手した農村青年への民族的・国民的精神の内面形成を重視した寄宿制民衆大学運動に始まる。19世紀後半の労働者教育協会の労働者教育に次いで、一般大衆を対象に通俗大学講座や労働者教育講座に代表される大学（教員・学生）による科学知識の伝達を重視する知識

40 第1部 ヨーロッパ

啓蒙型の開放事業へと展開し、最初の寄宿制民衆大学が、1909年にティング レフにつくられ、もっぱら農村地域に広がったことによる。いずれかといえば 寄宿制民衆大学は地方の農業青年を、夜間民衆大学は都市の労働者を主要な対 象とした（新海、2006年）。

　より本格的な民衆大学の発展は第一次世界大戦後であった。1919年だけで も139校が設置され、1922～1924年には新設の民衆大学は急減し、1925年 以降はとくに夜間民衆大学は開設されなかった。こうした民衆大学の拡大は、 戦後負担の重圧下にあり、「生の哲学」に象徴される政治的、社会的、精神的 状態への対応と考えられる（p.439）。1919年、ヴァイマル憲法（第143条） において、国、州、および市町村による民衆大学を含む民衆教育推進のあり方 が規定された。「時代の転換」「あらゆる状況の革新」「新たな人間と新たな社 会の探求」「社会の再建に向かって人びとの能力を育てよう」といった概念は、 民衆大学の自己認識を際立って切り拓くものであった。「新方向」の立場に立 つ民衆教育理論・実践家は新ロマン主義的思潮が支配的であった第一次世界大 戦直後に、共同学習をとおして文化財の集約的学習による内面（精神）形成を 重視し、個々人は学習過程の形成と結果に共同して責任を負い、自主的に試行 し、判断すべきである、と主張した。ヴァイマル共和国の衰退は、1930年以 降、民衆大学を一挙に終息へと導いた。ナチスは、民衆大学に代わり「闘争力 の秀でた民族」等をテーマに掲げた民衆教育機関を開設し、ナチス体制のプロ パガンダに専念させた（p.476）。

　1933年以前の民衆大学の民主主義的伝統のゆえに、第二次世界大戦後、西 側の占領軍はヴァイマル時代の民衆大学の再開を許した。プロイセン州で民 衆大学の国家的位置づけを行ったW.ピヒト（Picht）、ナチスに抗して民衆大 学の実践を発展させたW.ヴァイチュ（Weitcsh）など、多くの地域でヴァイ マル時代の民衆教育家が再び指揮を執った。この点でも、戦前と戦後の民衆 教育・成人教育の連続性が見られる。実践的には、「新方向」と結びついた政 治教育が重視され、外国語や数学などの通俗科学・一般教育と並んで会計、速 記、タイプライター、製図等の職業科目が目立ち、民衆大学にプラグマティッ クな傾向をもたらした。しかし、東西の国家成立後、両者の違いが次第に顕著

になった（p.476）。

　ドイツ連邦共和国（BRD）では、1951年に1,000を超える民衆大学が存在した。1951年の民衆大学の目標と学習内容の方向性についての論争を経て、1953年、ドイツ民衆大学連盟（以下、DVV）が結成された。同連盟の初代会長には、ヴァイマル時代の民衆大学の代表的指導者、Th. ボイエルレ（Bäuerle）が就任した。さらに1954年には、大都市民衆大学研究チーム、1957年にはドイツ成人教育研究所が発足し、民衆大学のあり方についての議論が深められた（p.476）。1960年代には、これまでの政治教育とともに、旅行や職業のための余暇活動や外国語も重視されるなど、教育課程の「現実的展開」が方針化された（p.477）。この間、T. ヴィルヘルム（Wilhelm）の「共同市民性」（Mitbürgertum）を目標原理とする政治教育論、F. ペーゲラー（Pöggeller）の人間学的、実存主義的成人教育学論（Andragogik）など、民衆大学の根拠となる成人教育理論の深化、発展が試みられた。

　DVVは、1962年、ドイツ・ユネスコ委員会と共同で、「産業社会における教育と訓練」をテーマにヨーロッパ最初の国際成人教育会議を開催した。その後、ユネスコ、さらにICAEとの協働関係を深めていく（Dolff, p.56, 1979）。

　1966年、DVVは、民衆大学の役割を再規定し、方針声明において「知識の教示、判断力の形成、および学習と自己実現への支援」と述べている。さらにDVVの発展にとって画期的な出来事は、各州成人教育研究所（現・dvvインターナショナル）（1969年）、アドルフ・グリムメル（Adolf Grimmel）研究所マスメディア部門の創設（1973年）であった。1970年代の継続教育関係法と同時に、生涯学習概念の導入や職員の専門職化、職業教育の推進など、民衆大学の活動内容に与えた影響は大きかった。1966年から1978年までに、講座数は2倍に増加し、授業時間数は3倍に拡大した。1980年代も事業内容は増加し、とくに女性受講者数の増加が顕著であった（p.477）。

　ドイツ民主主義共和国（以下、DDR）においては、民衆大学は国家的法規の下で統一的な教育計画の遵守が義務づけられ、「新たな社会主義エリートの育成」を目指した。各種の講座のほか、社会科学と自然科学、および技術に関するテーマが80％を占め、大学や技術大学の教員が講義を担当した。1953年

42 第1部 ヨーロッパ

には、約2,000の民衆大学が存在し、事業全体のうち職業講座は40～50%を占めた。1951～1955年の5か年計画により変化が生まれた。自由ドイツ労働組合（FDGB）が職業教育講座に着手した一方、民衆大学では労働者への一般教育活動が行われた。民衆大学ではイデオロギー教育のほか、文化面の一般教育に重点が置かれたが、総じて民衆大学はDDRにおける支配的地位を失った。1956年の閣議決定によって、民衆大学は成人のための夜間の一般教育総合制学校に改編され、いわゆる「第2の教育の道」、すなわち学校卒業資格取得の学習機会とされた。しかし、1970年までには10年制義務学校が行き渡り、その後は上述の役割は必然的に減少し、「精神的、文化的生活水準」を高める教育活動が再び増加した（p.477）。

　すなわち、社会主義関係の講座のほかに、特定の科学領域や外国語、文化的・美学的テーマ、親のあり方・家庭教育、環境保護、健康生活等の労働者の精神的、文化的な生活領域にかかわる入門的な一般教育科目が優位を占めた。DDR崩壊までは、民衆大学は一般教育センターとしての役割を維持した。1956～1979年に、民衆大学において約25万人が一般教育総合制学校の卒業資格を取得し、約6万人がアビトゥアを取得したという事実は、生活者として堅実な学習活動が持続されていたことを示している。1989年のDDR崩壊後、翌年には東西の民衆大学間の交流が広がり、各州の新たな連合組織が発足し、この組織もDVVに併合される。旧DDRの民衆大学は、「第2の教育の道」を廃棄し、新しい計画づくりに取り組むこととなった。こうして、DVVはヨーロッパにおける最大規模の、最強の指導力を有する成人教育連盟として、また高度知識社会における継続教育・労働センターとしての可能性を実現する契機が与えられた（p.478）。

　DVV統計（2011年）によれば、2009年現在、民衆大学は940校存在し、各州における設置数は次のようである（DVV, p.37, 2011）。

　　シュレスウィッヒ・ホルシュタイン　　　150
　　マクレンブルク・フォルポムメルン　　　18
　　ハンブルク　　　　　　　　　　　　　　1

ブレーメン	2
ニーダーザクセン	61
ザクセン・ハルト	16
ベルリン	12
ブランデンブルク	20
ノルトファーレン・ヴェストファーレン	135
ヘッセン	32
テューリンゲン	23
ザクセン	18
ラインラント・パルツ	73
ザールラント	16

2. 事業構成の特色

（1） 事業内容（講座）、受講者、職員

　2006 年の統計によれば、974 の民衆大学に約 1,520 万時間の教授時間が計画され、64 万 8,000 の各種事業が開催され、800 万 9,000 人の受講者定員が設けられた。講座だけに注目すると、55 万 7,968 講座、1,487 万 4,731 時間の授業時間、649 万 9,247 人の受講者を数えた。プログラムの領域別分布（2009 年の比率、（　）内は 2006 年）は以下の通りである（p.479）。

社会・政治・環境	7.8	（ 4.4)%
文化・デザイン	15.9	（ 1.0)%
健康	31.0	(17.8)%
言語	30.6	(41.4)%
労働・職業	12.7	(15.7)%
基礎教育・学校卒業資格	2.0	（ 9.4)%

44 第1部 ヨーロッパ

総じて 2005 年までは若干の減少傾向が続いている。ただし、過去と比較すると領域で違いがある。文化・デザインはわずかに増加している。2009 年には大幅に増加している。健康と労働・職業の授業時間も増加している。社会・政治・環境、言語、および基礎教育・学校卒業資格も同様である。数年来、言語に次いで健康が授業時間では第 2 位であったが、2009 年には第 1 位となっている。この他に、「言語と文化」など講座間の連携も注目される（p.480）。

（2） 協働、ネットワーク、市場志向

近年、他の機関との協働開催の講座数は約 2 万 3,000 に増加している。受講者の個人学習が行われる特別講座や企業ないし職業教育団体との協働で開講される講座が増えているのに対して、成人教育施設との協働は減少している。

また、民衆大学は、事業促進のための財政調達を目指して、他の教育機関とのネットワークを結んでいる。多くの民衆大学は、より高い収益性を求めて市場への志向性が顕著となり、複雑化する継続教育市場の真っ只中にいる（p.480）。

（3） 事業と開催時間

民衆大学の古典的事業形態は夜間講座であり、時として、週 1 回の講座、昼間講座、週末講座、および個人講座である。目下、週 1 回の昼間講座や夜間講座は減少している（42.2%）。週 1 回および複数回の夜間講座は今なお事業全体の 48.7% を占めているが、明らかに衰退傾向にある。一方、日中に行われる週数回の講座は増えている（18.7%）。昼間事業は増加し（6%）、週末講座と週講座は減少している。週 1 回の事業（15.5%）は後退している。

領域に注目すると、社会・政治・環境では各事業形態でも増加しているが、労働・職業では週末と週講座が優位に立っている。さらに、民衆大学の受講者へのアンケートは、詰め込まれた講座よりも全セメスターに配分された講座を選択することを示している。若い受講者の多くは確かに集約的で密度の高い事業形態を好む。50 歳以上の者にとってベストの時間は週 1 回の夕刻である。高齢者は午前を選ぶ（p.480）。

3. 受 講 者

（1） 受講者の領域（テーマ）別の受講状況と年齢層の分布

　2006 年と 2009 年における領域ごとの受講者の分布は、以下の通りである
（（　）内は 2006 年）。

政治・社会・環境	7.8	(10.5)%
文化・デザイン	15.9	(15.5)%
健康	31.0	(32.4)%
言語	30.6	(28.7)%
労働・職業	12.7	(11.0)%
基礎教育・学校卒業資格	2.0	(1.9)%

　2006 年における講座の定員は平均 11.6 名であり、文化・デザイン、言語、
労働・職業の定員は少人数であるが、基礎教育・学校卒業資格、健康、および
政治・社会・環境にはより高い価値が置かれ、定員は多人数である。しかし、
一般的には定員が少人数の講座は増加しているようである。2006 年、女性の
受講者は 73.8%、男性は 26.2% であった。女性はほぼ全領域にわたって多数を
占めているが、とりわけ多いのは、健康（83.9%）、文化・デザイン（78.7%）
である（p.481）。

　女性は民衆大学の提供する一般継続教育に参加するのに対して、男性は総じ
て職業にかかわる教育事業に参加している。近年、青年層の参加数は戻ってい
るが、年金受給者が増加しているにもかかわらず高齢者の参加は必ずしも増加
していない。25 ～ 35 歳層では、とくに政治・社会・環境と労働・職業の領域
で著しく減少している。以上の他に、学校卒業資格や教育機会に恵まれなかっ
た人びとへの取り組みが急がれる（p.482）。

　さらに、2009 年の受講者の年齢層を見ると、以下のようである。参加率の
高いのは中年層が筆頭であり、次いで向老層、後期青年層と続いている（DVV,

46　第1部　ヨーロッパ

p.37, 2011)。

17歳以下	7%
18～24歳	7%
25～34歳	17%
35～49歳	33%
50～64歳	23%
65歳以上	13%

（2）参加動機

　受講者へのアンケート結果によれば、主な受講動機は以下のようである。一般知識の獲得、楽しみとしての学習、職業改善のチャンス、余暇活用の充実、創造的な仕事、グループの中での学習、人びととの出会い・交流等。民衆大学は単なる知識の伝達以上の施設であり、受講者の関心事は「職業生活と職業外の日常生活をよりよくやっていく」ことにある。民衆大学の教育は、人びとが市民としての判断力や自立的な実践力を身につけるという目的をもつ日常生活や市民文化を享受する学習活動の教育的支援である。民衆大学は、人びとのさまざまな資質能力（創造力、音楽の能力、学際的な能力、学習のための学習能力、問題解決能力等）づくりに貢献している。今後は、健康学習で見られるように、自主的な組織化と自治的な運営が可能な事業が重要である（p.482）。

（3）特定の受講者と目的グループ

　特定の受講者のための講座が増加している。外国人（31%）が最多である。次いで高齢者（29.5%）、女性（24.9%）、非識字者（5%）、障害者（4.8%）、失業者（4.7%）である。外国人対象の講座で最多の講座は、移民の社会的統合にとって必須の「外国人としてのドイツ語」（95%）である。また、目的グループへの学習支援で最も顕著なテーマは、基礎教育・学校卒業資格、労働・職業、言語、政治・社会・環境である。教育（とくに基礎教育と識字教育）、相談、および雇用事業と連携した講座も注目される。このように民衆大学は差

別・排除など不利な状況にいる人びとの社会参加・統合という現実的挑戦に当面している（p.483）。

4. 職員と講師

（1）職　員
　2006年に運営されていた723の民衆大学について見ると、職員に占める女性の割合は37.6%である。正規職員のほか非正規職員（任期付など）がいるが、正規職員数は数年前から減少している。正規の教育職員は、教育指導、学習相談、学習計画の作成、マスメディア活用支援等の職務に従事する。とくに学習相談に関する情報提供、受講者へのサービスやサポートなど、教育職員としての専門性が求められる（p.484）。

（2）講　師
　講座や学習指導にあたる講師は非正規職員を含めて約19万5,500人である。そのうち教育経験豊富な講師は11.2%である。民衆大学ではその事業のほとんどを非正規職員、すなわち非常勤講師に負っている。社会状況の激変の中で、民衆大学における専門性と質的水準の継続的向上への社会的要求が大きくなっているが、そうした要求に応えるためにも、そして継続教育の持続的発展を目指すうえでも、社会保険もなく低賃金の講師の処遇制度のあり方の改善も必要である（p.484）。

5. 管理運営と講座編成

（1）管理運営
　現在、民衆大学は組織的、経済的な問題に当面している。一方では独自性・固有性を求める主張であり、他方では柔軟性を求める考え方である。すなわ

48 第1部 ヨーロッパ

ち、継続教育・成人教育本来の教育機関としての独自で固有の機能に対して、企業や職業団体との協働による民衆大学運営の市場化とその評価の動きである。当初は懐疑的であった企業経営の手法の継続教育への導入は普及した。企業経営と教育プロセスは相互に対応していると認識されたからである（p.485）。図書館との併設、地域活動の拠点施設化、企業の職業教育の受託機関化など、民衆大学の管理運営の柔軟化傾向をどう捉えるべきかが、問われている大きな問題の一つである。

（2）講座編成

　講座編成と学習室の整備、講座にふさわしい教育技術とメディアの調達と専門的ノウハウは、学習の成功と受講者の満足の決定的要件である。2006年には、民衆大学は地域の関連施設（分館）を含めて3,000余の施設を運営しているが、固有の施設であれ、賃貸の施設であれ、共同利用の施設であれ、上述の要件は実現されなければならない。民衆大学が市民の学習の必要性と期待に応えるための重要な前提は、充実した水準の継続教育に到達できる可能性であり、その基盤をなすものは整備された教室であり、完全な教材教具であり、相談施設である。

　また、民衆大学は、より強力な機能を有する教育機関として認知されるために、コーポレート・デザインやメディアを活用し、新たな事業開発や講座の市場化を試みるなど、さまざまな戦略に取り組んでいる（pp.485 ～ 486）。

6. 法制度と財政

　1970年以降、教育構造計画に続いて継続教育・成人教育法が制定され、公教育制度の第4領域としての継続教育の本格的な構築に向かって第一歩をスタートした。各州で制定された継続教育・成人教育法・規程等は民衆大学のさらなる整備に影響を与え、現在に至っている（H.Dolff、p.76、1979）。

　民衆大学の設置主体の過半数は地方自治体であり、地方自治体の連合組織が

7.5%、社団法人が 33.5%、企業および民間団体は 2.8%である。地方自治体立の民衆大学は、公共的性格を有するとともに、相対的な自治権限をもっている（p.486）。

2006 年の民衆大学予算は 9 億 3,179 万 5,000 ユーロであった。受講者の負担は全予算の 39.4%であった。ブレーメンで 25.9%、バーデン・ビュルテンベルクでは 59.9%というように受講者の受講料は州で差がある。他の収入は 19.2%で、SGB Ⅲ 資金、連邦資金および EU 資金が大部分を占める。公的助成は減少し、41.4%である。地方自治体が 2／3 を、州が 1／3 を提供している。

継続教育の重要性が政治声明では述べられているものの、公的助成の現実には厳しいものがあると言わざるを得ない。継続教育への投資が国家や経済や個々人に大きな影響を与えるという確かな証拠があるにもかかわらず、である。民衆大学の州予算は、1995 年には 1 億 5,600 万ユーロであったが、2005 年には 1 億 3,200 万ユーロであった。地方自治体による補填は 2 億 5,700 万ユーロに減額している（p.486）。2006 年における市民 1 人当たりの公的助成金は、ブレーメンが最高で 7.83 ユーロ、ブランデンブルクが最低で 2.7 ユーロであった。

7. DVV の発展と国際化

（1） DVV の発展

DVV は 16 州の民衆大学連盟を基礎に置く全国的な民衆大学組織である。DVV の最重要任務の一つはドイツとヨーロッパの民衆大学の連携である。すなわち、相互の協同と交流を支援し、成人教育と国際的協働の質を高めることである。具体的には、国内のみならず国際的視野（とくに発展途上国）のもとで女性活動の促進、性の権利、補習教育の発展等の横断的テーマをはじめ、労働・職業、言語、文化等の学習プログラムの開発のために活動している。そのための 2006 年の予算は、約 1 億 5,000 万ユーロであった（p.488）。

DVV はドイツ成人教育研究所と連携し、成人教育の実践的研究に取り組む

50 第1部 ヨーロッパ

とともに、アドルフ・グリムメル研究所（メディア・教育・文化協会）とも連携し、メディア教育開発に貢献している。目下、DVV における研究チーム「労働と生活」（"ARBEIT UND LEBEN"）はドイツ労働組合連盟と協働し、政治・社会・職業教育と教育有給休暇を中心とする青少年・成人教育に取り組んでいる（p.488）。

（2） 国際化のさらなる推進

継続教育の国際化は、近年ますます DVV の大きな関心事となった。具体的には、基礎教育、職業教育、自助の促進、持続発展的な農業、政治教育、および専門職業人教育等である（p.488）。ユネスコをはじめ、ICAE（国際成人教育協会）、ASPBAE（アジア南太平洋成人教育協会）等との緊密な連携のもと、アジア、アフリカ、ラテンアメリカの発展途上国への支援政策に積極的に協働している。

また、近年では、EU の政策が継続教育にますます大きな影響を及ぼしていることも見逃せない。国内外の継続教育施設間のネットワークづくりの鍵となり、市民社会活動のセンターとしての役割を果たすうえで、民衆大学に求められている課題は大きい（pp.488 ～ 489）。

8. 民衆大学の将来的課題

DVV は、民衆大学の「将来の主要な課題」ついて次のように述べている（DVV、pp.31 ～ 39、2011）。

第1に、より均等な教育の提供である。誰もが社会的、人種的出自のゆえに、また過去の不就学のために生涯学習から排除されてはならない。民衆大学を利用できない人びとと、未熟練で低賃金・低収入の人びととが対象とされるべきであり、とりわけ識字、基礎教育、および学校資格取得のための学び直し等の教育援助が必要である。

第2に、異文化間教育のいっそうの展開である。これからもドイツは移民受

け入れ国であり続けるであろう。民衆大学は、すでに社会的統合への増大する要請に応える異文化間教育・交流センターに発展しつつある。今後、外国語や異文化間スキルの教育に努力するなど、移民の社会的、文化的、経済的統合に向けた教育活動の充実を図る。

　第3に、熟練労働者の潜在力の強化である。多くの領域で熟練労働者への需要が増大しており、民衆大学では、職業人の資格取得のための教育の実現のために財源の確保が必要である。

　第4に、すべての年齢層の人びとへの教育援助である。年齢等を制限しない教育事業は社会参加と生活の質を保障する。民衆大学は、さまざまな年齢層だけでなく、受講者のさまざまな教育的関心と社会的態度を考慮してそれぞれの年齢にふさわしい教育を提供する。

　第5に、地方都市を中心とする教育ネットワークの拡大である。地域におけるすべての年齢層の人びとの適切で質の高い支援のためには、すべてのステークホルダー間の緊密な協力とサービスの統合が欠かせない。民衆大学は、地方の、地域の教育ネットワークの発展に貢献する。とくに大学、学校、雇用機関、職業センター、教会、各種団体、労働組合、および議会とのパートナーシップを強化する。

　最後に、公的セクターの責任である。将来志向の教育政策のベンチマークは、あらゆる自治体における平等な条件の確立である。過去のドイツでは、すべての人びとの教育の質にあまりにも強調点が置かれなさすぎた。2015年までの目標は継続教育への参加率を45%から50%に、さらに未熟練労働者の参加率の28%から40%への引き上げを目指したい。そのためにも、連邦国家、州、および地方政府による公教育へのより強力な財政措置が必要である。

　以上の諸点は、いずれもこれからの民衆大学の方向性と課題を示唆するものであり、ドイツの国内外で戦争・紛争や貧困や差別が解消されるためにも、その実現が期待される。

引用文献

新海英行「ドイツ成人教育・継続教育制度改革の経緯と到達点」新海英行・牧野篤編『現代世界の生涯学習』大学教育出版、2002 年、所収。ドイツ連邦共和国では、1970 年以降、教育構造改革・教育全体計画の下、青少年から高齢者に至る生涯にわたる、しかも一般教育（教養教育）のみならず職業教育を含む広概念としての継続教育概念が公的に用いられるようになった。

ハル・コック著、小池直人訳『グルントヴィ―デンマーク・ナショナリズムとその止揚―』風媒社、2007 年、Hal Koch, *N.F.S.Grundtvig*, 2.udgave, Gyldendal, 1959.

ヴァイマル期の民衆大学の生成・展開については、新海英行『現代ドイツ民衆教育史研究』日本図書センター、2006 年、参照。

Helmut Dolff, *Die deutschen Volkshochschulen*, Ämter und Organisation der Bundesrepublik Deutschland, 1979 .

DVV, 'The Adult Education Centre-Education as a Public Responsibility', *"ADULT EDUCATION AND DEVELOPMENT"*, 2011.

第 2 章

高齢化と労働の多様化に対応した
英国型生涯学習再構築への試み
―"Learning Through Life"（2009）の提言と
その後の動向より ―

は じ め に

　英国は、イングランド・ウェールズ・スコットランド・北アイルランドからなる連合王国であり、各国は 2016 年 7 月現在、非独立国である。イングランド以外の国々では、1997 年のブレア労働党政権発足以降、権限移譲がそれぞれの事情に応じた非対称な形で本格的に進展し、各国には個別の議会と行政機関が置かれている。教育の分野においても、各国の行政機関によって教育・訓練政策の推進が図られているが、その方向性は一律ではない。したがって 2000 年以降の動向を包括的に把握するには、4 カ国それぞれの事情を考慮する必要性が従来以上に高まっている。とはいえ、本章で焦点化する生涯学習（Lifelong Learning、以下 3L）については、どの国においても学習に関するすべての政策の中心に据えられており、財政的には中央の権限が根強く、その影響を踏まえて全英的に共通する事項も多く存在する。

　英国における 3L に対する一般的理解は、生産性と国際的競争力の向上を目的とした、公的財政支援を得た雇用主による職業訓練プログラムを中心に、その推進が図られているというものである[1]。1965 年のユネスコ成人教育推進国際会議における P. ラングランの生涯教育概念の提唱以降も、表面上は政策文書や機関名等にその影響が見られたが、実質的には消極的な姿勢が長く維持されてきた。それには、"個人"に選択を委ねるあまり、学習者を単なる低質

なパッケージの消費者に貶める危険のある商業主義的な 3L への猜疑心、新たなテクノロジーへの過度な依存への警戒、学習に参加しない層に対する不十分な理解への懸念等が関係している[2]。さらに、間接的には、200 年以上にわたる成人教育の伝統といかに融和させていくか、という課題も無視できないであろう。

このように英国においては、生涯教育の概念が世界的に提唱されてから 2000 年代前半までの間、その本質に迫る十分な議論と首尾一貫した政策立案が欠如していたといえる。しかしながら、2000 年代後半に入り、高齢化や労働の多様化によって社会構造が大きく変貌を遂げる中、改めて同国の文脈に照らした"生涯にわたる学習"に向けた問題点の洗い出しと条件整備が関係者によって話し合われるようになった。本章は特にそのきっかけともなった、大胆な思考の転換を促す "Learning Through Life" (2009) と題された調査報告書に焦点を当て、成立に至る経緯、報告書の提言内容、発表から今日までの進捗状況を（断片的ではあるが）整理し、英国型の 3L 再構築をめぐる動向の一端を考察することを目的とする。

1. 報告書（"Learning Through Life"）の策定経緯と概要

（1）報告書の策定経緯

英国における 3L の抜本的見直しの必要性については、1998 年頃から政策上にその萌芽は見られており[3]、基本的・職業的諸能力の習得に加え、市民的および文化的な学習の必要性も認識されていた。しかし、欧州全体の 3L の方向性が職業のための教育に傾く中、政治的な焦点は次第に狭められ、職業に関連したスキルにのみ重きが置かれるようになり、抜本的な改革にはつながらなかった。

しかしながら、2006 年には、英国の成人学習に多大な貢献をしてきた非政府組織であり、慈善団体である英国成人生涯教育研究所（National Institute for Adult and Continuing Education、以下 NIACE）により、成人学習全体の諸

側面（計画・財政・提供）の見直しに関する大規模なキャンペーンが実施された。その結果、3L に関する首尾一貫した戦略が欠如している事実を踏まえ、「成人学習が 21 世紀の経済的繁栄、環境的な面からの持続可能性、社会的正義、社会的一貫性、健康等に特徴づけられる持続可能な将来を確実なものにするような貢献を明確にし、かつそれを最大限にするような、（水平的方向と垂直的方向からの）生涯学習のための戦略」の必要性が提起された[4]。

　こうした背景のもと、「生涯学習の将来に向けての調査委員会（Inquiry into the Future for Lifelong Learning）」が、政府から独立した組織として 2007 年 7 月に設立された。著名な 3L の専門家 10 名から構成される委員会は、次の 10 ～ 15 年に向け、英国内の 4 カ国を対象に、権威ある一貫した 3L に向けての戦略的体系を構築できるよう、2007 年 9 月から 2009 年 6 月までに、泊まりがけも含めて計 10 回の会合を行った。この委員会に 100 万ポンドの予算を投じてスポンサーとなったのは NIACE であり、その協力のもと、委員会は、政府・産業界・学識経験者・労働組合・公的サービス事業者・3L 提供団体・第三セクターらの専門家や学習者に対し、ウェブ上での活発な議論を呼び起こすなどして、広範囲のコンサルテーションを行った。

　委員会は当初、雇用と労働・人口動態と社会構造・健康と幸福・移住者とコミュニティ・技術革新・貧困削減・市民権と所属意識・犯罪と社会的排除・持続可能な開発という 9 つのテーマに基づき議論を開始した。以上のテーマに対しては、その後開催されたセミナー等によって研究者や実践家による文書とともにその論拠がフォローアップされた。さらに、就学前教育・家庭教育等も含めた教育のあらゆる種類の報告書等も参照された。審議のプロセスでは、長期的な視野での考察により、実践家の直面する課題から遠ざかってしまう危険性、3L の体系そのものが整理されておらず、多方面に広がりを持っているゆえの議論や表現上の困難さ、政策立案やその実践に効果のあるものを構築する際の議論の性質における限界等にも配慮しながら進められた。

　2009 年 9 月に完成した 272 頁に上る報告書（"Learning Through Life"）は、印刷書籍および電子書籍で発行され、付随した 30 の補助文書は（報告書とは別に）委員会のウェブサイトに無料で公開された。

（2） 報告書の概要[5]

1） 報告書の概略

　報告書の冒頭には、英国における 3L のために権威ある首尾一貫した戦略的体系を提供するための委員会への付託事項として、①3L への公的・私的投資のために広範な理論的解釈（論拠）をまとめること、②3L に付随した社会的・文化的価値を政策立案者と一般市民によって再評価すること、③3L の政策と実践に新たな視野を切り拓くこと、が含まれると述べられている。報告書は、冒頭の序文と要約の後、10 の章と 3 つの付属書類から構成されるが、紙幅の関係上、主要な概略のみを以下に示す。

　本報告書で扱う 3L の定義（第 1 章）については、本来の意味合いからすれば「ゆりかごから墓場まで」のあらゆる形態の学習すべてを含むものである。しかし、報告書の目的が最終的に英国の政策立案に活かす提言をするという事情から、「3L は、多岐にわたる異なった文脈 ── 教育機関・職場・家庭もしくは余暇活動を通じた形 ── で学習を行っているあらゆる年齢の人びとを含むもの」ではあるが、「（学齢期の）初期教育や偶発的な学習というよりは、学習に戻ろうとする成人を主に焦点化するもの」であるとしている。また、どの程度を"学習"に含めるのかという点については、あらゆる種類の組織化された教育・訓練を含むが、インフォーマルな学習についても、それがある程度組織化され、意図を持つものであるならば含めるとしている。さらに、3L に懐疑的な読者に配慮し、具体的な事例を述べながら、なぜ 3L は個々人の人生にとって価値があるのか（第 2 章）にも言及している。

　また、本報告書では、現状の 3L において何が問題になるのかという点に関し、①初期教育は、人びとの 3L を支える土台としての役割を果たしていないこと、②高齢化による人口動態の変容を今日の予算配分は踏まえておらず、人生の各段階を通じた学習への機会と支援のバランスが間違っていること、③就学もしくは無職の状態から就労に至るまでの、また就労から退職に至るまでの移行のあり方が多様化する状況について、現行制度は十分に認識していないこと、④教育的な不平等が、人びとの一生涯にわたって蓄積していること、⑤（政策文書に謳われているような）高いスキルを必要とする経済は、まだ

確実には見込まれていないこと、⑥現行制度を通じて確固たる道を切り拓くことは難しく、やる気を削ぐようなものになっていること、⑦現行制度のガバナンスは、中央集権的になりすぎており、不安定で、その業界に従事する専門家を十分に信頼していないこと、⑧建物・技術・サービス等のインフラは十分に首尾良く結合されていないこと、⑨現行制度は、現状を革新し、改良していくために必要な情報を作り出し、またそれを活用できるようにはなっていないこと、が挙げられている。

その後、以上の問題の所在と背景が論拠とともに詳述されるとともに、本報告書で初めて言及する問題や後述する提言の詳細等が紹介され（第4～第9章）、それらを踏まえた上で、次に要旨を示す「今後の3L戦略に向けた10の提言」（第10章）が最後に挙げられている。

2）今後の3L戦略に向けた10の提言

> 提言1：3L政策は、生涯を4つの主要な段階（25歳まで、25～50歳、50～
> 　　　　75歳、75歳以上）に分けた新モデルを土台とすること

高齢化と労働の多様化という2つの大きな社会構造の変容を見据え、これらを踏まえた3Lの改革が必要である。そして、従来の子ども・成人・退職者といった分類では、今日の問題に対応できないため、新たに生涯を25年間で一区切りとする4つの主要段階に分けたモデルが、今後の3Lへの首尾一貫したアプローチのための土台となるべきである。

第1期（本来0歳からであるが、報告書の限定的な定義に照らして18歳以上～25歳の誕生日までの時期）は、今日3Lにおいてフォーマルな教育・訓練に向けた学習を中心に公的資金が最も多く支出されている世代であるが、それ以外の学習に関する施策も視野に入れ、あらゆる状況に置かれている若者すべてを包摂すべきである。

第2期（25歳の誕生日の翌日から50歳の誕生日まで）は、生産性の維持と繁栄を目的とすべきであるが、同時に確固たる家庭生活を築き、個人的な安定性を確立する時期でもあり、賃金対価のある労働と賃金対価のない労働（子育て、介護等）ならびに学習の時間の混在がある時期で、特に女性にプレッ

58　第1部　ヨーロッパ

シャーがかかる時期である。

　第3期（50歳の誕生日の翌日から75歳の誕生日まで）は、技術や知識の変化のペースが加速する中、人生の後半で再び教育・訓練を受ける必要性が従来以上に高まる時期でもある。したがって、各種関連政策は75歳を経済活動に向く上限として扱うべきであり、この時期における政策の見直しが強く求められる[6]。具体的には、50歳以上の労働者の教育・訓練事業への参加、退職年齢の見直し、退職に向けたより柔軟な働き方・学び方・その他の活動の組み合わせ等を可能にすべきである。

　第4期（75歳の誕生日の翌日以降〜）は、最も物議をかもす時期であるが、平均寿命が予測以上に延び、新たな学習ニーズを生み出していることを踏まえ、この世代に提供すべき学習内容をなるべく早期に明らかにしていく必要がある。この時期の学習ニーズは、それ以前のものと重複する点も多いが、職業的学習ニーズだけは大きく消失するとともに、学習への関心が健康や存在に関するものへと移行する傾向にある。

　以上のように25歳、50歳、75歳は、人生の主要な移行のターニングポイントとして認識されるべきであり、それぞれの時期は、今後に向けたアドバイスとガイダンスへのアクセスを必要とする。

提言2：異なったライフステージすべてに予算を公平に分別よく再分配すること

　委員会は、英国史上初めて政府・雇用主・第三セクター・個人の活動を含め、あらゆる形態で行われる現行の3Lに関わる総費用を緻密に算定した。その結果、3Lに投資された総額は、年間約550億ポンド（このうち公的資金は260億ポンド）であり、GDPの約3.9%に上ることが判明した。しかし、公的資金の大半は、①で述べた4つのモデルの第1期の若者に対する教育・訓練事業に極端に偏っている。そのため、高齢化や労働の多様化を踏まえ、この配分を現状の86：11：2.5：0.5から2020年までに80：15：4：1とし、人生の後半の時期により多くの予算が割かれるべきである。ただし、本提言は年齢差別を助長するものではなく、むしろ家庭学習や異世代間交流を推奨するものである。

第2章　高齢化と労働の多様化に対応した英国型生涯学習再構築への試み－"Learning Through Life"(2009) の提言とその後の動向より－　*59*

提言3：学習給付金制度を創設すること

　学習給付金制度の導入は、学習の選択の機会と動機を高める上で鍵となる要素であり、一般的な給付金制度と移行期にある人びとに対する特別な給付金制度が創設されるべきである。前者は、基本的スキルを習得する必要がある人に対し、無料で学習へのアクセスを可能にするもので、後者は潜在的に学習が困難な移行期にある人（刑務所から出所したばかりの人、医療・介護施設から出て他者によるケアを卒業したばかりの人、異なったエリアや国々を移動している人、退職を予定している人等）に対して特別に提供されるものであるが、両者は、年齢にかかわらず、すべての人びとに開放されるべきものである。

　具体的には、"学習休暇（learning leave）"のような給付金制度が職業上の利益として柔軟に開発されるべきであり、その予算配分については、学習アカウント制度（ウェブサイト上に個人がアカウントを作成し、その中に学歴・職歴等をすべてアップデートしたものを情報収集や学習履歴の閲覧等に使用し、専門家のアドバイスを状況に応じて自由に受けながら自らのキャリアを築いていく制度）に基づくものとし、この制度を 25 歳になる前にすべての国民が利用できるようにすべきである。

提言4：単位認定制度とパートタイム学生の支援に、より柔軟性を発揮すること

　英国は、他の先進国と比べ、単位互換や単位積算の制度が十分でなく、高等教育、職業教育のそれぞれに異なった資格体系があり、公的には完全にそれらを融合させて判断できる指標が十分に開発されていない。勉学を他の活動と両立させたいと希望する成人を支援するために、学校後の教育において、単位互換並びに単位積算が効果的にできる制度を確立し、それに見合った財政支援とともに、学習をより柔軟でアクセスしやすいものにすべきである。そして、あらゆる学習への財政支援は、これらの一元化された評価指標による単位に基づくものにすべきである。

　また、働きながら学ぶことを可能にするパートタイムの学習制度では、（フルタイムの制度に比べて）従来は授業料も低額に抑えられ、1990 年代後半

60 第1部 ヨーロッパ

から2000年代初頭には労働党政権による機会拡大政策の後押しもあり、登録者数が大幅に増加し、有職者にも多様な学習環境・条件が担保されてきた。しかしながら、2008年以降、国が補助する学習内容を、学習者が保持する現在の資格レベルより高いものに限定する政策（Equivalent or Lower Qualifications）により、パートタイムコースに登録した学生は徐々に影響を受け、参加者も減少傾向にある[7]。そのため、彼らの状況に配慮した柔軟な支援を考慮すべきである。

提言5：労働の質を高めること

　従来のスキルに関する議論は、スキルの"量"的拡大を強調する傾向にあったが、スキルが実際どのように使われるのかという"質"的な点にこそ焦点が当てられるべきである。そのため、パフォーマンスや生産性を上げる手段としてフォーマルおよびインフォーマルな学習を支援するような労働環境に関する理解の促進、雇用主による学習活動の提供を評価するためのより明確なまとまった形での基準の設定とそれに連動した訓練事業に対する法人税の減税、訓練のパフォーマンスや費用に関するデータの各組織における年次報告書への掲載と公刊による透明性の向上、訓練レベル上昇を目指した各企業の調達基本方針の利活用等が必要となる。

提言6：市民の学習計画に対する枠組みを構築すること

　人びとがそれぞれの生涯において、自分自身で人生をコントロールできることを目的とした学習に関する共通した枠組みが構築されるべきである。すなわち、市民として必要な諸能力向上のための学習計画である「市民の学習計画（a citizens' curriculum）」に関する共通した体系が構築されなければならないが、そのためにまずは（基礎学力としての読み書き算数等の生活上不可欠なスキルの基盤のもとに）デジタルな能力・健康に関する能力・金銭に関する能力・市民としての能力が結び合わされたものが築かれるべきである。これらの諸能力は個々の成人学習者の生活の質や雇用適性を支持するものを念頭に置いている。

どの領域でも、多様なニーズに見合うように、地域的に解釈された「市民の学習計画」へのアクセスを保障するような最低限の地域的な提供が行われるべきである。

提言7：3L に従事する労働者の能力を拡張・強化させること

近年の改革が、特に高等教育において、旧来の成人教育領域で活躍した多くの有能な教育スタッフを失った事実を踏まえ、教育・訓練を提供する事業に関わるすべての労働者に対し、よりいっそうの支援がなされるべきである。ここでいう労働者には、3L に関わる労働に直接従事しているスタッフのほか、それ以外の領域であっても、学習の"仲介者"としての役割を担っている、あるいは担う可能性がある人（例：健康・福祉の領域の人、保護観察官や保護司、市民アドバイスに携わっている人等）についても認識し、すべてが支援の対象となるよう、広範な定義がなされるべきである。

提言8：地域の責任を復活させること

イングランドとウェールズの成人教育を従来先導してきた、各地の行政管区ごとに置かれていた重要な組織である地方教育局（Local Education Authorities）は2009年3月末に廃止される等、同国の今日のシステムは過度に中央集権化しており、地域のニーズには十分結びついていない（ただし、スコットランドでは従来通り各地域の行政に教育の権限が保持されている）。また、その数年前より予算の権限も中央に移譲されていることから、地域の権限は段階的に弱められている。したがって、今一度その権限を地域レベルに委ね、地域のインフラを開発し、発展させることにより、その責任を復活させるべきである。特に継続教育カレッジの地域の3L に対する教育基盤としての再整備、ボランティア組織・図書館・博物館・劇場・ギャラリー等の文化的機関の地域戦略への活用、地域の労働に関する学習文化を強化するための雇用主間のネットワークの促進、地域の異なった利害関係者の対話の推進、高等教育機関による地域的な戦略へのコミットメントとアカデミックな知の還元が重要である。

62 第1部 ヨーロッパ

> 提言9：…それぞれの国家の枠組みの中で[8]

　3L に関わる事業を担う省庁は、学校教育・ビジネス・労働・年金等の所掌を含む複数の省庁にまたがっており、英国全体として、また4つの国々それぞれにおいて、首尾一貫した3L戦略を構築するための効果的な組織が存在しないために、現状では多大なロスが生じている。したがって、4つの国家それぞれにおいて、事情に応じ、異なった利害関係者を効果的に融合させ、単一の組織が3Lを統括できるようにするのと同時に、英国全体の3Lについても、各国政府の垣根を越えて目標を共有し、単一の省庁がその推進のための責任を担うべきである。そして、次回の3L全体に関する費用を算定する際には、生涯学習の推進による費用有効性についても明らかにすべきである。

> 提言10：現行制度をより理に適ったものにすること

　現行制度は、それぞれの意味するところについての議論が首尾一貫し、広範で、活気があり、公開された議論に基づく情報と評価によってこそ繁栄するとの認識から、3年ごとに3Lに関する報告書が発行されるべきであり、それには国際機関によって収集された論拠も含め、主なトレンドが含まれるべきである。また、外部の比較できる情報を定期的に活用し、3Lの利益やコストに関するより強固で広範な分析と何が機能するのかについてのシステマティックな検証を時間をかけて行う必要があり、それには同業者による査定や学習者の声の日常的な利活用が不可欠である。

2. 報告書発行以降の3Lをめぐる進捗状況 ― 進展と課題 ―

　報告書発行から今日までに約7年が経過しているが、報告書はどのように、またどの程度その後の社会に影響を及ぼしたのだろうか。報告書は次の10～15年を視野に入れており、その実現に向けた模索を整理するには時期尚早である。しかし、すでにその後の動向について、報告書にある10の提言との

比較から論じている文献はいくつか見受けられる。とりわけ、雑誌 "Adults Learning" 2014 年秋号[9] は、報告書発行から 5 年が経過した時点で、各提言に対する有識者の見解を掲載しながら、その特集に 1 冊丸ごと投じている。以下では、限られた範囲ではあるが、同雑誌を中心に、今日までの進展と課題を整理する。

　まず、目立った進展としては以下の動きが見られる。

　第 1 に、高齢化の進展が、高齢者の労働をめぐる課題に変革を促したことがある。特に 2014 年以降、高齢者の労働の長期化・退職までの就労のあり方・年金の柔軟な運用等に関する政策文書が矢継ぎ早に発表され、結果として退職年齢の基準が撤廃される等の成果を上げている。また、目まぐるしく変動するライフパターンの概念が生まれ、特に人生後期における生活・労働・学習の関係性に焦点が当てられるようになった。

　この関連において、報告書の提言にも通じる 2 つの大きな成果が NIACE 主導のプロジェクトの中に芽生えている。一つは、2013 年から 2014 年の間に実施された「中年期のキャリア・レビュー（Mid-Life Career Review）」というプロジェクトであり、45 ～ 65 歳の 3,000 人以上が参加した。参加者の多くは、人生半ばで就労や学習上の躓きを経験しているが、それを専門的立場のスタッフがさまざまな手段で聴き取り、アドバイスを提供することで、受講者がさらなるキャリアアップに活かせるよう促したことは、特に第 3 期における学習の重要性を認識し、一般市民に普及させる上で大きな意味を持つものであった。

　今一つは、提言 6 にあるように、NIACE が「市民の学習計画」の構築に向け、行動を起こしたことである。現在、「市民の学習計画」は、受講者とコミュニティのニーズを踏まえ、受講者の必要性に見合った柔軟性のあるものにする努力が払われている。この制度において、最も重要な要素は、受講者が自分のペースで学べるということであり、こうした個人の都合に応じたアプローチにより、受講者は非常にモーティベーションを上げることができている。このため、今後はインフォーマルな学習へのサポートが不可欠になっていくことも指摘されている。本事業の普及においては、NIACE が全国の多様な成人学習供

64 第1部　ヨーロッパ

給団体や政治的リーダーによるイニシャティブを先導するとともに、労働者教育協会やその他関係機関もその普及に貢献した。今後は、その中身をいかに充実させていくかが課題となっている。

　第2の進展としては、提言8に述べられたような地方の権限に（部分的にではあるが）復活の兆しも見られるということがある。例えば、1995年に発足したロンドン以外の中核都市（Core Cities）がパートナーシップのもとに地域的課題の解決にあたるアプローチが、2010年以降、その規模をより拡大し、機能を充実させている[10]。また、イングランドでは、自治体と民間企業の代表で構成される地域産業パートナーシップ（Local Enterprise Partnerships/LEP）が2010年以降飛躍的に発展した[11]。その他、人生を4段階に分ける新モデルは、多方面の関係者から肯定的な反応を引き出しており、それは各地域における諸政策に反映されるようになった。

　第3に、労働と学習のあり方に、雇用主の姿勢の変化も含め、わずかではあるが変化が見られたことがある。例えば、まだ全国的な動きにまでは至っていないが、雇用主の中には、従業員を解雇する代わりに、短時間労働・特別休暇・学習休暇を与える所も生じる等、従業員にとって以前より満足のいく制度が導入された。また、スコットランドとウェールズでは、提言3に対応して「個人的学習手当（personal learning allowance）」が創設され、一定の成果を上げているが、イングランドでは労働党やNIACE、ボランティア団体等が議論を続けてきたものの、まだ実現には至っていない。また、この関連においては、提言3に述べられたように、2014年3月より、国立キャリアサービス局（National Career Service）が「生涯学習アカウント制度（Lifelong Learning Account）」を導入し、本格的な運用が見られている。

　その他のわずかな進展としては、次のようなものが見られる。提言4については、（低いレベルの学習に参加しようとする多くの学習者にとって、資格制度を統一したものにすることは強い動機づけとなるため）NIACEは国家の認証機関とともに、短期間で取得可能なそれらの資格が失われることがないよう働きかけた。提言5については、スキルが職場でどのように使われているかという点に関し、OECDをはじめ、内外の多くの影響力ある報告書[12]にそ

の反応が見られた。提言7については、3Lに従事する労働者の発展を促進するため、新たに2013年10月には教育・訓練財団（Education and Training Foundation）が設立された。

　一方、提言とは異なる方向へ進行した内容もあり、今後の課題としては主に以下の点が挙げられる。

　第1に、提言1の生涯を4つの段階に分ける新モデルについては、その必要性自体はいっそう高まっているものの、提言2で述べられた予算の再分配については相変わらず政策全体としては職業教育プログラムを受講する若者に重点が置かれ、2014年時点での分配率は86：11：2.5：0.5と2009年からまったく変わっていない（ただし、次の10年に少子化が進み、若者の自然減により、第一世代の諸経費は目減りすることが予測されている）。この理由として、2007～2008年の経済不況により、政府が金融引き締め策をとる中、英国の他の政策文書の多くが、経済の回復に直接影響のある若年世代へ予算をより集中させる方針を打ち出したことや、2010年の労働党から保守党への政権交代が見られたことが、広範な世代への予算の再分配という提言の受け入れを困難にしたと考えられる。さらに、経済界の大方の見解は、成人学習への公的投資のリターンは非常に低いとみなしており、相変わらず若者への投資が中心になっていることも影響している。したがって、この問題への抜本的な改革には、政策上の取り組みだけでなく、雇用主へのインセンティブも求められる。また、全体として見れば、世代間の緊張関係を助長することなく、いかに提言2の内容を遂行できるかという課題もある。

　第2に、パートタイム学生の支援については、残念ながら報告書の提言と逆行しており、さらに自体が悪化している。1990年代後半から2008年頃にかけては、政府の機会拡大政策により、飛躍的にパートタイムコースへの登録者数が増大し、成人学習者が大幅に増加した。にもかかわらず、提言3の学習給付金制度の創設については、残念ながら"給付"型ではなく、学生ローン会社による（収入制限のある）"貸与"型の奨学金が2012～2013年の改革によって（スコットランド以外の国々で）導入され、波紋を広げている。高等教育においては、受益者負担が増大し、特にパートタイムコースに登録した学生には

負担が重く、学習を断念せざるを得ない状況に追い込まれた者も少なくない。2010 〜 2011 年と 2013 〜 2014 年の間にパートタイムコースの授業料は 2 〜 3 倍となり、イングランドにある高等教育機関へ入学する英国と EU のパートタイムコースの学部生は急減し、2011 年時点での登録者数と比較すると、2016 年現在 58％減少している[13]。そのため、パートタイムのプログラムの供給自体を見合わせる大学も出現している。このように、パートタイムコースに登録する学習者が大幅に減少する中、新たに高齢者による自主学習組織である第三世代の大学（University of the Third Age/U3A）に登録する学習者は劇的に増加する等、近年は成人学習者の"居場所"が大きく変容している。

　第 3 に、提言 7 に述べられた 3L に従事する労働者への支援は実現しておらず、当該領域に従事する労働者に必要な基準や対応についても、政策上は揺れ動いており、安定していない。結果として、3L をめぐる労働環境は改善しておらず、雇用主にしてみれば、質の高いスタッフをプロとして雇うというプレッシャーが弱い現状はさほど変わっていない。

　その他の解決すべき課題としては次のものがある。提言 4 の単位認定制度については、残念ながら異なったセクター間での単位互換制度は進展していない。提言 5 については、イングランドでは、過剰な資格取得に傾きがちであり、多くの資格を持つ者が、それにふさわしい職業に就けず、"捨てられている"現状も指摘されている[14]。提言 9 については、対外的には英国としての一貫した"顔"を示さなければならないにもかかわらず、4 つの国々を横断した政策というのは 2009 年以降進歩がなく、連携はむしろ弱まっている。さらに、異なった利害関係者を効果的に融合させるという提言も進んでおらず、むしろ各国の政策はそれぞれ微妙に異なった方向へ向かっている。よって、提言 10 にあった 3 年ごとに発行されるべき 3L に関する報告書は、2016 年時点でまだ発行されていない。

　最後に、報告書には含まれていないが、テクノロジーの進化に伴うオンライン学習（例えば MOOCs）への対応も、3L との関連において近年いっそう焦点があてられる傾向にある。

おわりに

　2009 年からの英国における 3L 再構築に向けた試みは、現時点において短期的なインパクトは見られても、報告書が描いたビジョンに必ずしも近づいているとは言えない状況にある。しかし、報告書の発行に向けて注がれた新たなエネルギーは、20 世紀後半から懐疑的にならざるを得ない面もあった 3L に対し、改めてその本質を社会学的、人間発達学的な観点から問い直す思考をもたらし、それに伴い、成人の学習や訓練を取り巻く全体的な文化も大きく変貌を遂げつつある。また、学習者が主体であるからといって、個人にすべての選択を委ねるのではなく、ガイダンスや提供者・提供内容の質保証に政府がある程度関与するとともに、従業員が労働と同時に学習やその他活動の機会を持てるよう、雇用主側に働きかけていくことの必要性が、従来以上に認識されるようにもなってきた。

　混迷を極める中において、一つ確かなことは、高齢化による人口変動と労働の多様化という趨勢は今後も避けることができず、これを基盤に生涯にわたる学習と労働の関係性を根底から見直さなければならないという潮流である。2016 年 1 月に、(失業者対策と若年者支援、社会的包摂を 2001 年から担ってきた) 経済・社会包摂センター (Centre for Economic & Social Inclusion) と従来の NIACE の事業を統合した新組織として学習・労働研究所 (Learning and Work Institute) が創設され、NIACE が消滅したことは、3L の改革に正面から向き合う英国の決意を象徴したものともいえるだろう。

　2016 年 6 月、国民投票により EU 離脱を選択した英国は、今後 EU レベルにおける 3L 政策からの直接の影響を離れ、新たに英国型の路線を模索していくことになった。同国をめぐる情勢は流動的であり、今後の政治・経済・社会の動向と 3L は不可分である。かねてより経験主義的傾向が強く、失敗を恐れず何事にも果敢に挑戦し続けてきた英国が、3L の改革にどのように向き合っていくのか、今まさにその真価が問われている。

68 第1部 ヨーロッパ

注

1) Ryan, P. (2003), 'Lifelong learning: Potential and constraints with special reference to policies in the United Kingdom and Europe', *EMP/SKILLS Working Paper*, No.15, 15.

2) *Ibid.,* 25.

3) Schuller, T. (2010), 'Building a Strategic Framework for Lifelong Learning: insights from 'Learning Through Life'', *Adult Learner: The Irish Journal of Adult and Community Education*, 105-106.

4) An independent Commission of Inquiry sponsored by NIACE (2007), *The Future for Lifelong Learning: A National Strategy*, NIACE: Leicester.

5) Schuller, T. & Watson, D. (2009), *Learning Through Life: Inquiry into the Future for Lifelong Learning*, NIACE: Leicester.

6) この背景には、従来、英国では50歳を過ぎると一線を退いた位置に置かれ、他の先進国と比較して退職年齢が早い傾向があり、それに対する批判が下記の文献に見られるように存在していたことが関係している。

    OECD (2004), *Ageing and Employment Policies/Vieillissement et politiques de l'emploi: United Kingdom*, OECD Publishing: Paris.

7) パートタイムの学生をめぐる2008年以降の状況は以下の文献に詳しい。

    Oxford Economics (2014), *Macroeconomic influences on the demand for part-time higher education in the UK*, HEFCE: Bristol.

8) 原文のまま翻訳しているが、本提言は英国内における4カ国の異なる事情に配慮し、冒頭に「…」を加えて控えめな表現になっている。

9) 'Learning Through Life: Five years on: where now for lifelong learning?', *Adults Learning*, Vol.26, No.1, 2014.

10) Core Cities ホームページ、https://www.corecities.com/（閲覧日：2016年5月20日）

11) LEP ホームページ、http://www.lepnetwork.net/（閲覧日：2016年5月20日）

12) 例えば次の文献が含まれる。

    CBI (2013), *Tomorrow's growth: New routes to higher skills*, CBI: London.

13) HEFCE (2016), 'Higher Education in England' (Online resource).

    http://www.hefce.ac.uk/analysis/HEinEngland/undergraduate/parttime/（閲覧日：2016年5月20日）

14) OECD (2013), *OECD Skills Outlook 2013: First Results from the Survey of Adult Skills*, OECD Publishing: Paris, 173.

付記　本稿は、科学研究費（課題番号：16K04551）の助成を受けたものである。

第 3 章

北欧における成人教育と民主主義の発展
― スウェーデン学習サークルの事例を中心に ―

は じ め に

　北欧では、成人教育が民主主義を強化し、社会の民主的発展を促す役割を果たすとみなされている。もちろん、北欧以外でも、大人の学びと民主主義を結びつけた議論が展開されることは珍しくないが、北欧の場合、公と民（国家と国民）の協力の下で、成人教育と民主主義が互いに影響し合いながら発展してきたところに、特徴がある。

　一例を挙げれば、北欧では国民投票が制度化されており、国論を二分するような課題に取り組む際、成人教育を通じてそれらの課題に対する国民の理解を深め、文字通り国民的議論を通じて、国民の意思を決定に反映させている。スウェーデンでは、「原子力発電所の段階的廃止」（1980 年）、「EU への加盟」（1994 年）、「ユーロ導入の見送り」（2003 年）などが国民投票で決定された。それに先立ち、民間の成人教育組織によって、講演会・討論会・学習サークルなどの学習活動が展開され、これらの課題に対する国民の理解の深化に一役買ったのである。

　北欧諸国は、高福祉・高負担、男女平等、民主主義などのイメージが強く、どの国でも似たような政策が実施されているとみなされがちであるが、独立国家として相違点も多い。成人教育分野でも、各国の制度は大きく異なっている。

　北欧の成人教育は、教養成人教育（民衆教育）・公教育・職業成人教育の 3

70　第1部　ヨーロッパ

領域に区分される（表3-1参照）。アイスランドを除いたすべての国にFHS[1]が存在するが、発祥の国であるデンマークでは、すべてのFHSが民間により運営され、試験を行わず資格を与えないなどの原則を守っているが、スウェーデンやフィンランドでは、公立のFHSも存在し、職業訓練や公教育の補足としての役割をも果たしている。人びとの日常的な学びを支える「講座・サークル」形態の仕組みとしては、デンマークではイブニングスクール、スウェーデンでは学習サークル、フィンランドでは成人教育センターの名称が使われ、国による補助制度も大きく異なっている。成人教育センターの名称の教育機関は、デンマークでは公教育学校を、フィンランドでは教養教育機関（日本の公

表3-1　北欧各国（デンマーク・スウェーデン・フィンランド）における成人教育の用語と主な成人教育機関の名称

日本語での名称		デンマーク	スウェーデン	フィンランド
成人教育		Voksenuddannelse	Vuxenutbildning	Aikuiskasvatus
教養成人教育	民衆教育	Folkeoplysning	Folkbildning	Vapaa sivistystyö
	FHS（民衆大学・国民高等学校）	Folkehøjskole	Folkhögskola	Kansanopisto
	昼間FHS	Daghøjskole		
	学習連盟 学習センター 学習サークル	oplysningsforbund studiekreds	studieförbund studiecirkel	Opintokeskus Opintokerho
	イブニングスクール	Aftenskole		
				Kansalaisopisto
公教育	成人教育センター	Voksen-uddannelsecentre		
	自治体成人学校		Komvux	Aikuislukio
	外国人のための国語	Dansk for voksne udlændinge	Svensk-undervisning för invandrare（sfi）	Suomea maahanmuuttajille
職業成人教育	労働市場教育	Arbejdsmarkeds-uddannelse（AMU）	Arbetsmarknads-utbildning（AMU）	Ammatillinen aikuiskoulutus
生涯学習		Livslang læring	Livslångt lärande	Elinikäinen oppiminen

（筆者作成）

民館に近い）を指している。

　このように多様な展開を見せている北欧成人教育の中で、最初に注目すべきはデンマークの FHS であると考えるのが一般的であろう。北欧諸国の中で最もヨーロッパの中心に近く、新しい歴史の風にさらされて、いち早く社会変革を遂げたのはデンマークであった。そして、FHS こそが北欧発祥の教育機関であり、かつ、世界の成人教育に与えた影響、ことに、戦前日本の社会教育に与えた影響を鑑みれば、当然のことであろう。

　しかし、本章では成人教育と民主主義の結びつきについて論考を進める上で、より多くの示唆と刺激を受けることができ、また、日本の社会教育のあり方を考える上でより参考になるという理由から、スウェーデンの学習サークルに焦点を当てることとする。

1.　スウェーデン学習サークルの実施状況

　スウェーデンにおいて、日常レベルで民主主義を支える仕組みとして、フォレーニング（förening）が重要な役割を果たしている。フォレーニングは、政党・労働組合から宗教団体、障がい者団体、スポーツクラブなど多岐にわたる組織を網羅し、国民の 9 割が何らかのフォレーニングに加入していると言われるほど広く普及している。フォレーニングは、それぞれが目標を設定して活動しており、その目標を達成するために必然的に学習活動を伴う。そして、それらの学習活動は、学習連盟を通すことにより学習サークルとして国の補助対象として認められる。換言すれば、学習連盟は、フォレーニングの教育的側面を引き受けながら、人びとの日常的な学習活動を支えているのである。

　2014 年の 1 年間に開催された学習サークルは 27 万 5,236、参加者数は 170 万人、学習時間は 1,272 万時間であった。参加者数の人口比率を計算すると 17.5％となる。1990 年代にはこの数字は 30％を超えており、また、この十数年間のサークル数・参加者数の推移を見ると、減少傾向にあることがわかる（表 3-2 参照）。かつて、スウェーデンが生涯学習先進国と評価された際に、最

72 第1部 ヨーロッパ

表 3-2 学習連盟による民衆教育活動の実施状況（2005-2014 年）

年度	学習サークル			その他の民衆教育活動			文化プログラム			
	サークル数	参加者数（人）	学習時間（時間）	事業数	参加者数（人）	学習時間（時間）	事業数	参加者数（人）	出演者・演技者（人）	延べ学習時間（時間）
2005	292,450	2,331,649	11,822,187	73,282	786,867	1,322,536	237,552	15,562,410	1,074,155	15,749,698
2006	300,107	2,291,330	11,333,426	74,868	773,854	1,334,359	255,446	15,757,859	1,113,723	16,936,070
2007	283,472	2,020,914	9,938,646	54,771	647,169	1,133,686	251,603	14,969,936	1,085,219	16,681,279
2008	275,602	1,909,461	9,787,197	59,860	688,713	1,276,649	284,602	16,277,891	1,162,731	18,869,113
2009	281,510	1,890,249	10,329,719	63,141	743,209	1,459,969	310,860	17,079,560	1,242,101	20,610,019
2010	279,136	1,809,263	10,600,964	61,954	731,945	1,546,585	314,622	16,466,153	1,237,190	20,859,439
2011	280,375	1,790,977	11,090,167	61,030	727,058	1,555,717	331,790	17,248,733	1,244,928	21,997,678
2012	276,574	1,747,094	11,596,534	59,631	707,816	1,542,578	340,867	17,985,118	1,270,486	22,599,481
2013	271,219	1,697,249	11,989,970	59,154	703,017	1,531,676	359,089	19,059,845	1,315,158	23,807,601
2014	275,236	1,706,974	12,717,397	59,988	726,166	1,673,286	368,435	19,929,626	1,364,676	24,427,241

出所：民衆教育協議会「年次報告書」などを参考にして、統計中央局の民衆教育
　　に関するデータから作成した。

も重要な要因であった学習サークルであるが、今日では、その勢いは衰えてい
るようにみえる。まずは、学習サークルに関連する数字を検討したい。

　表 3-2 から、2014 年に開催された学習サークルについて 1 サークル当たり
の参加者数を計算すると 6.2 人となるが、この数値は年々減少している。つま
り、サークルのサイズが小さくなり、より密度の濃い学習活動が期待できる。
また、サークル数・参加者数の減少とは対照的に、学習時間は少しずつ増加し
ており、1 サークル当たりの学習時間は 46.2 時間となる。1 回のサークルを 2
学習時間（90 分）とすると、各サークルは平均 23 回の会合を持っていること
になり、週 1 回とすれば 5 〜 6 カ月の長期間にわたることになる。日本の公民
館の講座が、通常 4 〜 6 回、長くても 10 回程度であることと比べると、一つ
の課題にじっくり取り組んでいる傾向がうかがわれる。

　短い学習時間で多数のサークルを実施するケースと、長い学習時間で少数の
サークルを実施するケースを比べた時、トータルの学習時間が変わらない場合
でも、後者の方がサークル数・参加者数は少なく集計されることになる。この
ような事情から、国の補助金額は、学習時間数を基準に算定されるのである。

また、2006年から2007年にかけて学習時間などの減少幅が大きいのは、この時、全体の約1割を占めていたスポーツ学習連盟（SISU）の活動が教育省による直接補助に移されて、民衆教育の活動実績から外れたためである。これらの事情を考慮すると、学習サークルの実施状況は減少傾向にはあるものの、激減というよりは微減であり、質も量も劣化しているわけではないと判断できる。

表3-2に示されるように、学習連盟による民衆教育活動は、学習サークルに加えて、その他の民衆教育活動、文化プログラムの3種類に区分される。これらは、同様の目的を持って国の補助対象になるが、補助の条件や学習形態は以下のように異なっている[2]。

学習サークルは、参加者の自主性・自発性に基づく小グループの学習集団である。学歴によらず誰にでも開かれており、知的欲求を満たすだけでなく、対話や討論を重視し、次回の会合までに熟考する時間を大切にするという特徴を有する。国庫補助を受け取るためには、「リーダーが学習連盟の承認を受けていること、少なくとも3人以上の参加者がいること、参加者は13歳以上であること、参加者は最低3回の会合に出席すること」などの条件を満たさなければならない。また、参加者の上限は12人であり、フルタイムの学習であってはいけない（1週間に会合は3回以内で、4学習時間以内）、半数以上のメンバーが同一である場合には、年間480学習時間を超えてはいけないなどの制限がある。

その他の民衆教育活動も学習サークルに準ずる学習形態であるが、より柔軟な運用が可能である。学習サークルの条件を満たせない場合でも、その他の民衆教育活動として補助の対象になる可能性があり、また、学習連盟が新しい学習方法を試したり、独創的な活動を開発する上でも、その他の民衆教育活動が活用される。補助金取得のための条件は、「3人以上の参加者がいること、参加者が6歳以上であること」などである。また、学習サークル同様、半数以上が同一メンバーであるグループは、年間480時間を超えた活動が認められない。

文化プログラムは、講演会・演劇・演奏会・ダンス・映画上映など一般の人

74 第1部　ヨーロッパ

びとを対象とした開かれた活動である。国庫補助のための条件は、「新聞・ポスター・ホームページなどで事前に宣伝すること、30分以上継続すること、5人以上の参加者がいること、個人の住居を会場として使用しないこと」などである。

　学習サークルと同様にその他の民衆教育活動も、事業数、参加者数は減少傾向に、学習時間は増加傾向にあり、それとは対照的に、文化プログラムは、年々盛んになっている。

　学習サークルなどの参加者数は、複数のサークルに同一の個人が参加している場合には重複して計算されてしまい、必ずしも実態を反映していない。近年、重複を除いた実数としての参加者数が公表されるようになり、その数値は、学習サークルで 63 万 7,998 人、その他の民衆教育活動で 38 万 8,983 人、両方を合わせて 91 万 1,667 人（人口比 9.4%）であった。熱心に複数のサークルに参加している国民と、ほとんどサークルを利用しない国民に二分化している傾向にある。

2.　民衆教育への国庫補助とその理念

　民衆教育の実施主体は、学習連盟や FHS などの民間教育機関であり、それらの活動を支援することが、国や地方自治体の役割である。特に、国の予算が十分に確保されることによって、民衆教育の地方間格差の是正が期待される。また、国民の間に民衆教育への理解がなければ、「税金の無駄遣い」などの批判にさらされ、十分な補助は期待できなくなる。

　2014 年度に、国から民衆教育事業に支出された補助金は 34.6 億クローナに上る。これを人口で割ると一人当たり 355 クローナ（日本円に換算すると 5,000円強[3]）となる。そのうち学習連盟への割り当ては 17.1 億クローナ、FHS への割り当ては 17.3 億クローナであった。人口 1,000 万人に満たない小国であることを考えれば、かなりの金額といえよう。

　国がこのように手厚く補助するのは、民衆教育が、特定の団体だけの利益に

第3章　北欧における成人教育と民主主義の発展 ― スウェーデン学習サークルの事例を中心に ―　*75*

なったり、個人の自己満足に終わったりするのではなく、社会全体に良い影響を与えると理解しているためである。民衆教育への補助金支出の根拠となる法令は「民衆教育への国庫補助に関する政令」4) であるが、ここには、補助の目的として「民主主義の強化」や「社会発展への参加」が明記されている。

「民衆教育への国庫補助に関する政令」（1991 年公布、2015 年改定）（抄）

（基本条項）
第1条　この政令は、民衆教育に対する国庫補助金の規定を内容とする。
民衆教育に対する国庫補助は、以下を目的とする。
1. 民主主義を強化し発展させられるような活動を支援すること
2. 人びとが自分自身の人生の状況に影響を与え、社会発展に参加できるように貢献すること
3. 教育の格差を平準化し、社会における教育レベルの向上に貢献すること
4. 文化活動への関心を広げ、参加を増進することに貢献すること

（国庫補助金のための条件）
　第7条　補助金を支出するためには、学習活動が第1条の項目に適合しなければならない。
　補助金は、営利を目的とする活動に使用してはならない。

（学習連盟への補助金支出のための特別な条件）
　第12条　学習連盟には理事会を置かなければならない。
　一般を対象とした定期的に学習を行う学習サークル活動が、活動の基礎を構成しなければならない。
　それぞれの学習活動または文化事業には、学習連盟の地方支部によって認定されたリーダーがいなければならない。

　国庫補助金は、民衆教育協議会5) を通じて各学習連盟に分配されるため、国が直接学習内容をコントロールすることはない。国の民衆教育協議会や各学習連盟への信頼がその根底にあり、学習者の自主性・自発性を尊重することが何よりも優先されるのである。

3. 学習サークルの創設と発展

　今でこそ、世界的に最も先進的な生涯学習の事例として評価される学習サークルであるが、初めから多くの参加者を集めていたわけではないし、公と民の間に信頼関係が存在したわけでもない。草創期の学習サークル運動は、民衆運動の必要に応えながら萌芽したが、特に、禁酒運動の影響が絶大であった。

　19世紀後半のスウェーデンは、産業化と都市化が進展し、また義務教育の制度化（1842年）や議会改革（1866年）の影響もあり、社会が大きく変貌し、その一方で、労働者や農民の社会意識が高まり、各種の民衆運動の隆盛を見ることとなった。例えば、禁酒運動団体 IOGT [6] スウェーデン支部（1879年）、社会民主党（1889年）、野外活動促進連盟（1892年）、労働組合連合 LO（1898年）、協同組合連盟 KF（1899年）など、多様な民衆運動団体が設立されるに至った。

　これらの民衆運動団体は、それぞれが独自の理念を持ち、社会変革を目指していたが、活動を進めるためには学習が不可欠であった。ヨーロッパや北米の先進事例を参考にし、スウェーデン社会の現状や課題を把握した上で、運動の方向性を模索し、また、組織のメンバー一人ひとりの能力や意識を高めることが、運動を前進させることにつながるからである。

　しかし、当時のスウェーデンでは学習活動を進める環境は貧弱であった。公共図書館は整備されておらず、人びとが集まることのできる場所もなく、支配層の側に属する教師など知識人も協力的ではなかった。それゆえ、手探りで細々と学習活動を進めることしかできなかったのである。

　学習サークル（studiecirklar）の最も古い記録は、1896年までさかのぼることができる。これは、IOGT の活動の一環として、ヨーハン・ベルィマン（Johan Bergman, 1864-1951）によって始められたものである。学習サークルと名づけられたこの活動は、1899年には学習コース（studiekurser）と改称され、また、1900年には IOGT によって読書サークル（läsecirklar）が始められるなど、いまだ、学習の形式は流動的であった。

第3章　北欧における成人教育と民主主義の発展 ― スウェーデン学習サークルの事例を中心に ―　*77*

　ちょうどこの時期、後に「学習サークルの父」と称されることになるオスカー・オールソン [7] は、IOGT の学習コースの講師を務めながら、その学校教育的手法を反省しつつ、大人にとって魅力的な学習のあり方を模索して、新しい学習の方式を確立することとなる。オールソンの提案は、「5 人以上 30 人以下のメンバーが年間を通じて活動する。教師は必要なく、教員や学識経験者だけでなく肉体労働者もサークルリーダーを務めることができる。サークルで購入した書籍を、約 14 日間で順番にメンバーの間を循環させる」というものであった。

　書籍と図書館を重視し、熟考を伴った読書に高い価値を認めるオールソンのアイディアが結実し、学習サークル第一号が、1902 年にスウェーデン南部の都市ルンドで開催された。初年度である 1902 ～ 1903 年度には 15 の学習サークルが実施され、年を追って規模が拡大し、IOGT によるものだけでも、10年後には 823 サークル、20 年後には 1,315 サークルの実施に至った。興味深いのは、1920 年代末までは、サークルの数とまったく同じ数の図書館がカウントされていることである。サークルで買い集めた書籍を蓄積して、それを図書館と位置づけていたのである。例えば、1928 ～ 1929 年度の図書館数（サークル数）は 1,621、蔵書総数は 50 万 3,405 冊であり、1 館当たり 311 冊にすぎない。

　1912 年になると、図書館に対する最大 400 クローナの国庫補助が決定され、その対象として学習サークル図書館が含まれることになった。これは、学習サークルで利用する書籍の購入費が補助されることを意味し、学習サークル運動にとっては追い風となった。この年の 11 月、リカード・サンドラー（Rickard Sandler, 1884-1964）の主導で労働者教育連盟（ABF）が設立された。

　1930 ～ 1940 年代には、雨後の筍のごとく多くの学習連盟が創設された。KFUK-KFUM 学習連盟（1929 年）、スウェーデン農村学習連盟（SLS、1930年）、若手農業者学習連盟（JUF、1930 年）、国教会教育連盟（SKB、1930年）、ホワイトカラー教育活動（TBV、1935 年）、学習連盟・市民学校（SV、1940 年）、民衆大学（FU、1942 年）、自由教会学習連盟（FS、1947 年）、自

78 第1部 ヨーロッパ

由主義学習連盟（LiS、1948年）と設立が続き、これらの学習連盟を源流として、合流や改名を経て今日のほとんどの学習連盟へとつながるのである。1947年には、民衆教育活動に対する補助規定が改められ、書籍だけでなくリーダー報酬の最高半額など学習サークル活動そのものに対する補助が始まり、学習サークル運動はさらに勢いを増すこととなった。

　1936年から1976年まで長期間にわたって社会民主党が政権を担い、「国民の家」の理想を追求しながら、スウェーデンは福祉国家としての歩みを遂げていった。これは、学習サークルの発展にとっても、好条件であった。スウェーデンの歴代総理大臣の中で、国際的に最も名前の知られている人物として、オーロフ・パルメ（Olof Palme、1927-1986）が挙げられる。彼は、ベトナム戦争反対の姿勢を貫き、福祉国家路線を推し進めるなど強いイニシアチブを発揮した。

　そのパルメが、1969年の社会民主党大会でのスピーチで、以下のような発言を通して学習サークルの重要性に言及している。

> 　スウェーデンは、かなりの度合いで「学習サークル民主主義」の国である。他者との協力において、自分の理想をあきらめることなく、理性的な決定に到達することができるように、さまざまな世代の人びとが批判的分析で自らを訓練するのは、学習サークルを通じてである。社会変革の提案が最初になされてきたのは、たびたび学習サークルにおいてであった[8]。

　この党大会で、エランデルが高齢を理由に党首の座を去り、その後任としてパルメが選出された。この直後に、パルメが総理大臣に就任したことを考えれば、このスピーチの重みと影響力の大きさは計り知れず、多くの民衆教育活動家が鼓舞されたことは想像に難くない。

4. 民衆教育の担い手としての学習連盟

　2015年現在、10の学習連盟が国による補助の対象として公認され、学習サークルなど日常的な民衆教育活動を支えている。ここでは、学習連盟のメンバーとなっているフォレーニングに注目して、その特徴をまとめる。

① ABF（Arbetarnas Bildningsförbund、労働者教育連盟）：1912年に設立された、今日では最も大きな規模の学習連盟である。設立当初は、社会民主党、労働組合連合 LO、協同組合連盟 KF などをメンバーとして、労働運動団体の内部で行われている学習活動を発展させ、労働運動を前進させ、労働者階級の教育レベルを高めることを目的とした。今日では、政治活動を行う団体だけでなく、フィンランド語系国民連盟、「民衆の家」全国組織、年金生活者全国組織など総計59のフォレーニングを会員とし、さらに54のフォレーニングを協力組織として、幅広い学習活動を組織している。学習サークル全体の約3割を占める。

② Bilda（Studieförbundet Bilda、ビルダ学習連盟）：1947年、自由教会系の青年連盟であったメソジスト教会青年連盟、バプティスト青年連盟、ミッション教会青年連盟の3組織によって、自由教会学習連盟（FS）として設立された。自由教会系の団体やその青年組織、移民教会（ギリシア正教会、ロシア正教会など）、教会一致運動団体など48のフォレーニングが会員である。2003年から「Bilda 学習連盟」と改称し現在に至る。学習サークルの実施状況は、全体の6%程度を占めるに過ぎず、規模は小さい。学習科目は主に、倫理、人生、音楽、手工芸である。

③ FU（Folkuniversitet、民衆大学）：1933年、ストックホルム大学に学習リーダー協会が設立され、一般向けのコースや講義を企画したことに呼応して、ウプサラ大学（1935年）、イェテボリ大学（1941年）、ルンド大学（1942年）と活動が広がり、各大学の共同組織として1942年に FU が設立された。1947年には学習連盟として公認され、1970年にウメオ大学が新規加盟した。今日では、これらの5大学を拠点として大学の協力

を得ながら、民衆教育活動を行っている。政治的、宗教的に中立を保つ
とともに、大学の専門家を講師とすることにより、語学、コンピュータ、
経済・経営、法学、国際問題、芸術、手工芸、音楽、演劇、写真、ダン
スなど、幅広い分野で初歩から大学レベルまでのコースを提供している。
学習サークル全体に占める割合は7%程度と小規模である。

④　Sfr（Studiefrämjandet、学習促進連盟）：1930年にJUF学習連盟とし
て設立され、1959年に現在の名称に変更された。ABF、SVと並ぶ規模
の大きい学習連盟であり、学習サークル活動の約15%を担っている。自
然保護協会、農民青年連盟、家庭と学校全国連盟、地球の友、野外活動
促進連盟、4Hクラブ連盟など市民運動を行っている19組織がメンバー
団体であり、政党・宗教に対して中立を保っている。自然、動物、野外
活動、環境、文化、音楽などの分野の学習活動が多い。

⑤　SV（Studieförbundet Vuxenskolan、学習連盟・成人学校）：農村学
習連盟（1930年）と自由主義学習連盟（1948年）の統合によって1967
年に設立され、1970年代の初めにはABFに次ぐ第二の学習連盟となり、
今日では学習サークル全体の2割弱を占めている。中央党、国民党、全
国農民連盟、年金生活者連盟など会員組織と協力組織を合わせて54の
フォレーニングが名前を連ねる。社会、環境、国際社会、言語、手工芸、
音楽などの領域のサークル活動を営むが、知的障がい者や失語症患者を
対象とする事業にも力を入れている。

⑥　NBV（Nykterhetsrörelsens Bildningsverksamhet、禁酒運動教育活
動）：学習サークル運動の草創期を支えた禁酒運動団体IOGT（1894年）、
NTO（1904年にTOとして設立）、ブルーリボン運動（1909年）の3者
の統合によって1971年にできた学習連盟で、IOGT-NTO、青年禁酒連
盟などの禁酒運動団体のほか、健康増進連盟、健康体育連盟など、20の
フォレーニングを会員とする。政治的・宗教的に中立を保ち、民主主義、
平和、連帯、文化的生活、禁酒生活などの活動をしている。学習サーク
ル活動に占める割合は8%程度である。

⑦　Mbsk（Studieförbundet Medborgarskolan、学習連盟・市民学校）：

1940 年設立。穏健統一党や穏健青年連盟、アクティブ・シニア連盟など6 組織を会員とする。芸術・手工芸・文学・音楽などの芸術科目や語学、社会、経済、産業などの科目が重要視される。学習サークル全体の 10%程度と中規模である。

⑧ Sensus（Sensus studieförbund、センスース学習連盟）：国教会が廃止されたことに伴って、2002 年に国教会学習連盟（1930 年に国教会教育連盟として設立）が Sensus 学習連盟と改称し、同年、KFUK-KFUM 学習連盟（1929 年）と統合し、さらに 2004 年には TBV（ホワイトカラー学習活動、1935 年）が合流した。国教会の救済事業を由来とし、スウェーデン教会（旧国教会）、教会音楽家連盟、YMCA など 35 のフォレーニングが会員である。学習サークルのシェアは 7%弱である。音楽、手工芸、人生観、社会問題が主要な科目である。

⑨ IR（Ibn Rushd studieförbund、イブンルシュド学習連盟）：スウェーデンは難民・移民を積極的に受け入れており、特にイスラム圏からの移民が多く暮らしている。これらのイスラム教徒が社会に積極的に働きかけられるように鼓舞し、また、イスラム教徒ではない国民がイスラムについて理解を深めることを目指して新しい学習連盟の設立が準備された。Sensus の協力の下、約 7 年間の試行期間を経た後、2008 年に「Ibn Rushd」として自立を果たし、国庫補助の権利を得た。現在は、イスラム協会、コーラン学習連盟、ムスリム連盟などイスラム関連の 9 団体をメンバーとする。

⑩ KBV（Kulturens Bildningsverksamhet、文化教育活動）：2010 年から国庫補助の対象となった最も新しい学習連盟である。青年音楽家連盟、フォークダンス・リンゲン、コーラス連盟、オーケストラ連盟などの 6つのフォレーニングを母体とし、その名称が示す通り演劇、音楽、ダンス、写真、映画、絵画など文化・芸術に特化した学習活動を組織している。学習連盟としての歴史は始まったところであるが、例えば、フォークダンス・リンゲンの場合、1920 年に活動を開始し、フォークダンス、民族音楽、民族衣装、手工芸など伝統文化に根差した活動を 90 年以上に

82 第1部 ヨーロッパ

表3-3 学習連盟別の学習サークル実施状況（2014年）（（ ）内は比率）

	サークル数	参加者数 （人）	学習時間 （時間）	補助金額 （Kr）
ABF	75,495 （27.4）	508,328 （29.8）	3,127,866 （24.6）	471,629,000 （27.6）
Bilda	15,853 （5.8）	106,273 （6.2）	707,944 （5.6）	111,058,200 （6.5）
FU	18,098 （6.6）	118,620 （6.9）	748,773 （5.9）	108,494,100 （6.4）
Sfr	42,960 （15.6）	232,611 （13.6）	2,343,514 （18.4）	231,655,500 （13.6）
SV	48,687 （17.7）	328,882 （19.3）	1,834,539 （14.4）	335,476,200 （19.6）
NBV	22,105 （8.0）	113,419 （6.6）	1,064,579 （8.4）	113,448,600 （6.6）
Mbsk	29,695 （10.8）	155,314 （9.1）	1,319,318 （10.4）	142,661,200 （8.4）
Sensus	17,142 （6.2）	115,653 （6.8）	1,052,877 （8.3）	160,993,300 （9.4）
IR	3,362 （1.2）	17,842 （1.0）	317,966 （2.5）	17,360,200 （1.0）
KBV	1,839 （0.7）	10,032 （0.6）	200,021 （1.6）	15,285,700 （0.9）
合　計	275,236 （100.0）	1,706,974 （100.0）	12,717,397 （100.0）	1,708,062,000 （100.0）

出所：統計中央局の民衆教育に関するデータおよび "Fördelning av statsbidrag till studie-
　　　förbund 2015"（民衆教育協議会）などにより作成した。補助金額は、各学習連盟に
　　　分配された総額であり、学習サークル以外の活動にも使われている。

　わたって続けている。
　学習連盟は、その成り立ち、学習の得意領域、活動の規模などが大きく異な
り、それが個性になっているといえる。政治や宗教との関わりに注目すれば、
学習連盟は、政治系（3組織）、宗教系（3組織）、中立系（4組織）の3つの
タイプに分類でき、多様なフォレーニングをメンバー団体としながらその教育
的側面を担っているのである。

　　おわりに

　2010年の国政選挙で初めて国会に20人の議員を送り込んで第六党になっ
たスウェーデン民主党（Sverigedemokraterna）は、次の2014年9月の選
挙では、倍以上の49人の当選を果たし、第三党の座に躍進した。これは、ス
ウェーデン人が「民主主義」に強いこだわりを持ち、「民主」の名前にひかれ
て投票行動に結びついたというわけではない。

第3章　北欧における成人教育と民主主義の発展 — スウェーデン学習サークルの事例を中心に — 　*83*

　スウェーデン民主党は、移民が急増する状況下に、「福祉へのただ乗り」を強調しながら移民制限を訴えることで、特にイスラム系移民への不安と不満を抱く国民の支持を得たというのが、大躍進の理由である。

　スウェーデンは、ヨーロッパ諸国の中でも移民や難民の受け入れに積極的な国であった。デンマークとスウェーデンを分かつエーレスンド（オアスン）海峡に橋が架かり（2000年）、さらに、デンマークでラスムセン政権が成立し移民抑制に転じたことにより（2001年）、移民の流入に拍車がかかった。急激な変化の中で、移民による暴動事件（2013年5月）、モスクへの放火事件（2014年12月）、移民を狙った学校への襲撃殺傷事件（2015年10月）など、矛盾が噴出し状況は深刻化している。

　スウェーデンは、このまま混乱の中で亡国の道を歩むのだろうか。それとも、移民を制限することで秩序を取り戻すだろうか。そのどちらでもない、積極的に困難を乗り越えて新しい価値を創造する可能性を、民衆教育の経験は示唆していると思う。人びとが議論・討論を通じて課題への理解を深め、批判的分析によって実現可能な対策を練り上げ、課題の解決に向けた主体的な取り組みを実践するという、120年以上にわたって受け継がれてきた民衆教育の伝統は、この国に根付いている。

　われわれ日本人の目から見たら、すでに民主主義が完成しているかに見えるスウェーデンであるが、国も学習連盟もさらに民主主義を前進させることにエネルギーを注いでいる。民主主義は、追求し続けなければ、簡単に形骸化してしまう。スウェーデンの今日の成人教育、生涯学習、民主主義は、不断の努力によって成し遂げられたものであり、今も発展途上である。

注
1)　Folkehøjskole（デンマーク語）は1844年に始まった、全寮制の成人教育学校である。日本語では、国民高等学校・民衆大学などと訳されることが多いが、この教育機関は、高校や大学とはまったく異なっている。本章では、英語やデンマーク語で一般的に利用される略語「FHS」で、この教育機関を表すこととする。
2)　Statsbidrag till studieförbund, Folkbildningsrådet, 2015.
3)　14.5円／SKrで換算した（2015年10月の水準）。

84 第1部　ヨーロッパ

4) Förordning, om statsbidrag till folkbildningen, 2015, 218.

5) Folkbildningsrådet（スウェーデン語）は、1991年の制度改革によって創設された、民間教育機関である。国庫補助金の分配や事業報告書の提出を任務とする。

6) "Independent Order of Good Templars" は、1851年にアメリカで誕生した禁酒団体である。直訳すると「独立善良テンプル騎士団」となるが、一般的にはIOGTと表記される。スウェーデンでは、1879年よりGodtemplarordenとして活動を開始した。スウェーデン国内の禁酒団体としては、他に、Nationalgodtemplarorden（NGTO）、Templarorden（TO）、Blåbandsrörelsen（ブルーリボン運動）などが存在した。

7) オスカー・オールソン（Oscar Olsson）は、1877年にスウェーデン南部の都市ヘルシンボリに生まれた。父親は靴職人で、幼少期には貧しい生活を送ったが、禁酒運動家であった父親の影響を受けて、早い段階で禁酒運動に関わるようになった。1899年にルンド大学を卒業した後、25歳の時に学習サークルを組織した（1902年）。その容貌から「あごひげのオールソン」と親しまれ、1913年から1948年まで、国会議員（社会民主党）を務めた。1950年に死去（72歳）。Gatenheim, Erik W. "Studiecirkeln 75 år." Sober Förlags AB, 1977.

8) Protokoll från SAP: s partikongress 1969/9/28-10/4.

第 4 章
フランスにおける生涯学習関係職員（アニマトゥール）の構造と課題

はじめに

　近年フランスの社会教育・生涯学習において最も注目される動きの一つは、地域や施設でその活動を担う指導員たちの職業化の進展とそれに伴う職員の増大である。アニマトゥール（animateur/animatrice）と呼ばれる彼／彼女らは、もともとは民衆教育運動を担うボランティアであったが、1960年代頃か

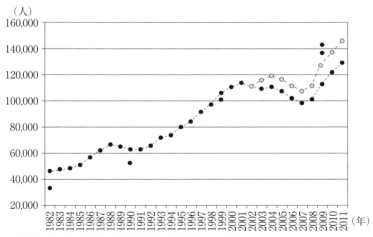

＊複数のポイントがあるのは出典が異なることによる。

図 4-1　職業アニマトゥールの数の変化

出所：INJEP, Éducation populaire et animation, Les fiches Repère, 2012. p.2

86 第1部 ヨーロッパ

らその職業化と資格・養成の制度化が進められてきた。そして1970年代初め
には職業アニマトゥールは2万人を数え、その後も増加の一途をたどり今日で
は約14万人が携わるまでに広がり、職業として広く社会的認知を得てきてい
る（図4-1）。もっともアニマトゥールと一言でいっても、日本の社会教育・
生涯学習関係職員がそうであるように、あるいはそれ以上に活動や職務内容、
社会的地位、資格など、きわめて多様で複雑な印象を免れない。一つの職業
（profession）というより、一定のまとまりをもったさまざまな仕事（métiers）
であるといわれるゆえんである。

　ここでは、こうしたアニマトゥールの全体構造を整理するとともに、その広
がりと職業化の動向、内包する課題について考察する。

1.　アニマトゥールの仕事内容

　今日アニマトゥールが担う活動分野はきわめて多様である。また地域によっ
ても活動団体・施設によってもその重点は異なるが、全体として次のような活
動を展開し人びとのニーズの実現を図っている。

①　文化活動（culturel 分野）：演劇、音楽、映画、舞踊などの文化に関わ
　　る活動である。アニマトゥールの活動領域としての文化活動という場合、
　　主に2つの活動がある。一つは、民主主義の視点から文化の共有のため
　　の文化普及活動であり、今一つは、個人やグループによる文化創造活動
　　の援助である。例えば、非宗教的事業連盟（FOL）は、その活動の2～3
　　割が演劇の普及活動であり、その他映画、読書、音楽、コーラス、舞踊、
　　ビデオ、科学活動など子どもや家族が楽しめる豊富な文化活動が行われ
　　ている。青年と文化の家連盟（FFMJC）では、年間100回のロックコン
　　サートや200回の劇場、50回のフェスティバルを組織している。青年と
　　文化の家には、劇場や映画館、レコーディング室を備えている施設もあ
　　り、地域に開かれている。そしてこうした活動の企画・実施のための労
　　働を担うのがアニマトゥールである。

② 社会文化活動（socio-culturel 分野）：生活に即した文化実践と学習への方向付けをもった教育的活動である。絵画や造形といった芸術的表現活動から、手仕事、ゲーム、ダンス・スポーツまで、さまざまな文化的学習活動を豊かに展開している。そしてそれらを企画するアニマトゥールとは別に、活動アニマトゥール（animateur d'activité）と呼ばれる各活動領域の専門家が指導にあたっている。こうした活動アニマトゥールは、そのプログラムを実施する施設やアソシアシオンに自由契約で雇用されるパートタイム労働であることが多い。例えば、パリ市に 44 カ所あるアニマシオン・センター（centre d'animaiton）では、それぞれ地域住民に向けた 100 以上に上るプログラムを実施しているが、活動アニマトゥール 100 人以上が週に 10 時間の契約で働いている。

③ 社会的教育活動（socio-éducatif 分野）：青少年の学校外の教育的余暇活動に向けられた活動である。代表的な活動は、現在 6 割の市町村に設置されている未成年者のための余暇センター（centre de loisirs）や若年労働者のために設置された勤労青年会館（FJT）での諸活動がある。とくに余暇センターは、全国に 2 万カ所以上ある施設に約 38 万人が働くアニマトゥール最大の活動機関である（ただし、その約 8 割は臨時職員といわれる）。かつては単に「未成年者の受け入れ機関」であった余暇センターは、今日では同学年の 15％ を占める低学力・学業失敗との闘いの視点から、さまざまな教育・文化プロジェクトに取り組んでいる。それらの中心的活動は、（a）付き添い型学習活動（accompagnement à la scolarité）と呼ばれる、困難な状況にある生徒に対して、学業の成功に必要な文化の習得や宿題の手助けを少人数で行う学習支援活動、（b）学校外教育アニマシオン（animation éducative périscolaire）と呼ばれる、直接的な学業とは区別される自由な創造活動・集団活動である。そこには子どもの教育を生活全体から捉え、学校時間外の活動が学校教育を充実させるという考えを基本として学業失敗の問題に取り組もうとするアニマトゥール固有の実践がある。それはまた、学校や家庭、他の地域アソシアシオンと連携をとりながら推進され、アニマトゥールは学校と家

庭を結ぶコア的な役割を果たしている。2013年から始まった学校修学時間改革において全小学校での学校外活動（activité périscolaire）が強化されたことに伴って、この領域でのアニマトゥールがいっそう求められるようになってきている。

④ スポーツ活動（sportif 分野）：もともとスポーツセクターでは、スポーツライセンス取得者が関わる形でスポーツ活動が行われていた。その限りでアニマトゥールは、直接スポーツ活動に関わることはなかった。だが、近年ではより身近にスポーツに取り組めるようスポーツ領域のアニマトゥール職が生まれ、徐々にバカンス活動などでのスポーツ活動に関わるようになっている。2003年には、スポーツ領域に新たなアニマトゥール資格（青少年・民衆教育・スポーツ職免状 BPJEPS）が創設され、その取得者が増加している。

⑤ 社会的活動（social 分野）：貧困や社会的排除など困難な状況にある人びとの、健康、労働、余暇、文化といった生活領域での教育的援助活動である。とくに社会的職業的参入のための活動については、もともとこれを目的として生まれたのではない機関、例えば社会・社会文化センター（centre social et socioculturel）や地域の家（maison de quartier）などが、1980年代から精力的に取り組み始め、今日では多くの機関で参入支援のためのアニマトゥールが増加している。この領域でのアニマトゥールは、困難な状況にある人びとへの識字教育を含む基礎教育や職業活動の指導などと同時に、医療、福祉、労働、司法、職業教育関連の専門的機関とも連絡をとりつつ、きめ細かな教育的援助活動を行っている。

その他、社会開発や社会経済、アソシアシオン活動支援を行う社会政治・経済活動（socio-politique et socio-éconimique 分野）にもアニマトゥールの活動領域は広がっている。こうして、アニマトゥール労働は、その活動領域があらかじめ定まったものとしてあるというよりはむしろ、社会の変化の中で絶えず新たな領域を追求し生み出すものとしてあるといえよう。それがアニマトゥール労働の曖昧性にもつながりやすいわけだが、他方では新たな価値や活動を生み出すダイナミズムも内包している。そしてアニマトゥールは、このダ

イナミズムの中で、多様な活動を通して地域の社会的紐帯の維持と発展に不可欠な労働としての位置を高めてきているのである。

2. アニマトゥールの種類と社会的地位

アニマトゥールの社会的地位は、大きくは次の3つに分けられる。①積極的意志に基づいて活動を行う篤志的アニマトゥール（animateur volontaire）、②主に民間非営利団体（アソシアシオン association）に勤務者として活動する民間職員アニマトゥール、そして③市町村職員として働く地方公務員アニマトゥール（animateur territorial）である。それらは、既定の存在としてあったのではなく、アニマトゥールが職業としての社会的地位を求める歴史的過程の中で、資格・養成のあり方とも深く関わりながら、漸次分岐的に形成されてきた今日的段階である。

（1）篤志的アニマトゥール

民衆教育運動を担うボランティアとして始まった歴史的経緯を反映して、今日なおボランティアとして活動するアニマトゥールは500万人以上いるといわれる。篤志的アニマトゥールは、ほかに職業や所属を持ちつつ休暇などを利用して自発的な意志に基づいて活動を担っている点においてそれらボランティアに近いといえる。だが、期間や賃金がかなり限定的であるものの、法的には「臨時職員（occasionnel）」として位置づけられていることや、国家資格であるアニマトゥール職適性証（Brevet d'Aptitude aux Fonctions d'animateur、以下BAFA）の取得が義務づけられる点で、ボランティアとは区別される。とはいえ、労働法が適用されず、職業として地位を得てきている他の種類のアニマトゥールとも異なる位置を持っており、いわばボランティアと職業の中間に位置付いているといえる。したがって、冒頭で述べた職業アニマトゥール14万人の数の中には入っておらず、今日その数は20万人以上といわれる。やや複雑な位置にあり分かりづらいが、彼らに求められるBAFAは、篤志的アニ

マトゥールの特徴をよく示している。

　BAFA は、アニマトゥール国家資格免状に先立って、戦前から歴史的に民衆教育団体が行ってきた指導者養成研修が原型となっている。民衆教育の誕生から半世紀以上にわたって、その指導者にはプロはおらず、指導者は民衆教育へのミッションを感じ取ってのミリタン（闘士的活動家）として、所与の社会や制度に批判的に関わり実践的に自らを養成してきた。その意味で、BAFA には、活動の精神としてミリタンティズム（闘士性）の養成が志向されているといってよい。BAFA は国家資格であるとはいえ、その養成内容においては、基本的に養成機関である民衆教育団体が、自立的・独立的に養成し活動を組織遂行しているのはそのためである。

　ところで、篤志的アニマトゥールの労働に対して賃金が極端に低いことについては、労働組合側から長い間「臨時といえども、労働法が適用されるべき労働である。無償に近い労働をなくし、最低賃金は保障されるべきである」と激しく批判されてきた。だが、こうした議論については、アニマトゥール養成機関側から「労働組合は、給与生活者と無償のボランティアしか考えていないが、アニマトゥールはそのどちらでもない自発性に支えられた人びと（volontaire）が重要な位置を占めている。なぜなら、そうした人びとがいなければアニマトゥールからミリタンティズムが喪失してしまうからだ」として、闘士性に基づくアニマトゥールの存在の社会的認知を主張してきた。こうした論争を経て、今日では、篤志的アニマトゥールは労働法ではなく、家族・社会活動法典が適用されている。

（2）　民間職員アニマトゥール

　民間職員アニマトゥールとは、アニマトゥールの職業化推進の要となった、主に社会文化施設を運営するアソシアシオンで勤務する職員である。そうした職員が生まれるのは 1960 年代頃からである。1962 〜 1972 年の間に 6,000 館に上る社会文化施設が国家計画の一環として設立され、それらの管理・運営は従来から活動を展開してきた民衆教育アソシアシオンが担った。そしてそれらに 2 万 5,000 人のアニマトゥールが職員に採用されたのであった。またこれら

の動きと平行して、アニマトゥール国家資格免状も整備されていった。だが、職員雇用に資格取得が追いつかないこともあり、資格保持が職に就くための必須とはならなかったことに加え、資格よりも実際の体験を重視する傾向があったことから、当初アニマトゥール国家資格を取得している者は少なく、取得者が過半数を超えるのは2000年に入ってからだった。全体として、地位は決して高くないが、アソシアシオンで雇用され、活動する職業として認知されるプロセスの中で増加してきた。

　他方、その広がりと活動の展開の中で、同じアニマトゥールの中での労働条件や身分保障の問題、国の政策として推進されるアニマトゥール国家資格免状の制度化に伴う養成の国家管理化への危惧、さらにはアニマトゥールの仕事の細分化による技術主義とアイデンティティの喪失といった課題などが生じてきた。これらの問題への意識化は、やがて1980年代頃から全国統一の労働協約の実現のための運動に連なっていった。

　こうして1988年にアニマトゥールの全国労働協約が、2つの雇用団体と代表的な5つの労働組合によって締結された。全国労働協約は、民間職員アニマトゥールの雇用・労働条件・社会的身分保障・労働組合の権利・従業員の代表機関・労働契約・労働時間・休暇・職業教育訓練・給与・社会保障・年金といった生活保障など、全9章72条からなる詳細な総合的身分規定であった。そして労働協約の拡張適用システム制度により、労働組合に加入しているか否かを問わず、すべての民間職員アニマトゥールにこの協約が適用されることとなった。これはアニマトゥールの歴史の中で、彼らの職業としての基本的身分が初めて確立したことを意味したものであると同時に、彼らの活動領域が独自の職業領域としても社会的認知を得ることになったことも示していた。そしてそれらのことは、それまで分散化しがちであったアニマトゥールが、自立的・集団的に活動内容を豊かに発展させる契機ともなった。

　すなわち1988年全国労働協約では、活動領域は「文化、教育、余暇、野外活動の領域で、主として社会的利益活動（activités d'intérêt social）」と定義されていたが、2008年には「自然と環境保全の一般的利益活動（activités d'intérêt général）」が加えられ、活動領域はより広く公益性を高めるものと

92　第1部　ヨーロッパ

なった。実際の活動も、文化的余暇活動中心であったのに対し、地域課題や生活課題を見据えた学校支援・若者支援・環境〈自然・歴史〉教育・福祉的活動などに広がっていくことになった。さらに、国家資格免状と対等に並ぶ職業能力認定証（CQP）として学校外活動アニマトゥール（CQP-animateur périscolaire）という資格免状を、全国雇用・養成労使同数委員会（CPNEF）が独自に創設したことも特筆される。

（3）　地方公務員アニマトゥール

　アニマトゥールの雇用は、歴史的にアソシアシオンから生まれた職業であったことから、篤志的アニマトゥールも含めアソシアシオンにおける雇用が一般的であった。だが、2000年頃からその光景は一変し、市町村（commune）で採用される地方公務員アニマトゥールが増加している。2013年現在で、フランス約3万6,000市町村のうち約2万市町村に配置されており、地方公務員全体に占める割合は5％程度に達し、徐々にその存在感も増してきている（表4-1）。

　1990年代前半には全国数千人程度であった地方公務員アニマトゥールが、今日5万人までに増加した直接の要因は、1997年「地方公務員アニマトゥールの職群の固有の身分」政令において地方公務員アニマトゥールの身分が公的に位置づけられると同時に、所属する専門の地方行政領域としてアニマシオン部門（filière animation）が創設されたことによる。しかし、その設置に至る

表4-1　地方公務員アニマトゥール全国採用者数（人）

区　　分	2002年	2004年	2008年	2011年
正規職員	19,391	28,309	42,684	49,412
非正規職員	41,808	54,861	66,172	34,019
総　　計	61,199	83,170	108,856	83,431
地方公務員全体に占める割合	4.3％	5.4％	6.0％	4.7％

出所：INSEE. Effectif par cadre et filière d'emploi et par statut, 2002, 2004, 2008/Observatoire de la FPT, 2013 より作成

第4章　フランスにおける生涯学習関係職員（アニマトゥール）の構造と課題　*93*

までには、地方行政の8つの部門（一般行政、技術、社会福祉、文化、スポーツ、市町村警察、消防・救助、アニマシオン）の中で、最も設置が遅かったことから推測されるように、決して単純なものではなかった。

　地方公務員アニマトゥールが公式に誕生するのは1982年であり、この年全国で2,000人強の地方公務員アニマトゥールが採用されている。その契機になったのが当時の地方分権担当大臣ドゥフェールによる「アニマトゥール職配属の市町村公務員に関する措置の省令」であった。それは当時大きく着手され始めた地方分権改革の一環の措置でもあった。

　地方分権改革は、地方自治体の権限を強化し、その管理責任と自立を求めるものであったが、長期にわたり中央集権制度が続いてきた状況下において、地方当局自身でそのためのサービスを提供する力量には限界があった。そのため、一方で地方自治体の事業にアソシアシオンを活用しようとする動きが盛んになるが、それに留まらずアソシアシオンなどで一定の経験を積んだアニマトゥールを地方自治体で雇用しようとする動きが生まれる。その推進力となったのが、上記アニマトゥールに関するドゥフェール省令であった。ただし、この段階ではまだアニマトゥールは地方公務員に採用されても独自の専門部署を持っていたわけではなく、彼らは地方公務員の競争試験を臨時的な必要に応じて行う「オプション」としての位置づけで採用され、さまざまな行政部門に配置されることが一般的であった。

　さらに、当時は、アニマトゥールに関する管轄省である自由時間省やアソシアシオン側からも、アニマトゥールの自立性や独立性を傷つけるものとして、アニマトゥールが市町村に雇用されることへの批判が根強かったため、オプションの実施が一時廃止されるなど、オプションの存否をめぐって地方自治体とアソシアシオンの間で対立を深めた。そこでは、オプションは、地方公務員アニマトゥールの存在を認めるか否かを争点とするものだった。

　だが、1992年にオプションが再開されたときには、オプションの存否を問う世論はすでに薄らいでいた。それぞれの立場からの論争とは別に、もはや地方公務員アニマトゥールの存在は動かしがたいものとなっていたからである。1992年には、地方自治体で働くアニマトゥールは、3万5,000人に達しており、

94 第1部 ヨーロッパ

しかもその8割近くが非正規職員という状況が生まれていた。しかも正規で
あれ非正規であれ、市町村職員としてのアニマトゥールの仕事はすでに地域に
とって不可欠のものとなっていたのである。したがって今や争点は、オプショ
ンのままか、それともアニマトゥール独自の専門部門を設置するか否かが問わ
れる段階に移行していたのであった。

　そして、地方公務員アニマトゥールの身分保障の観点からも、市町村の社会
的・文化的活性化や青少年の学校外・余暇活動の充実の観点からも、オプショ
ンの不安定性を克服する独自の部門を創設することになった。そのことはま
た、地方公務員アニマトゥールの社会的地位の確立と、それを基にしたアニマ
トゥールの専門職性の認知を進めることを意味していた。こうした動きは、そ
の後アニマトゥールの質の向上のためのアニマトゥール国家資格免状改革と職
員研修の充実を課題とした。

3. アニマトゥール国家資格免状改革

　アニマトゥール国家資格免状は、1964年に民衆教育指導者国家資格免状
（DECEP　現在は廃止）が創設されたことを皮切りに、さまざまなレベルの
資格免状が整備されてきた。ところがそうした整備にもかかわらず、アニマ
トゥール資格免状取得者は決して多いとはいえず、養成管理当局側からは費用
対効果の低さが、またアニマトゥール側からは現場での実践に合わない机上の
ものであるとの批判がなされてきた。他方、現場においては、地域課題の複雑
化の中で、アニマトゥールの活動領域が、教育・スポーツ活動から社会福祉や
社会参入活動、地域づくりに至るまできわめて多様化し、アニマトゥールは、
多様で高度な専門的な能力が求められるようになっていた。その仕事を担う専
門的能力養成のための資格免状改革が喫緊の課題となっていたのである。こう
してアニマトゥール国家資格免状の創設以来の大改革が2000年頃から始まっ
た。

　改革の主な特徴は、次のような点にあった。まず第1に、現場での職務状

況に見合った資格免状策定が意識的に追求されたことである。免状策定のために創設されたスポーツ・アニマシオン職諮問委員会（CPC）のメンバーに、国の代表や資格養成専門家に並んで、現場の雇用者団体と労働組合代表が入ったのはそのためであった。そして、CPC がアニマトゥール資格免状の刷新とそれぞれの免状で求められる能力を示した「資格能力基準（référentiel de certification）」と「資格職業基準（référentiel professionnel)」の立案や養成のあり方を検討していくにあたっては、あるべき（養成すべき）能力基準を示すのではなく、アニマトゥールの労働の現状を把握・分析し、それに基づいて職務とその能力を客観化することが重視された。また、資格取得のための養成において、養成機関での講義と労働現場での実地訓練を交互に行う「交互養成（alternance）」という現場を重視する新たな方法を用いたり、あるいはまた養成や資格試験を経由することなく、職業経験やボランティア活動により獲得・蓄積された能力を認証し資格免状を授与する「社会経験認定（VAE）」制度を取り入れたのも現場を重視した表れといえよう。

　第2の特徴として、それぞれの資格免状が必ずしも関連づけられていなかった従来の状況を、職務領域と専門性の内容をより具体化し体系化したことである。例えば、バカロレアレベル（水準Ⅳ）の青少年・民衆教育・スポーツ職免状（BPJEPS）においては、活動領域が現場での対象者と向き合う集団的活動による市民性（citoynneté）や社会関係構築力の発達という教育的営みに重点が置かれた。そして専門として子どもから高齢者までの余暇活動の活性化のための〈すべての人びとの余暇活動〉、自立においてリスクを負い困難を抱える人びとを対象に支援を行う〈社会アニマシオン〉、文化・創造活動の支援を行う〈文化アニマシオン〉、情報関連の技術的教育活動である〈情報・コミュニケーションの技術〉が創設された。大学2年課程修了レベル（水準Ⅲ）の青少年・民衆教育・スポーツ職国家免状（DEJEPS）においては、協同、連帯、正義、社会的結束、市民性の発達のためのアクションの集団的パートナーシップ・ネットワークの形成といった協同的営みに重点が置かれている。そのコンテキストにおいて、現場での活動をつなぐコーディネーターとしての専門性をもつ〈社会的教育・文化アニマシオン〉が創設された。大学学部・修

士課程修了レベル（水準Ⅱ）の青少年・民衆教育・スポーツ職上級国家免状（DESJEPS）においては、市民的価値・原理・実践に基づく活動のための組織運営や経営管理という戦略的営みに重点が置かれて創設された。そこでは、施設・県・州との交渉も視野に入れつつ、「組織戦略」や「人的・物的資源の管理運営」さらに「発展的な計画」策定能力が求められることになった。

　このように職務領域が、施設・機関での教育活動から、他の機関との協同活動のコーディネータへ、さらに行政機関との交渉も含めた組織管理運営へと発展的に広がることが基本的枠組みとなった。そしてそのために求められる能力が資格能力基準として具体化され、アニマトゥール労働とその専門的能力の全体像が体系性をもって示された。

　これらの改革とともに、必要な単位を個人の実状に応じて取得できる累積単位制度や、研修時間保障制度の拡大などが実施されたことも相まって、年間職業免状取得者総数が1990年代の2,000人台から2010年には5,000人を超えるなど、免状取得者の大幅な増加が見られるようになってきている。

まとめにかえて ― 内包する課題 ―

　近年フランスの社会教育・生涯学習の動向を、その活動を中心的に担う職員であるアニマトゥールに注目して考察してきた。そこに見られたのは、住民に寄り添って活動を幅広く展開しつつ、社会的地位の確立と職業的能力の獲得を目指す闘いの中で、アニマトゥール労働の公益性と専門職性の社会的認知が得られてきているということであった。そのことを端的に示すのが、全国労働協約の締結による民間職員アニマトゥールの公的認知であり、地方行政におけるアニマシオン部門の確立と地方公務員アニマトゥールの広がりである。そしてその基底には、闘士性（ミリタンティズム）に支えられた活動を展開する篤志的アニマトゥールの存在があった。だが、そこには、いくつかの矛盾と課題が内包していることは否めない。

　第1に、民間職員アニマトゥールと地方公務員アニマトゥールとの関係であ

る。公務員アニマトゥールの存在が、民間職員アニマトゥールを吸収していることから、両者に対立的関係があるようにみえる。だがそれは、対立というより、相補的関係における緊張（相互チェック機能）といえよう。民間職員アニマトゥールの全国労働協約が地方公務員の身分規程や専門職性の確立に少なからぬ影響を及ぼしたように、公務員化が進んだアニマトゥールであっても、その活動の自立性・専門職性は、アソシアシオンで働く民間職員アニマトゥールの自立性・専門職性に大きく左右される。つまり、民間職員アニマトゥールの活動や地位の向上は、公務員アニマトゥールのそれをもまた向上させるものであり、逆に公務員アニマトゥールの活動の展開もまた、資格で認知された専門性によって民間職員アニマトゥールの活動のレベルアップを促す関係にある。換言すれば、両者の相互補完関係（相互の働きかけ）が、アニマトゥール全体の活動の広がりと質の向上につながる関係性を築くことが求められているといえよう。

　第2に、職業アニマトゥールと篤志的アニマトゥールの関係である。それは、アニマトゥールの職業化におけるミリタンティズムの課題と深く関わっている。つまり、ミリタンティズムは、アニマトゥールを生んだ民衆教育の発展を促す精神性として長く尊重されてきた。だが、アニマトゥールの職業化・資格制度化が進む中で、批判的精神の涵養を柱とするミリタンティズムの希薄化が課題となっている。そうした課題を突きつけているのは、篤志的アニマトゥールの存在である。つまり、篤志的アニマトゥールは、単に職業アニマトゥールの予備軍ないし補助的な位置ではなく、職業アニマトゥールをその精神性や資質において根底で支える役割の強化が求められている。

　第3に、専門職としての社会的地位の問題である。アニマトゥールは、専門職として認知されつつあるとはいえ、全体として依然社会的地位は低いといわざるを得ない。最も責任ある労働を行使する資格免状の水準Ⅰ（修士・博士課程修了レベル）が欠落したままであることや、地方行政の部門中で唯一上級職がないこと、非正規職員が多いことなどに端的に見ることができよう。

　2014年、インターネットで「アニマトゥール50年、そろそろ認めてくれてもいいんじゃないの？」というメッセージが流れた。フランスの月刊誌「ジュ

ルナル・アニマシオン（Le journal de l'Animation）」と独立労働組合全国連合（UNSA）が企画した、アニマトゥールの職の誕生50周年を祝うキャンペーンの一環である。ここには、アニマトゥール職を創り担ってきた彼らの活動蓄積への自負とともに、その活動にふさわしい専門職として十分評価されていないことに対する異議申し立てがある。こうした動きが、今後どのように展開されていくのだろうか。そしてそれによって、フランスの社会教育・生涯学習のあり方がどのように展望されていくことになるのだろうか。さらに注目されるところである。

参考文献

Geneviève Poujol, *Profession: animateur*, Privat, 1989.

Jean-Marie Mignon, *Les métiers de l'animation*, DUNOD, 2012.

Antonie Jacob, *Petit histoire de la branche de l'Animation-Les partenaires sociaux racontent-*, Brache professionnelle de l'Animation, 2008.

岩橋恵子「フランスにおけるアニマトゥールの地方公務員化と専門職性」日本社会教育学会『社会教育学研究』第50巻第2号、2014年。

岩橋恵子「フランスにおけるアニマシオン産業部門の創出とアニマトゥールの専門職化」『日仏教育学会年報』第20号、2014年。

G. プジョル、J＝M. ミニヨン著、岩橋監訳『アニマトゥール　フランスの社会教育・生涯学習の担い手たち』明石書店、2007年。

第2部

北米・南米

100 第2部 北米・南米

第 5 章

アメリカ公立学校成人教育の歴史に見られる教育における公共性の理念

1. 教育における公共性の概念とアメリカ進歩主義教育

　教育史というものは言い換えれば「教育における公共理念の歴史」と言っても言い過ぎではないであろう。日本のように国家体制の基本として公教育が重視されてきた国では、戦前においては、皇国史観教育[1]やカリキュラムの基本を国が定め、戦後においては、学習指導要領そして教科書検定制度などのように国家の意思が公教育に強く反映された。アメリカ合衆国のように、連邦政府が公教育を統括する法制度になっていない国では、自治体の自治機能の重要な部分として公教育が働いてきた歴史もある。いずれにせよ、教育における「公共性」の意味はそれぞれの国の歴史や風土などによって大きく異なる。本章では、「教育における公共理念」というものが教育の本質から見てどうあるべきかという点に照準を合わせつつ、アメリカ公立学校成人教育の歴史を分析したい。その理由は、アメリカ公立学校成人教育の制度化が始まった19世紀末から20世紀初頭にかけて、世界中から大量の移民を受け入れて「人種のるつぼ」[2]と言われてきたアメリカ合衆国だからこそ、どの国よりも「公共性」において、際限の無い多様性と柔軟性、そして大胆な価値観の転換が求められてきた歴史を有しており、アメリカ公立学校成人教育の歴史はこうした「公共性」の理念を最もよく実現しようとした歴史として注目されるからである。

第5章　アメリカ公立学校成人教育の歴史に見られる教育における公共性の理念　*101*

（1）「教育」における「公共性」

　今日、「公共性」と言われる部分が私たちの生活のどこにあるか、その実態はどのようなものかということについて、数多くの論者によって論じられている。成人教育の領域でも M. ノールズ（Malcolm Shepherd Knowles, 1913-1997）が「成人の教育は公共性の歴史と同等の歴史を持つ」[3]と述べるように、「教育」という視点から「公共性」を論じるものも数多くある。成人のための教育は「生きるため」あるいは「生活するため」という現実社会の必要から求められることが多く、これを公教育として整備するためには公共的な論理と内容がより強く求められる。注目すべきことは、「教育」として公的に整備される以前から、「生きるため」「生活するため」に知識を共有し、後世に伝達する必要から「学習」が行われた証拠が人類史の始まりからすでに見ることができることであり[4]、人間が集団あるいは社会を形成し、生活するためには「学習」の組織化が欠かせないことがうかがえる。

　「教育」の公的組織化が始動するのは、産業革命より少し前の大航海時代の始まりからだという説がある[5]。ここで産業革命期ではなく、その少し前に注目する理由は、もっぱら聖書を読むために読み書きが教会などで教えられていた当時、必ずしも宗教的目的ではなく、「あらゆるひと」に「あらゆることを」教える「一般的基礎教育（汎教育：コメニウス）」の必要性が広がっていったことが「教育における公共性の芽生え」として注目されるからである[6]。また、子ども本来が持つ自然を尊重し、できる限り発達させようとする自然主義的な意識も「教育における公共性」の重要な部分として支持されていく。こうして「7歳か8歳になると仕事に駆り出され、それ以前の年齢の子どもは動物と同じ扱いで、死亡率も高かった（フィリップ・アリエス）」[7]と言われてきた16世紀のヨーロッパ社会において、7歳から8歳になった〈小さな大人〉をいきなり働かせるのではなく、ある程度教育的投資を行ってから労働させるほうがメリットが大きいと考える、後の産業革命期に広がる公教育的意識[8]に後押しされつつ、また大航海時代の社会的富の蓄積を背景に、公教育が制度化されていくことになる。

　産業社会の台頭による宗教的影響力の強い封建社会の崩壊に伴い、共同体

102 第2部 北米・南米

の相互扶助機能は低下していき、他方では個々の家族の機能が重視されるようになるとともに、「子どもは家族の中で庇護され、教育される者」としての立場が明確になっていった。このような家族が「公共性」の社会的単位とされ、公教育制度が整備されていくことは、教育における公共性の特徴を明確に示している。すなわち、私的な問題と公的な問題は、実は同じものを異なる角度からそれぞれ見ているだけであり、教育においてこそ「公共性」なるものの特徴がより明確に現れるのである。後述にもある、アメリカ公立学校成人教育は、個人の私的要求から出発した学習要求を公立学校のシステムの中に組織化していく時、私的学習要求の公共性を担保する概念として「自己決定（Self-direction）」を条件にしている。

（2） アメリカ進歩主義教育に見られる「自己決定」概念

J. デューイ（John Dewey, 1859-1952）は、「教育は経験の継続的な再構成であると私は信じている」と述べ[9]、そこにはヨーロッパ社会で生成された「子ども中心の児童観」が見られる。さらに「児童とカリキュラム」の中でも次のように述べる。

> 児童は狭い個人的世界の中で生きている。…そして自ら関わろうとしない限り経験の中で物事を学ぶことは難しい。…彼らの世界は、現実世界や法則というよりも自分の個人的関心の範囲に限られている。…教育の本質は〈未熟・未発達な状態〉と〈成熟した成人の持つ確かな社会的目的・意味・価値〉との間の相互作用にある[10]。

より計画的・目的意識的カリキュラムに基づいて教育を行う必要性を説くデューイの児童中心主義的教育観は、コメニウスらの「教育における自然主義」的児童観とはかなり異なるものとなっていて、デューイのコロンビア大学時代に親交のあったソーンダイク（Edward L. Thorndike, 1874-1949）に大きな影響を与えることになる。成人の学習理論の中で、連想（association）による概念の獲得の過程を重視するソーンダイクの学習理論は、アメリカの行動主義的伝統（behavioristic tradition）の流れに引き継がれるもので、そうし

第5章　アメリカ公立学校成人教育の歴史に見られる教育における公共性の理念　*103*

た意味ではコメニウスからルソーに至る「教育の自然主義」の流れに反対する立場にあったと言うことができる[11]。

ソーンダイクは「学習というものは社会的有用性のある目的に特化して進められるべきである」と述べ、「学習能力は35歳までは減退しない。……学習速度は年齢に伴う学習力とは異なる」と述べる[12]。つまり人は35歳を過ぎた後にも、"老化＝学習能力の低下"という常識に挑戦し続けることができるということである。ソーンダイクは知的発達を次の3つの領域に分類している[13]。

①　異なった概念を自分なりの概念形成で受容する理解力
②　対象を扱うことができる駆使力
③　対人関係の中で活用することができる社会的知

ソーンダイクの学習理論は、自らの理論のバックグラウンドとして彼が重視したガスリー（Guthrie, E.R）が次に述べるように、「連想論（association theory）」の一つであり、成人の学習論においてはその後、M.ノールズに引き継がれていく。

①　刺激語によって反応語が現れるまでの過程（＝連想）の中で、学習の成果や知的確信が獲得される。
②　2つ以上の反応語を呼び出す刺激語のみが連想というプロセスを呼び起こす。
③　より多くの連想の手がかりを提供する刺激語のみが、より望ましい反応語を呼び出すチャンスを提供することができる[14]。

連想による学習は、学習者の主体性を引き出すことにおいて有効な手法である。ノールズは、成人の学習は「学習素材を見つけ、自分自身で問題解決の糸口を探求していくところに特徴がある」[15]と述べ、「他者からの支援を得ずに、学習ニーズの

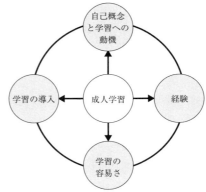

図5-1　成人学習の理論
出所：M. knowles "Adult Learning Theory", 2002

104　第2部　北米・南米

自己診断に基づき、学習目標を形作り、人的・物的学習素材を設定し、適切な学習方法を選択し、成果を評価できること」といった「自己決定」を成人の学習の重要なキーワードに置いている[16]。

すなわち、「人として成熟していくなかで獲得する自分自身の考え方（Self-concept）」「学習の糧となる成熟過程での経験（Experience）」「成熟した人として、学習の準備ができているということは、自らの社会的役割としての仕事の向上につながる（Readiness to Learn）」「学習した知識を実際に使用することにより、直面する課題を意識するだけの立場から実際にそれを解決していく立場に変えることができる（Orientation to Learning）」「学習に対する内発的動機づけ（Motivation to Learn）」といった成人学習者の特徴と心理学から導き出された関係性のモデルの活用が示されている。

以上のように、デューイ → ソーンダイク → ノールズに流れるアメリカ進歩主義教育においては、成人の学習の公的組織化は「連想論」に基づき、先述の「自己決定」を「成人教育における公共性」の基本的理念として設定していったということができる。

2.　アメリカ公立学校成人教育の歴史と理念

アメリカ成人教育における「公共性」を担保する論理は、デューイからノールズに至るアメリカ進歩主義教育思想の流れの中で「自己決定」であることが明らかにされた。そこでアメリカ公立学校成人教育の歴史と理念の中にこの概念がどのように応用され、具体化されていったかについて見てみよう。

アメリカ合衆国では今世紀初頭以来、成人教育が、公立学校教育の一部として発達してきた。これは通称「公立学校成人教育」（Public School Adult Education）、と呼ばれ、成人教育を公的に組織化していくあり方を模索する場合、格好の手掛かりを与えてくれる。

今日、公立学校教育として組織されている成人教育には、「公立学校成人教育」「コミュニティ・カレッジ」そして「アダルトスクール」がある。「公立学

校成人教育」はハイスクール内に設置され、初等および中等教育段階の教育を修了していない成人を対象に多種多様な教育プログラムを提供している。「コミュニティ・カレッジ」は、1920年代頃、ハイスクール卒業生の失業者数増加に対応するために、「公立学校成人教育」が中等後教育（Post-secondary Education）段階にまで拡張して生成した「ジュニア・カレッジ」を母体とし、1980年代の高等教育の大衆化の進展の中で、急速に整備されてきた歴史を持つ。今日では「コミュニティ・カレッジ」は「公立学校成人教育」と緊密に連結し、その卒業生に対して高等教育への機会を提供する中等後教育段階の成人教育機関である。

　コミュニティ・カレッジのもつ意義は大きくいって3点ある。第1はコミュニティ・カレッジが伝統的高等教育の概念を根本から変えてきたことである。これまで「高等教育の大衆化」は「大学拡張」という形態で進められてきた。これは四年制大学を卒業した者に対する言わばアフターケアを主な目的としている。コミュニティ・カレッジは「高等教育の大衆化」を「大学拡張」よりもいっそう徹底して推し進め、その結果、「高等教育」という概念全体を「中等後教育」と置き換える動きを牽引してきた。

　コミュニティ・カレッジの第2の意義は、それが半専門的職業資格をすべての青年および成人に提供することを主な目的としていることである。コミュニティ・カレッジの職業教育プログラムは福祉・公共機関を含む第3次産業の職業を中心に構成されていて、これは、1950年代から1960年代にかけて進行した経済の構造的変化とその結果生じた第3次産業の急激な成長を反映していると言われている。

　第3の意義はコミュニティ・カレッジがすぐれて「地域性」をもっていることである。まず、車で1時間以内の所にキャンパスがあること、次にカレッジの運営全体にわたり、住民統制の原則が貫かれていること、さらに「コミュニティサービス」プログラムなど、地域住民の教育要求に直接応える教育内容を準備していること等がその理由として挙げられる。

　「アダルトスクール」は歴史的には、夜間学校（Evening High School）の形で移民のための移民教育（Immigrant Education）として第一次世界大戦

頃にスタートし、1950年代頃から「アダルトスクール」として再編されたものである。カリフォルニア州では州立の公立学校システムとして、働く人びとに対する職業技術向上のための教育、しっかりした家庭人（strong families）の育成、また地域社会でうまくやっていけるよう（successful communities）、すべての人びとに学習機会を提供している。これら3つの成人教育機関は「公立学校成人教育」のシステムの中で切り離すことができない関連をもっている。

　ここではこの形態の成人教育が全米中、最もよく発達している地域の一つであるロサンゼルス市を例にとりつつ、その最近の動向を見てみたい。

（1）公立学校成人教育（Los Angeles Unified School District Adult Education）

　ロサンゼルス公立学校区は全米でニューヨークに次ぐ第2番目の規模をもつ公立学校システムで、現在882平方マイルの範囲にある40市520万人の住民を対象に教育サービスを82年間提供している。同学区内に所属する「成人お

図5-2　Los Angeles Unified School Dirstrict Adult Education, 2015

よび職業教育部局（Division of Adult and Career Education）は成人に対して、学習機会および職業訓練を学内外で提供している。学区の成人教育および職業訓練センターは以下に示される高度な教育を低料金で提供しているのが特徴である[17]。

（2） コミュニティ・カレッジ（Los Angeles Community College District: LACCD）

　ロサンゼルス・コミュニテイ・カレッジ学区（以下、LACCDと略す）は図5-3の執行部によって運営されている。理事会は学区内選挙で選ばれた7名で構成され、学生の代表も含むこととされている。任期は最長4年とされ、選挙は2年ごとに行われ、前半3人、後半は4人が交代することになっている。理事長と副理事長は理事会で選出され、任期は1年である[18]。同学区によれば、過去の77年の間、同カレッジは300万人を超える学生を教えてきた。授業料が安いこと、近距離にあること、そして実用的であることを通して、学区はすべての人びとに教育機会を提供してきた。そして、職業技術、知識、および地域向上を望むすべての学生のために幅広く門戸を開放してきた。LACCDは、全カリフォルニア州立大学キャンパス内のラテン系学生数のほぼ3倍、アフリカ系学生数の4倍近くの学生を受け入れてきた。学区学生の80％は行政

図5-3　ロサンゼル・スコミュニティ・カレッジ学区執行部
（Los Angeles Community College District Executive Staff）

サービスが行き届かない階層である。コミュニティ・カレッジはあらゆる年齢の成人にサービスを提供し、"生涯学習"がルールとなっている社会のニーズに応えてきた。多様な職業と継続的再訓練が基準とされている。学区学生の半数以上が25歳以上の成人で、35歳以上は4分の1以上を占めている。他のどの州立大学よりも多くのセカンドチャンスをすべての市民に提供している[19]。学区は9つのカレッジで構成されていて、配置は図5-4のようになっている[20]。

　コミュニティ・カレッジのプログラムは大きく言って、「アカデミックプログラム」「職業技術教育プログラム」「コミュニティ・サービス・プログラム」の3つに分類される。このうち、短大レベルの成人教育を最もよく示しているのが「コミュニティ・サービス・プログラム」である。そこで市内9校のコミュニティ・カレッジのうち、ロサンゼルス・シティカレッジ・コミュニティ・サービス・プログラム（Los Angeles City College Community Services Program）を例に、コミュニティ・カレッジの成人教育プログラムを見てみよう。ロサンゼルス・シティカレッジではコミュニティ・サービス・プログラムは通信教育と、キャンパス内での職業技術教育の2つが準備されていて、両

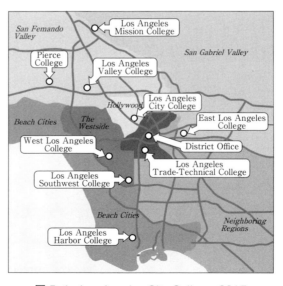

図5-4　Los Angeles City College, 2015

第5章　アメリカ公立学校成人教育の歴史に見られる教育における公共性の理念　*109*

者ともに「教師による専門的個人指導、授業は毎月開始、6週方式、相互学習方式採用、各コースは教師による指導がある、過去の単位も含めて評価」という指導方針が提供されている[21]。

① 職業指導プログラム（Career Training Programs）：

・ヘルスケア、フィットネス（医療用コード、転写、薬剤等 25 プログラム）
・ビジネスおよび専門職（提案型ビジネス：シックスシグマ資格等、現在ビジネス界で話題の領域 90 プログラム）
・IT やソフトウエア関連（66 プログラム）
・マネジメント技術関連（44 プログラム）
・メディア、サービス業関連（19 プログラム）
・省エネ、環境関連（11 プログラム）
・高校通信教育：犯罪司法、オフィスマネジメントなど（8 プログラム）

② 通信教育（Online Courses）

インターネットを利用した通信教育については以下のプログラムが提供されている。

・経理・簿記（Accounting and Finance）：3 プログラム
・ビジネス（Business）：9 プログラム
・大学準備（College Readiness）：3 プログラム
・コンピュータ（Computer Applications）：3 プログラム
・デザイン（Design and Composition）：5 プログラム
・健康・医療（Healthcare and Medical）：7 プログラム
・言語・芸術（Language and Arts）：6 プログラム
・法律（Law and Legal）：5 プログラム
・自己啓発（Personal Development）：10 プログラム
・教職（Teaching and Education）：7 プログラム
・技術（Technology）：8 プログラム
・出版（Writing and Publishing）：1 プログラム

（3）ロサンゼルス地域成人教育コンソーシアム（Los Angeles Regional Adult Education Consortium：LARAEC）

次に、公立学校成人教育とコミュニティ・カレッジがともにロサンゼルス市の成人教育機関として緊密に連携している事例として、「ロサンゼルス地域成

人教育コンソーシアム（以下、LARAECと略す）」を見てみよう。

ロサンゼルス市では近年、以下のような状況が生じていた。

- 短期CTEプログラムにおいて74%の学生数の減少
- 移民のためのESLクラスにおいて65%の学生数の減少
- 実習プログラムにおいて58%の学生数の減少
- この地域内に150万人の住民が高校卒業資格を持っていない
- 経済の変貌

こうした状況に直面してLARAECはカリフォルニア・コミュニティ・カレッジ学長室からの通達で、以下の3点を目指すことになった[22]。

- 成人教育プログラムに対するニーズと現サービスとの間のギャップを埋める。
- 地域連携のためにできることを確定する。
- 事業推進の障害とそれをいかに克服していくかについて議論する。

LARAECの運営組織は図5-5の通りである。LARAECの執行部を中心に関係機関から行政・教員・職員などのメンバーが派遣され、各プログラムの

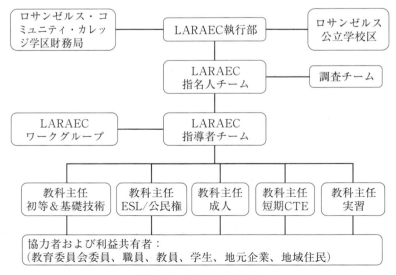

図5-5 LARAEC 2015
(Los Angeles Regional Adult Education Consortium)

第5章 アメリカ公立学校成人教育の歴史に見られる教育における公共性の理念　*111*

企画・立案がなされている。そしてそれぞれのプログラムの企画・立案に対して、協力者および利益共有者である教育委員会委員、職員、教員、学生、地元企業、地域住民が直接関わっている。

　LARAECの予算は公立学区（School District）とコミュニティ・カレッジ学区（Community College District）の両方が参加していることが必須条件になっている。そして、成人教育のための以下の地域計画を策定することが求められている。

① ハイスクール卒業資格あるいはそれと同等の資格を目指す初等および基礎的技術
② 移民のための公民権あるいは労働力育成教室
③ 障害を持つ成人のためのプログラム
④ 高い雇用条件を目指す短期CTEプログラム
⑤ 実習プログラム

　ロサンゼルスの成人教育は150年以上の歴史を持ち、アダルトスクールにおいて基礎教育（basic education）や職業訓練（career training）によって、何百万人もの成人に対して、社会的・経済的自己能力を高めてきた。しかしながら、近年、州予算の劇的削減に直面したのであるが、地元産業や企業が良

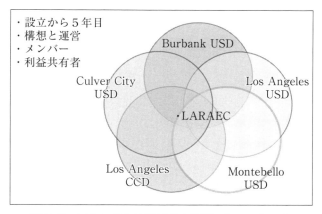

図5-6　ロサンゼルス地域成人教育コンソーシアム
（Los Angeles Regional Adult Education Consortium）

112 第2部 北米・南米

く訓練された熟練労働力を要求するようになり、また十分な学力が無いにもかかわらず、コミュニテイ・カレッジへの入学を希望する成人の急増に直面し、総合的な地域成人教育計画に着手することになった。メンバーはロサンゼルス・コミュニティ・カレッジ学区、ロサンゼルス公立学校区、カルバー市（Culver City）公立学校区、モンテベロ（Montebello）公立学校区、バーバンク（Burbank）公立学校区である[23]。

　LARAEC の優れた点は、「協力者および利益共有者（Participating stakeholders）」と言われる人びと（教育委員会委員、職員、教員、学生、地元企業、地域住民）が LARAEC の組織メンバーとして参加し、個々のプログラムの企画・立案に直接関わっていることである。そのことが、教育あるいは職業訓練に関する現行のプログラムを見直し、再検討を共同で行い、成人の真のニーズに合致することを可能にしていくことは注目に値する。

（4）アダルトスクール（Adult School）

　アメリカ合衆国において「アダルトスクール（Adult school）（adult schools）」の歴史は 1826 年に始まる植民地時代の「ライシアム（LYCEUMS）」運動にまでさかのぼる[24]。「全米ライシアム協会（Institute of National American Lyceum）」という民間主導の活動が、その後、働く成人のための「アダルトスクール（Adult school））」として州教育委員会などによって公的に組織化されるのは、カリフォルニア州では、1870 年代からである。その多くは「夜間学校（Evening Adult School）」で、生徒は炭鉱などで働く移民であった[25]。ところが第一次世界大戦中、祖国を追われた大量の移民がアメリカ合衆国に入国し、そのまま定住するようになってから、アダルトスクール（Adult school）の機能は連邦政府の関心事になっていった。ヨーロッパの南部・東部からの大量移民の多くは貧しい生活の出身で、母国においても十分な教育を受けておらず、当時のアメリカ合衆国にとっては、自国の文化や経済が危機に陥ると感じさせるものがあった[26]。こうしてアダルトスクール（Adult school）は移民に対する「アメリカ化教育（Americanization Education）」を行う場となっていった[27]。第一次世界大戦後、「アメリカ化教育」は次第に緊急政策から長期的視

第5章　アメリカ公立学校成人教育の歴史に見られる教育における公共性の理念　*113*

点に立つプログラムに様相が変わり、今日の成人教育プログラムに多く見られるような総合的アダルトスクール（Adult school）へと変化してきた。

　次に、その現状について、カリフォルニア州ロサンゼルス市を例に見てみよう。ロサンゼルス市ではアダルトスクール（Adult school）は州立の公立学校である。現在カリフォルニア州では340校の州立アダルトスクールがあり、生徒数は州全体で120万人である。そのうちロサンゼルス市内には、32校が設置され、その中心的教育プログラムは後述にある通りである。

　これらのアダルトスクールを統轄する機関は1971年に設立された「カリフォルニア学校教員協会（The Association of California School Administrators: ACSA）」であり、現在1万4,500人の学校指導者が結集している。こうしたアダルトスクールの中心的教育プログラムが確定されるにあたり、同協会の「カリフォルニア学校教員協会成人部局（Association of California School Administrators Adult Committee: ACSAAC）」の果たした役割は大きい。1970年代に生徒数減少の危機にあったアダルトスクールとコミュニティ・カレッジを復活させるために、「カリフォルニア州教育委員会成人教育諮問委員会（The Adult Education Advisory Committee to the California State Board of Education）」は「ハイスクールと公立学校区はすべての成人のための教育と訓練機会を提供する責任がある。…そして学校外の13学年以下の青年期教育に責任を負うコミュニティ・カレッジもすべての成人に対して13学年以上の教育を行う責任がある」という答申を発表した[28]。この答申に基づき、公立学校成人教育とコミュニティ・カレッジが提供する成人教育カリキュラムの分野が、ほぼ前述のように定められたのである。以下は、ロサンゼルス市アダルトスクールを例に、その内容を示したものである。

①　成人基礎教育（Adult Basic Skills）：読み・書き・計算・技術を向上したい成人のための教室。生徒はそれぞれの能力の水準を測るための試験を受ける。個々人の必要に応じた学習プログラムが用意されている。

②　職業訓練（Job Training）：アダルトスクールは、見習い・インターンシップ・就職斡旋のすべての過程で、多種多様な職業に対応した就職・転職支援を行う。

③ 第二言語としての英語教育（English as a Second Language: ESL）：ほとんどのカリフォルニア・アダルトスクールは英語以外の言語で育った人びとのための教室を提供している。ほとんど英語を話すことができない人からとてもよく話せる人まで、それぞれの能力向上の必要に応じて多様なクラスを提供しており、どのクラスがベストかを決める試験がある。

④ 合衆国公民権（U.S. Citizenship）：合衆国の公民権獲得プログラム。多くのアダルトスクールは英語を学習すると同時に、公民権を得る手順について移民を対象に説明がなされる。ESLとアダルトスクールはともに公民権獲得を目指すために連携している。

⑤ 高校卒業資格（High School Diploma）：カリフォルニア高校卒業資格プログラムはハイスクールを卒業していない成人のために企画されている。本プログラムは正規の資格と同等レベルが求められている。しかし少人数クラス、独自プログラムで、生徒は自分のペースで履修することが認められている。教師と生徒の個人的面接も定期的に開かれ、場合によっては、教室での学習無しで修了することも可能である。

⑥ 一般教育（GED: General Educational Development）：特別なアダルトスクール（Adult school）では、一般教育を完了するための教室が用意されている。これらのクラスはできる限り早く高校卒業資格を獲得したいと思っている生徒のために準備されている。

⑦ 親教育（Parent Education Classes）：カリフォルニア・アダルトスクールはすべての領域の親教育プログラムを用意している。出産までにすべきものとして、ラマーズ法、新生児ケアといった親になるための準備演習が提供されている。また宿題教室や10代の子どもとどう関わるべきかといった親子教室も好評である。

⑧ 高齢者教室（Classes for Older Adults）：高齢者が生活を豊かにするための教室が用意されている。これらのクラスは看護施設も付設されている。地域では高齢者の数が増加しつつあり、彼らの興味・関心に合致した、コンピュータ、ダンス、家庭の歴史を綴る教室、折り紙、音楽といった教室がある。

第5章　アメリカ公立学校成人教育の歴史に見られる教育における公共性の理念　*115*

⑨　障害者教育（Classes for Disabled Adults）：障害を持つ人びとのために、そのニーズに合致した教室を準備している。また交通手段などについても配慮している。

3.　アメリカ社会における教育の公共性と成人教育

　フレデリック・ケッペル（Frederick Paul Keppel, 1875-1943、コロンビア大学学部長、カーネギー財団理事長）は「私たちが成人教育に関心を向ける時、それは大金をもたらすため、というよりはアメリカ公民としてよりよい生活を実現するためである」と述べる[29]。「公立学校成人教育」「コミュニティ・カレッジ」そして「アダルトスクール」で提供されているプログラムからは、「読み書きができない」とか「職業的能力不足で仕事につけない」とか「公民権を獲得できない」とか、そういった理由からやや強制的に学習が求められる場合も成人教育にはあるが、成人が学習を求める多くのケースは、「より積極的に働くために」とか「より豊かな生活を実現するためにさらに学習を求める」といった「自己決定」学習が大部分を占めていることが理解できる。リーマン・ブライソン（Lyman Bryson、1888-1959、コロンビア大学）は、アメリカ合衆国における成人教育の歴史について分析する中で、「あらゆる成人教育について考えてみるならば、『自己決定』という概念が成人教育の本質を最もよく示している」と述べていることは、教育における公共性の理念を考える場合、示唆に富むということができよう[30]。

注

1)　1881（明治14）年の小学校規則綱領では、歴史科は万世一系の天皇をいただく神国であるという皇国史観が教えられるようになった。1890（明治23）年の教育勅語では教育の淵源は皇祖皇宗の遺訓にあるとされた。『現代教育学事典』労働旬報社、1988年、456頁。

2)　多種多様なエスニックが移民として集まる状態を表す言葉。多民族国家アメリカを象徴する言葉として有名である。

3)　M. Knowles, THE MODERN PRACTICE OF ADULT EDUCATION From Pedagogy

116 第 2 部　北米・南米

to Andragogy, 1980, p.14.

4)　考古遺跡の一つとされる数々の岩絵はまだ文字をもたない先史時代の人びとが「生きるため」「生活するため」に必要な知識を共有し、後世に伝達するために描かれたと言うことができるかもしれない。中でもフランスの西南部ドルドーニュ県、ラスコー洞窟にある壁画は牛、馬、鹿など多彩な動物の絵が描かれ、旧石器時代後期のものとして有名である。

5)　安達貴教は「商業革命とそれに続くプロト工業化が、一般的な技能と知識への需要を増し、人的資本投資の時期としての子ども期を要請した」と述べている（「『子どもの誕生』に関する 2 つのエッセイ」『経済的パースペクティヴ』名古屋大学経済学部、経済学研究科、2004 年 8 月）。

6)　子どものための本というものが存在しなかった当時において、コメニウスが子どものために書いた本『世界図絵』（J.A. コメニウス著、1658 年、井ノ口淳三訳、1988 年、ミネルヴァ書房）は知識欲を育てることに主眼があり、そのための基礎としての体系性・実用性・わかりやすさが重視されている（井ノ口淳三『世界図絵』「第 3 章『天空』の挿絵についての覚書」追手門学院大学心理学部紀要　第 7 巻、2013 年 3 月 1 日、pp.93-102）。

7)　フィリップ・アリエス（Philippe Ariès, 1914-1984 年）著、杉山 光信、杉山 恵美子訳『〈子供〉の誕生 ― アンシャン・レジーム期の子供と家族生活』みすず書房、1980 年。

8)　ロバート・オーエン著、渡辺義晴訳『社会変革と教育』世界教育学選集、明治図書出版、1971 年、p.61。

9)　My Pedagogic Creed by John Dewey, John Dewey's famous declaration concerning education. First published in The School Journal, Volume LIV, Number 3, January 16, 1897, 77-80.

10)　John Dewey "THE CHILD AND CURRICULUM" THE UNIVERSITY OF CHICAGO PRESS, 1902.

11)　Beatty, Barbara "From laws of learning to a science of values: Efficiency and morality in Thorndike's educational psychology". American Psychologist, Vol.53 (10), Oct 1998, 1145-1152.

12)　Knowles, Malcolm Shepherd, 1913-2002.2.

13)　Psychological Review, Vol. VII "Adaptation in Vision," Science, 63, 1900, 291-301. Woodworth, R. S. (1950). "Edward Thorndike 1874-1949", 1950.

14)　Guthrie, E.R.; Powers, F.F. Educational Psychology, 1950.

15)　Malcolm Shepherd Knowles "The Modern Practice of Adult Education", 1970, 19.

16)　Malcolm S. Knowles "Adult Learning Theory（Andragogy）" NORTHERN ARIZONA UNIVERSITY: Educational Learning Theorists & Theories, 18, Smith, M.K. 2002: "Malcolm Knowles, informal adult education, self-direction and andragogy"

17)　Los Angeles Unified School District, Division of Adult and Career Education HP.

第5章　アメリカ公立学校成人教育の歴史に見られる教育における公共性の理念　*117*

閲覧 2015. 8

18)　Los Angeles Community College District HP. 閲覧 2015. 8

19)　ibid.

20)　ibid.

21)　Los Angeles City CollegeHP. 閲覧 2015. 8

22)　CALIFORNIA COMMUNITY COLLEGES CHANCELLOR'S OFFICE "AB86 Collaborating To Better Serve The Educational Needs of Adults", 2014.4.11.

23)　ibid.

24)　Lyman Bryson "Adult Education" AMERICAN BOOK KOMPARY, 1936, 16.

25)　Linda L. West, "Meeting the Challenge: A History of Adult Education, From the Beginnings to the Twenty-first Century", 2005, 3.

26)　United States Congress Joint Immigration Commission Recommendations, vol. I, 48, 1910.

27)　George C. Mann, J.Wilson Getsinger: "Development Of Adult Education In California", 14, 2017.

28)　Adult Education Advisory Committee, "Summary," 3, 1971.

29)　Frederick Paul Keppel "EDUCATION FOR ADULTS AND OTHER ESSAYS" COLUMBIA UNIVERSITY PRESS, 1968, 34.

30)　Lyman Bryson "ADULT EDUCATION" AMERICAN BOOK COMPANY, 1936, 4.

第6章

ブラジルにおける青年・成人教育の展開と特徴

はじめに

2009年12月1日から4日まで、ブラジルのベレン市で、ユネスコ主催第6回国際成人教育会議（CONFINTEA VI）が開催された。日本からも政府代表に加え、多くの社会教育研究者が市民社会組織（NGOなどを含む市民団体・組織）代表として公式に参加したが、この会議で注目されたのが、開催国ブラジルの会議に向けての取り組み方であった。

参加各国が事前にユネスコに提出を求められるナショナルレポートの作成は、ブラジルでは、全国各地の草の根からの議論の積み重ねと、政府機関や市民社会組織の対話と連携を伴うもので、学習者を含む青年・成人教育関係者の参加が重視されていた。また、全53条からなる「第6回国際成人教育会議準備会議規則（Regimento dos Encontros Preparatórios à VI CONFINTEA）」が制定され、参加手続きや代表選出、予算確保などについても規定され、規則に則った民主的な手続きで会議の準備が進められた。

日本の参加形態は、文部科学省が国際会議の前に参加予定の市民社会組織との意見交換会を2回開催したにとどまり、もっぱら文部科学省がナショナルレポートを作成し、参加手続きや予算についても市民社会組織を巻き込んだ規定づくりは行われなかった。

日本の参加形態と比較すると、ブラジル政府と市民社会組織の取り組みは異次元のものであったと言ってよい。本章では、こうした先進的な取り組みが行われるブラジルの青年・成人教育が、どのような社会的・歴史的背景をもって

第6章　ブラジルにおける青年・成人教育の展開と特徴　*119*

展開されているのかを分析し、その特徴である参加と民主主義を中心に考察する。

1.　第6回国際成人教育会議への取り組み [1]

（1）　民衆運動と民衆教育運動の拡大

　第6回国際成人教育会議のブラジル・ベレン市での開催が可能となったのは、ブラジルをはじめとするラテンアメリカ地域での民衆運動の高揚と豊かな民衆教育実践の展開があったからである。まず第一に、ラテンアメリカでは2000年前後から新自由主義に対抗する民衆運動や社会運動が高揚し、左翼・反米政権が誕生した。ベネズエラのチャベス大統領、ボリビアの先住民族（インディオ）出身のモラレス大統領、エクアドルのコレア大統領に加えて、2003年にはブラジルでは、労働運動のカリスマ的リーダーで、パウロ・フレイレとも親しい間柄であった労働者党のルラ大統領が誕生した。新自由主義の構造調整政策による教育や福祉の切り捨てや格差拡大などが背景にあり、ブラジルでは州や市でも多くの労働者党首長が誕生した。第6回国際成人教育会議の開催地のパラ州の州知事も労働者党知事で、開催誘致に積極的に動いた。

　こうした民衆運動や社会運動の高揚と同時に、民衆教育運動も拡大した。ブラジルでは、すでに1986年には「ブラジル識字行動ネットワーク」（Rede de Apoio à Ação Alfabetizadora do Brasil: RAAAB）、1992年にはパウロ・フレイレ研究所（Instituto Paulo Freire）が設立され、民衆教育運動の展開に大きな役割を果たしていた。これに加えて1996年には「教育行動」（Ação Educativa）が設立され、これらの団体が第5回国際成人教育会議（ハンブルク、1997年）から第6回にわたるブラジルのナショナルレポートづくりや会議後のフォローアップを主導し、第6回国際成人教育会議と同時に開催された「世界市民社会フォーラム」の組織化も担った。また、これらの民衆教育運動の求めに応じて、ルラ政権下の教育省に2004年には青年・成人教育を所管する「継続教育・識字・多様性局」（Secretaria de Educação Continuada,

Alfabetiação e Diversidade）が設置されている[2]。

（2）参加と民主的手続き

　第6回国際成人教育会議に向けてのブラジルでのナショナルレポート作成
や参加手続きは、こうした民衆運動や民衆教育運動の成果を反映して、参加と
民主主義を重視する特徴的なものであった。まず第一に、ナショナルレポート
が、州から地方準備会議（5ブロック）、地方準備会議から全国準備会議へと、
全国各地で活動する市民社会組織の声や意見を反映させた議論をベースに作成
された点である。国際成人教育会議が開催される1年前の2008年2月に、5
つの地方準備会議で多様な市民社会組織も参加したワークショップを開催し、
3月には27州および首都ブラジリアの準備会議で、教育省からナショナルレ
ポート案が提示された。4月に5つの地方準備会議で議論した後、5月にブラ
ジリアで全国準備会議を開催している。ナショナルレポートを教育省だけで作
成してユネスコに提出するのではなく、市民社会組織の参加、対話と連携の強
化を目指すプロセスとして捉えていたのである。

　また、こうした手続きが、全53条からなる「第6回国際成人教育会議準備
会議規則」により規定されていたことも特筆すべきである。2008年3月に教
育省の「継続教育・識字・多様性局」により定められた同規則の骨格は以下
の通りである[3]。

　　はじめに
　　第1章　第6回国際成人教育会議準備会議（1〜6条）
　　　　　　第6回国際成人教育会議準備会議の開催、目的、検討テーマ、準備会議
　　　　　　の性格
　　第2章　州・首都準備会議（7〜22条）
　　　　　　州・首都準備会議の構成と組織、討議内容とプログラム、参加手続き、
　　　　　　地方会議への代表選出と構成、州・首都準備会議の方法
　　第3章　地方準備会議（23〜37条）
　　　　　　地方準備会議の構成と組織、討議内容とプログラム、参加手続き、全国
　　　　　　会議への代表選出と構成、地方準備会議の方法

第6章　ブラジルにおける青年・成人教育の展開と特徴　*121*

第4章　全国会議（38 ～ 50 条）
　　　　全国会議の構成と組織、討議内容とプログラム、構成と参加手続き、全
　　　　国会議の方法、委員の認証、予算
第5章　第6回国際成人教育会議ラテンアメリカ地域準備会への参加（51 条）
第6章　一般規定（52 ～ 53 条）

　この規則自体、教育省が原案を 2008 年の5つの地方準備会議に提示し、市
民社会組織も加わっての議論と承認を得て作成されている点にも、参加と民主
的手続きを重視する一貫した姿勢が見られる。さらに、組織委員会の設置のほ
か、代表選出の方法や参加費など組織化や運営に必要な経費についても予算化
を規定し、第4条には青年・成人教育（学習）を人権として捉えること、第
15 条には地方準備会議代表に学習者を入れることなども規定された。

（3）　ナショナルレポートの特徴 [4]

　こうして多くの青年・成人教育関係者の参加と民主的手続きによって作成さ
れたナショナルレポートは、前半部でブラジルの青年・成人教育の現状分析を
行い、後半部では、ブラジルの青年・成人教育の課題を提示するものとなって
おり、前半部がブラジルのナショナルレポートとしてユネスコに提出されてい
る。
　前半部では、ブラジルでは 15 歳以上の非識字者が 1,400 万人おり依然とし
て深刻な状況にあり、地域差、ジェンダー差、人種差が存在すること、第5回
国際成人教育会議（ハンブルク会議）を受けて 1999 年から開催されている「青
年・成人教育フォーラム」選出の代表が、2003 年のルラ大統領就任以降、「識
字／青年・成人教育国家審議会」に参加することとなったことなど、青年・成
人教育の現状、主体、参加、連携に関する記述が見られる。
　後半部は、青年・成人教育の主体が女性、子ども、高齢者、障害者、先住民
族、アフリカ系住民、移民、土地なし農民、受刑者など多様化していること、
学習者の生活世界とのつながりの重視や情報技術・機器の活用など教授法や教
育学的な戦略が求められていること、労働・健康・医療・社会保障・文化関連
の他のセクターとの連携の重要性、青年・成人教育関連の国の教育システムの

整備の必要性などが指摘されている。そして、教育省やその他の省庁、州・市教育審議会、企業などへの要望書としてまとめられている。

　ナショナルレポートは、政府機関だけでまとめられたものではなく、市民社会組織が州や地方での会議に参加してまとめられたものである。そのため、単なる事実の報告や政府に都合のよい分析にとどまることなく、ブラジルが直面する厳しい現状を把握し、分析し、政府につきつけるべきものも含めて、課題を明らかにする内容となっている。後半部分の要望が、教育省をはじめとする連邦政府、州や市、青年・成人教育フォーラムにも向けられている点は、このレポートがブラジルの多くの青年・成人教育関係者の実質的な参加の下でまとめられたことを示している。

2. 青年・成人教育における参加と民主主義

（1） ブラジル社会における「青年」の位置

　1997年の第5回国際成人教育会議からすでに新しい概念として「青年・成人教育」に関する議論が行われ、ハンブルク宣言にも「青年・成人教育」が盛り込まれたが[5]、これに影響を与えたのがブラジルにおける青年・成人教育をめぐる議論であった。ブラジルでは、1997年の第5回国際成人教育会議に向けて、1996年にリオ・グランデ・ノルテ州ナタル市で開催された「青年・成人教育全国フォーラム」の最終文書で公式に「青年・成人教育」が新しい概念として確認されている[6]。

　ブラジルでこのように青年が成人教育の主体として重視されるようになったのは近年のことであるが、重視される第一の理由は青年人口の多さにある。後ほど言及する「青年権利法」に規定された15歳から29歳までの青年人口が、2013年時点で5,100万人に上り、ブラジルの人口約2億人の25%を占める。ちなみに日本は、同年齢層では約15%である。また、ブラジルの年齢別の人口構成から見ても、年齢が高くなるほど人口が少なくなるピラミッド型になっており、ブラジルは青年が多い、若い国であると言える。

第6章　ブラジルにおける青年・成人教育の展開と特徴　*123*

　したがって、現代ブラジルの貧困や経済格差、雇用や教育、福祉をめぐる社会問題は、青年問題として顕在化する傾向にあり、失業、ニート、ホームレス、暴力、ストリート・チルドレン、アルコールや薬物依存なども青年をめぐる深刻な問題として自覚化されている。

　教育においても、膨大な数の基礎教育未修了の青年の存在が問題とされてきた。2006年の統計によると、基礎教育（8～9年）を修了していない青年の比率は、18～21歳で25.5%、22～24歳で25.8%、25～29歳で31.8%にも達する。これを性別・人種別で見ると、そこに大きなジェンダー差、人種間格差があることがわかる。労働との関連では、働きながら学ぶ青年が、18～21歳で18.8%、22～24歳で13.5%、25～29歳で9.5%にも達する[7]。

（2）　ブラジルの青年の権利と青年運動

　一方、青年を成人教育の主体として重視する政策動向を理解するためには、ブラジル固有の社会的・歴史的文脈を見る必要がある。ブラジルでは民政移管後の1988年憲法に、18歳選挙権と16歳からの選択的選挙権の行使が規定されている。18歳からの選挙権行使は義務で、16、17歳は選挙人登録して任意で選挙に参加することとなる。したがって、ブラジルでは選挙運動に多くの若者が参加するのが日常となっており、高校生の政治活動が制限される日本とは大きく異なる状況にある。

　また、ブラジルでは2013年8月5日に青年（15～29歳）の権利と青年政策の原理・方針を規定した法律（略称：青年権利法）が、10年におよぶ国会での審議を経て制定された。構成は以下の通りである[8]。

　　第1部　青年の権利と政策
　　　第1章　青年政策の基本原理と方針について
　　　　第1節　原理について／第2節　一般的権利
　　　第2章　青年の権利
　　　　第1節　市民的権利、社会的・政治的参加への権利、青年の代表権／第2節　教育への権利／第3節　職業訓練、労働、収入への権利／第4節　多様性と平等への権利／第5節　健康への権利／第6節　文化への権利／第7節

124　第2部　北米・南米

コミュニケーションおよび表現の自由への権利／第8節　スポーツおよび
レクリエーションへの権利／第9節　居住および移動の権利／第10節
持続可能性および環境への権利／第11節　安全および法的権利擁護の権
利
第2部　国の青年システムについて
第1章　国の青年システムについて（SINAJUVE）
第2章　所掌事項
第3章　青年審議会

　青年権利法では、青年政策については、政府関連のすべての機関に青年の
意見を聴く委員会を設置することを求めたり、映画・演劇・音楽などのイベン
トの入場料について29歳までの低所得者および学生は半額にすることなどが
定められている。教育に関連する事項では、基礎教育未修了の青年への、夜間
コースを含む青年・成人プログラムの提供が国に義務付けられたほか、高等教
育への青年の権利、学校や大学の民主的運営を担う理事会への青年代表の参加
保障などが規定されている。

（3）　学生・青年運動の歴史

　ブラジル社会において、青年の抱える課題が注目され、青年の諸権利の保障
が活発に議論される背景に活発な学生・青年運動があり、青年が主体となって
自らの諸権利を闘い取ってきた歴史を持つことを指摘することは重要である。
　今日でも、ブラジルの学生・青年運動で大きな影響力を持つ全国学生連合
（UNE）は1937年に設立された全国学生組織で、ブラジル政治史の重要なモ
メントで大きな影響を与えてきた。1964年から1985年まで続いた軍事政権下
では非合法とされ、拷問や獄死を伴う厳しい弾圧を受けながら、民主化運動を
行ってきた。16、17歳が選択的選挙権を有するのは、1988年憲法制定過程で、
全国学生連合が主導して「手を結ぶ16歳！　キャンペーン」（Se Liga 16!）を
実施し、運動を展開した結果である[9]。1948年に設立された全国高校生連合
もまた、全国学生連合と連携しつつ同じような歩みをたどっている。
　また、2013年の青年権利法の制定にも、全国学生連合や全国高校生連合

などの青年組織が深く関わっている。10年間にわたり国会で審議されてきた同法の制定運動を、両組織は粘り強く支えてきた。これらの青年組織が橋渡しをして、2003年から2005年の間に、「環境保護学生ネットワーク」（Rede Juventude pelo Meio-Ambiente: PEJUMA）、「青年運動・青年組織全国対話会議」（Diálogo Nacional de Movimentos e Organizações Juvenis）、「全国青年団体・運動・グループネットワーク」（Rede Nacional de Organizações, Movimentos e Grupos de Juventude: RENAJU）、「私の意見ネットワーク」（Rede Sou de Atitude）、「青年運動・組織全国フォーラム」（Forum Nacional de Movimentos e Organizações Juvenis: Fonajuvens）などの青年の全国組織・ネットワークが誕生している[10]。

（4）　参加と民主主義

　こうした学生・青年運動や青年組織・運動のネットワークと連携しつつ展開されている今日の青年・成人教育は、その実践において参加と民主主義をあらゆる面で重視している。第6回国際成人教育会議に向けて2008年に作成されたナショナルレポートは次のように述べている。

　　　ブラジルの教育制度においては、連邦政府、州、首都ブラジリア、市レベルでの、青年・成人教育の管理運営もまた、必然的に参加と民主的なプロセスを重視する。そこでは、青年・成人教育の主体が、カリキュラムの編成、学習機会へのアクセスと学習の継続のための条件整備、教育の質に関する決定に参加することが求められる。青年・成人教育を提供する公的教育機関と、学習者、教員、地域コミュニティが対話することは、それぞれが「知らなかった」と言って責任逃れをするのではなく、ともに教育経営に責任を持つという関係構築につながる[11]。

　すでに第6回国際成人教育会議への参加手続きで紹介したように、連邦政府からコミュニティまでのあらゆるレベルで、当事者で主体である青年・成人および教育者の決定プロセスへの参加が定着しつつある。

　また、青年・成人教育における参加が、プログラムの編成や手続き上の参加にとどまらず、学習プロセスへの実質的な参加を求めているのも特徴である。すなわち、学習場面において学習者が認識の主体として他者とともに世界を批

判的に読み解き、課題認識を深め、新しい認識を創造していくという学習プロセスに参加していくことが求められる。こうした方法は、パウロ・フレイレが『被抑圧者の教育学』[12]で示した課題提起型教育の学習論、認識論に基づくもので、ブラジルの青年・成人教育の学習論の基盤を形成している。

　さらに、青年・成人教育における参加は、学習プロセスにおける参加にとどまらず、政治的・社会的参加と不可分として位置づけられていることも指摘しなくてはならない。青年・成人教育のプログラムが対象とするのは、多くの場合、文字の読み書きや教育の機会を奪われ、政治的・社会的にも排除されてきた青年・成人である。したがって、学ぶことが政治や社会参加につながり、自らを排除した政治や社会そのものを変えていく主体となることが求められる。

3. 民衆教育としての青年・成人教育

（1）社会変革の実践への参加

　青年・成人教育が参加と民主主義を重視することを述べたが、これに加えて、青年・成人教育が社会変革の実践への参加を重視していることを指摘することも重要である。パウロ・フレイレ研究所の名誉代表でブラジルの民衆教育研究者・実践家として知られるモアシル・ガドッチは、2003年から連邦政府、州、市民社会組織、企業が共同で始めたブラジル青年・成人識字教育運動（Movimento de Alfabetização — Brasil: MOVA-Brasil）のコーディネーターを務めているが、そこでの青年・成人の識字教育のプログラムに関して次のように述べている。

　　　非識字は貧困の表れであり、不公正な社会構造の必然的な結果である。その原因と闘わずして非識字を克服しようというのは無邪気であろう。（中略）青年・成人教育プログラムは、したがって、厳格に定められた方法に則って評価されるのではなく、労働者である生徒の生活の質を現実に変えうるかどうかによって評価されなくてはならない[13]。

このように、青年・成人教育プログラムでは、単なる知識の獲得ではなく、具体的に学習者が社会変革の主体として自己形成できるかが問われ、その過程で社会変革の実践への参加が求められる。

これも、社会変革の行動・実践を教育・学習プロセスと切り離さないパウロ・フレイレの人間解放の教育思想に基づくもので、民衆教育の実践を通じて広がった教育原理である。教育は社会変革の梃子にはなり得ず、世界の人間化と自らの人間化のためには社会変革の実践が不可欠で、教育はその社会変革の実践の中に位置づけられると考える[14]。

（2）　民衆教育としての青年・成人教育

参加と民主主義を重視し、社会変革の実践への参加を求める青年・成人教育は、民衆教育の豊かな実践や民衆運動と連携しつつ発展してきている。そしてまた、民衆教育としての位置づけを強めつつあり、「民衆教育としての青年・成人教育」と捉える見方が定着しつつある[15]。

「民衆教育」は、労働組合、学生、カトリック教会などの民衆運動を基盤に、伝統的で保守的な旧来の成人教育とは異なる、民衆層の教育のあり方を模索する中から生まれたラテンアメリカに固有の教育概念である。歴史的にはラテンアメリカ各国にその前史があるものの、1960年代後半にラテンアメリカ地域全体で共通の認識が形成され、今日まで同地域における教育改革理念として発展してきている。

「民衆教育」は民衆運動の学習的側面を担い、民衆が自己を歴史・文化の主体として、また、社会変革の主体として自己形成する過程に貢献することを目指す。したがって、教育に中立はあり得ず政治的であるとする明確な立場に立ち、学習者の組織化と参加を重視し、政治的ヘゲモニーの獲得を目指す。学習の過程においては、民衆がもつ認識や文化を尊重し、民衆の現実から出発する。また、支配権力によって二分化されている政治と教育、理論と実践、学ぶことと教えること、民衆知と科学などの再統合を重視する[15]。こうした民衆教育の原理や方法は、青年・成人教育プログラムの原理として位置づけられてきている[16]。

（3） ラテンアメリカ・カリブ地域に広がる青年・成人教育

　最後に、ブラジルにおける青年・成人教育が、新しい概念としてラテンアメリカ・カリブ地域に広がり、同地域における成人教育の議論の枠組みにも影響を与えつつあることに触れたい。

　ラテンアメリカ・カリブ地域では、各国の成人教育の成り立ちや政策展開によって、成人教育概念は多様である。カリブ地域の英国連邦に属する国々では、18 歳以上を対象とした「成人継続教育」を使用し、ボリビアやエクアドルでは「オルタナティブ教育」、パナマでは「ノンフォーマル教育」、パラグアイでは「生涯教育」、チリでは「成人教育」を使用する。そのなかで、従来の「成人教育」に代わって共通の議論の枠組みとして「青年・成人教育」を使用しつつある。すでに、ユネスコ関連の文書では、欧米の「成人学習・教育 adult learning and education」は、「青年・成人教育 educación de personas jovens y adultas（スペイン語）、educação de jovens e adultos（ポルトガル語）」と訳されている。そして、2008 年 9 月 10 ～ 13 日にメキシコで開催された第 6 回国際成人教育会議に向けたラテンアメリカ・カリブ地域準備会議でのレポート（改訂版）も、「識字教育から生涯学習へ ─ ラテンアメリカ・カリブ地域における青年・成人教育の動向、テーマ、課題 ─」というタイトルとなっている [17]。

　青年・成人教育の使用は、単なる名称変更ではなく、そこに成人教育をめぐる現状認識の変化、方法論の進化が伴っていることは言うまでもない。最も大きな現状認識の変化は、青年問題に対するものである。青年の就労や雇用問題、アイデンティティの喪失などは、ラテンアメリカに共通する問題となっている。また、参加や民主的手続きを重視する方法論も共有されてきている。

　こうした成人教育の現状認識や方法論の進化、「青年・成人教育」概念の広まりは、民衆教育実践・運動の発展と不可分である。ラテンアメリカ地域の成人教育の発展に大きな役割を果たしてきた NGO の「ラテンアメリカ成人教育協議会（Consejo de Educación de Adultos de América Latina: CEAAL）」が、2012 年 5 月にその名称を「ラテンアメリカ・カリブ民衆教育協議会（Consejo de Educación Popular de América Latina y el Caribe）」に変更した。

「成人教育」から「民衆教育」へ変更するにあたっての議論を整理するなかで、「青年・成人教育」および「民衆教育」概念の定義がより明確になると思われるが、この点については他稿に譲りたい。

注

1) 第1節は、2009年6月6日に横浜国立大学で開催された日本社会教育学会6月集会で筆者の報告「ラテンアメリカと CONFINTEA VI ―ブラジルを中心に―」を基に追加・修正を行ったものである。野元弘幸「報告Ⅳ ラテンアメリカと CONFINTEA VI ―ブラジルを中心に―」日本社会教育学会『日本社会教育学会紀要』No.46、2010年を参照。

2) 2011年に「継続教育・識字・多様性・インクルージョン局（Secretaria de Educação Continuada, Alfabetiação, Diversidade e Inclusão)」に名称変更した。

3) Ministério da Educação: Secretaia de Educação Continuada, Alfabetização e Diversidade, *Regimento dos Encontores Preparatórios à VI CONFINTEA*.

4) Secretaria de Educação Continuada, Alfabetização e Diversidade, Ministério da Educação, *Documento Base Nacional Preparatório à VI CONFINTEA*, Brasília, Setembro de 2008.

5) 佐藤一子「21世紀への鍵としての成人学習 ― 第5回国際成人教育会議報告 ―」東京大学大学院教育学研究科『生涯学習・社会教育学研究』第22号、1997年、pp.69-70、参照。

6) UNESCO e Ministério da Educação, E*ducação de Jovens e Adultos: uma memória contemporânea 1996-2004*. Brasília, 2007, 11.

7) Maria Carla Corrochano, Maria Inês Caetano Ferreira, Maria Virgínia de Freitaas e Raquel Souza, *Jovens e Trabalho no Brasil: Desigualidades e desafios para as política públicas*, instituto ibi e ação educative, 2008.

8) Camara dos Deputados, *Estatuto de Juventude 2ed*. 2015.
http://bd.camara.gov.br/bd/bitstream/handle/bdcamara/14918/estatuto_juventude_2ed.pdf?sequence=13（閲覧日 2016年1月5日）

9) Secretaria-Geral da Presidência da República/Secretaria Nacional de Juventude/Conselho Nacional de Juventude, *Reflexões sobre a Política Nacional de Juventude 2003-2010*, Março, 2011.

10) UNE, "Une comemora aprovação do Estatuto da Joventude na Camara" 参照。
（http://www.une.org.br/2013/07/une-comemora-aprovação-do-estatuto-da-juventude-na-camara）（閲覧日 2016年1月5日）
UBES: "Estatuto da juventude e sancionado no Brasil ," 参照。
（http://ubes.org.br/2013/estatuto-da-juventude-e-sancionado-no-brasil）（閲覧日 2016年

130 第 2 部　北米・南米

1 月 5 日）

11)　Secretaria-Geral da Presidência da República/Secretaria Nacional de Juventude/ Conselho Nacional de Juventude, 前掲書。

12)　パウロ・フレイレ（訳：三砂ちづる）『新訳　被抑圧者の教育学』亜紀書房、2011 年。

13)　モアシル・ガドッチ「ラテンアメリカにおける民衆教育の歴史と思想」江原裕美編『内発的発展と教育』新評論、2003 年、p.368。

14)　Ira Shor & Paulo Freire, *A Pedagogy for Liberation*, Massachusetts, Bergin & Garvey Publishers Inc., 1987 参照。

15)　モアシル・ガドッチ、前掲書、p.368。

16)　野元弘幸「ラテン・アメリカおよびカリブ地域における識字教育の動向 ― ブラジルを中心に ―」日本社会教育学会編『国際識字 10 年と日本の識字問題』東洋館出版社、1992 年、pp.110-111。

17)　Rosa María Torres del Castillo, *De la alfabetización al aprrendizaje a lo largo de toda vida: Tendnêcias, temas y desafíos de la educación de personas jóvens y adultos en América Latina en el Carie*, 2008 年 9 月 10 ～ 13 日にメキシコで開催された第 6 回国際成人教育会議に向けたラテンアメリカ・カリブ地域準備会議でのレポート、p.14。（http://www.unesco.org/fileadmin/MULTIMEDIA/INSTITUTES/UIL/confintea/ pdf/GRALE/confinteavi_grale_lac_synthesis_es.pdf#search='UNESCO+IUAL+Mexico +Torres%2C+Rosa+Maria）（閲覧日 2015 年 1 月 2 日）

第 7 章

ブラジルの識字教育
― 連邦直轄区の取り組みを中心に ―

は じ め に

　ブラジルは、人口約 2 億人を擁する連邦共和国である。国土は日本の 22.5
倍で、26 州と 1 連邦直轄区が、北部、北東部、中西部、南東部、南部の 5 つ
の地域に分けられている。

　ブラジルでは、教育の普及と非識字撲滅が長年の課題であったが、2000 年
代以降のブラジル経済の発展に伴い、多少の改善が見られるようになった。そ
れは、人間開発指数の変化に明快に表れている。ブラジルでは国勢調査の結
果を基に算出した自治体ごとの人間開発指数（Índice de Desenvolvimento
Humano Municipal）が公表されている。人間開発指数は、寿命と所得と教育
の 3 つの指数で構成されており、教育指数は、学齢期に年齢相当の教育を受け
ているかという視点から、5 〜 6 歳児就学率、11 〜 13 歳の中学校相当教育段
階の就学率、15 〜 17 歳の中学校相当教育段階卒業率、18 〜 20 歳の高校卒業
率の 4 つに基づいて算出される。指数は 1 に近いほど良く、0.499 以下が「非
常に低い」、0.500 〜 0.599 が「低い」、0.600 〜 0.699 が「普通」、0.700 〜 0.799
が「高い」、0.800 以上が「非常に高い」と評価される。

　図 7-1 は、最近 3 回の国勢調査（1991 年、2000 年、2010 年）を基に算出
された人間開発指数の変化を表し、非常に低かった教育が普通レベルまで改善
されてきていることが分かる。さらに詳しく教育指数に関係するデータを見て
みると、2000 年には 71.4% だった 5 〜 6 歳児の就学率は、2010 年には 91.1%

132　第 2 部　北米・南米

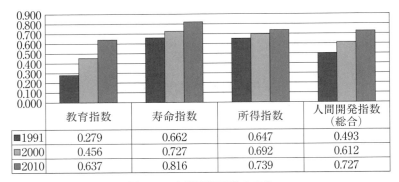

図 7-1　人間開発指数の変化
出所：PNUD, Ipea, FJP.

まで上がり、15〜17 歳人口の中学校卒業率（初等教育修了率）は 1991 年に 20.0%、2000 年に 39.7%、2010 年には 57.2% まで上昇した。このように、ブラジルの就学状況は近年改善されつつある[1]。

しかし、すべての教育課題が解決したわけではない。就学者数が増えてきた今、学校教育の質が問われるようになってきている。さらに、すでに学齢期を過ぎた青年や成人の非識字の問題は、今もなおブラジルの大きな教育課題の一つである。そこで、本章では、ブラジルの非識字の実態を概観した上で、首都ブラジリアの位置する連邦直轄区で実施されている成人の識字教育実践の現状と課題を見ていくこととする。

1. ブラジルの識字教育をめぐる状況

（1）非識字率と機能的識字率

1950 年の国勢調査では 15 歳以上人口の非識字率は 50% を超えていたが、2010 年の国勢調査では、9.6% まで低下した。図 7-2 は、2010 年のブラジル各州の非識字率を示したものである。地域ごとの非識字率には偏りがあり、北東部や北部では非識字率が高い。さらに、全国的に見ても 50 歳代以上の非識字

第 7 章　ブラジルの識字教育 ― 連邦直轄区の取り組みを中心に ―　*133*

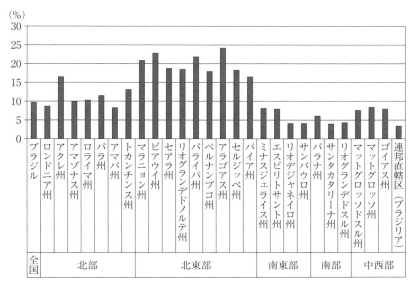

図 7-2　各州の 15 歳以上人口の非識字率（2010 年）
出所：IBGE. *Censo Demográfico 2010*.

率は依然として高く、特にブラジル北東部の州では、50 歳以上の非識字率は軒並み 40％以上を記録している。

　また、非識字の問題は、ただアルファベットや数字を覚えれば終わりというものではない。文を声に出して読み上げることができても、書かれている内容を理解できていなければ、生きていく上で必要な読み書き能力が身についているとは言えない。このように、単純な文字の読み書きはできても、日々の生活や労働の場で必要とされる内容を理解して読みとったり、また表現したりすることのできない読み書きの状態を、機能的非識字という。

　ブラジルの、パウロ・モンテネグロ研究所（IPM）と NGO 団体のアサォン・エデュカチーバが発表した機能的識字指数（Inaf）の調査報告によると、2011 年のブラジルの 15 ～ 64 歳人口の識字率の状況は、①簡単な文の読み書きができない非識字者は 6％、②身近な短い文や簡単な数字の読み書きしかできない初歩レベルは 21％、③読み書き計算の基礎は習得している基礎レベル（Básico）は 47％、④長文読解力があり、内容の説明や比較もでき、数学の文

134　第2部　北米・南米

章題を解くこともできる十分な識字レベルは、26%であった。この Inaf 調査
では、①の非識字と、簡単な広告を読んだり、少額のお金を数えたり、長さを
巻き尺で測るといった簡単な読み書きしかできない②の初歩レベルは機能的
非識字に分類され、③の基礎レベルと④の十分なレベルは、機能的識字とされ
る。

　識字のレベルごとに学歴別で示したのが、表7-1 である。①と②のレベル
が相当する機能的非識字率は、就学経験のまったくない者で95%、小学校卒
業レベルの者で53%にまで達している。一方で、当然十分な識字レベルを身
につけていることが期待される大卒者であっても、38%がそれ以下の初歩・基
礎レベルである。これは、学校で学んでいても実際の識字能力の形成につな
がっていない者が少なからず存在することを意味し、学校教育の質の向上が課
題であることを示している。

表 7-1　識字レベル別学歴別識字率（15 ～ 64 歳、2011 年）

識字レベル	学　歴				
	なし	初等教育Ⅰ （小学校 相当）	初等教育Ⅱ （中学校 相当）	中等教育 （高校）	高等教育 （大学等）
①非識字	54%	8%	1%	0%	0%
②初歩レベル	41%	45%	25%	8%	4%
③基礎レベル	6%	43%	59%	57%	34%
④十分レベル	0%	5%	15%	35%	62%

出所：IPM, Ação Educativa. *Inaf Brasil 2011.*

（2）　ブラジルの学校教育制度

　ここで、ブラジルの学校教育制度を確認しておこう。

　ブラジルの教育制度は、大きく分けると基礎教育（Educação Básica）と高
等教育（Educação Superior）の2つで、基礎教育は、幼児教育（Educação
Infantil）、小学校・中学校に相当する初等教育（Educação Fundamental）、
高等学校に当たる中等教育（Educação Média）を包含した総称である。初等

教育は、小学校5年、中学校4年の9年間である。公立の学校は、基礎教育も高等教育も学費は無料である。初等教育の学校でも、全日制は少なく、午前・午後の半日制が多い。

　歴史的に就学率が低く非識字者を多く抱えてきたブラジルでは、1920年代から成人の非識字問題に対する連邦や州の行政責任が議論され、1946年の法律第8529号初等教育基本法（Lei Orgânica do Ensino Primário）の中で、青少年や成人を対象とする「補習教育」（Ensino Supletivo）の初等教育課程が規定されて以来、公教育として教育機会を保障してきた。1988年に発布された現行憲法の中でも、第208条で「適齢時に教育機会を得られなかった者に対する教育を含む、基礎的、義務的かつ無償の教育」の保障と、「就学者の条件に適合した夜間、普通教育の提供」の保障が規定されている。そして、1996年の法律第9394号教育方針基礎法（LDB–Lei de Diretrizes e Bases da Educação Nacional）で、「補習教育」に替わり「青年・成人教育」（EJA–Educação de Jovens e Adultos）という表現が使用されるようになり、現在まで続いている。

　青年・成人教育は、「就学者の条件に適合した」教育機会を提供しなければならないので、平日に5日間毎日通学する通常学習形式のほか、半通学制（週2回ほど通学し、指導を受ける形式）もある。また、建物も、昼夜の2部制で青年・成人教育を行っている学校もあれば、日中は学齢期の子どもが通う学校として機能し、夜間だけ青年・成人教育の学校として使われているところもある。教育省の発表によると、15歳以上で初等教育を修了していない者、学校に行ったことのない者は全国で4,230万人に上り、2013年時点で青年・成人教育（初等教育課程・中等教育課程）に在籍している生徒数は370万人を超えている。

（3）　識字教育キャンペーンと民衆教育

　しかし学校教育の受け皿を作っても、実際に就学しなければ非識字の問題は解決できない。すでに述べたようにブラジルでは、古くから補習教育として学校の門戸を広く開放していたにもかかわらず、学齢期を過ぎた青年や成人の就

136 第2部 北米・南米

学率は上がらなかった。そこで、ブラジルの歴代政府は、1947年の「識字教育キャンペーン」を皮切りに、これまで政府主導型識字教育普及キャンペーンを非識字率の高い農村地域などを中心に展開し、各地に識字教室の開設を推進してきた。

　1988年に公布された現行の憲法においても、第214条Ⅰで非識字の撲滅を達成するために、多年度の国家教育計画を定めるものと規定している。例えば、近年のブラジルの経済発展の基盤を築いたカルドーゾ大統領（任期1995年1月1日〜2003年1月1日）は、「連帯する識字プログラム」（Programa Alfabetização Solidária）を実施した。また、次のルーラ大統領（任期2003年1月1日〜2011年1月1日）は、「識字ブラジルプログラム」[2]（Programa Brasil Alfabetizado）を連邦の識字計画として2003年から開始し、それは同じ労働者党出身のルセフ大統領（任期2011年1月1日〜現在[3]）の代になっても引き継がれている。これらの連邦政府の識字教育施策は、州やムニシピオ（市に相当する基礎自治体）が識字教育を実施するための財政を補助する点で特に大きな役割を果たしている。

　そして識字教育の普及を牽引してきたのが、民衆教育である。軍政期（1964〜1985年）には、カトリックの草の根教会の支援を受けた信者グループが識字教室を立ち上げるなど、民衆教育運動はブラジル社会の中に広がっていった。その民衆教育に多大な影響を与えたのが、パウロ・フレイレ（Paulo Freire, 1921〜1997年）である。フレイレは、教師が一方的に知識を生徒に注入するだけの学校教育のあり方を「銀行型教育」と批判し、学習者と教師が対等な立場で自らの直面する課題を対話を通して考え学ぶ「課題提起型教育」を提唱した。権威主義的な学校の「銀行型教育」に対し、民衆教育は、地域住民を中心に学校から排除されてきた人びとに寄り添う形で識字教育を展開してきた。長い間、公教育である青年・成人教育と民衆教育は直接的・公的な接点をあまり持っていなかったが、近年その動きに変化が見られるようになってきた。その一例が、次に見るブラジリア連邦直轄区で展開された青年・成人教育と識字実践の連携である。

2. ブラジリア連邦直轄区の識字教育

（1） ブラジリア連邦直轄区の識字状況

　ブラジルの首都ブラジリアは、州ではなく連邦直轄区（Distrito Federal、略称DF）に属する。ブラジリアは、1960年に新首都として建設された人工都市で、人口は約256万人（2010年国勢調査）を数え、今もなお増え続けている。ブラジルの10大都市圏の一つであり経済的に発展したブラジリア連邦直轄区は、政府行政機関の集中するプラノピロット（Plano Piloto）と、それを囲むように位置する、かつては「衛星都市」と呼ばれた30の行政区（região administrativa）で構成されている。

　先の図7-2で示されているとおり、連邦直轄区は、ブラジル全州の中で非識字率が最も低い。連邦直轄区の識字状況は、ブラジル国立地理統計院（IBGE）による調査だけでなく、連邦直轄区の中央高原開発公社（CODEPLAN）が行った調査も公表されており、その結果は表7-2の通りである。多少の数値の違いはあるものの、どれも識字率96%以上を達成している。連邦直轄区は2014年5月に州レベルの自治体で初めて教育省から「非識字解決地域（Território Livre do Analfabetismo）」[4] の称号を獲得しており、数値上では、すでにほとんど識字問題は解決されたかのように見える。

　しかし、連邦直轄区教育局青年成人教育課の話によると、問題はそう簡単ではないという。実際の識字率は、調査で表れるよりももっと低いと思われるというのである。行われた識字調査は当事者の自己申告に基づくため、当事者が

表 7-2　ブラジリア連邦直轄区の識字状況

年	調査機関	15歳以上の 非識字者人口	15歳以上の 非識字率	15歳以上の 識字率
2004	CODEPLAN	54,247 人	2.60%	97.40%
2010	IBGE	68,114 人	3.50%	96.50%
2011	CODEPLAN	51,967 人	2.03%	97.97%

出所：SEDF. *Subsídios-DF Alfabetizado*. 2014.

138　第2部　北米・南米

「私は読み書きができる」と答えれば、識字者としてカウントされる。読み書きが不十分であることを自覚していない人や、読み書きできないと回答することが恥ずかしくて「できる」と嘘をついてしまう人などがいることから、実際には読み書きができない人は調査で表れる数字以上にいると思われる。

　そのため、連邦直轄区では、96%以上の識字率を記録していても識字教育を含め青年・成人の教育は今もなお大きな課題の一つと認識されている。

（2）　連邦直轄区の青年・成人教育

　青年・成人教育は、大きな枠組みは全国共通であるが、州によって学年の呼び方や実施方法に差があるが、ここでは連邦直轄区の青年・成人教育を例に説明する[5]。

　青年・成人教育（Educação de Jovens e Adultos）は、通常の子どもたちの通う普通教育の学校とは学年制が異なる。連邦直轄区では、第1セグメント（segmento）から第3セグメントまで、大きく3つの段階があり、各セグメントは、さらに細かく期（etapa、各期の履修期間は半年）に分けられている（表7-3参照）。第1セグメントは初等教育のほぼ小学校レベル、第2セグメントは初等教育のほぼ中学校レベルに相当し、第3セグメントは中等教育（高校レベル）に当たる。初等教育レベルの第1・第2セグメントの学校には、15歳以上が、第3セグメントの学校には18歳以上が入学でき、無償で教育を受けることができる。

　学齢期の子どもが通う正規の初等教育が9年、中等教育が3年の履修期間を有するのに対し、青年・成人教育は、約半分の期間（初等教育は4年、中等

表7-3　連邦直轄区の青年・成人教育の教育段階

初等教育レベル		中等教育レベル
第1セグメント	第2セグメント	第3セグメント
第1期〜第4期	第5期〜第8期	第1期〜第3期
1,600時間／2年	1,600時間／2年	1,200時間／1年半

出所：SEDF. *Currículo em Movimento da Educação Básica: Educação de Jovens e Adultos.* 2014.

第7章　ブラジルの識字教育 — 連邦直轄区の取り組みを中心に —　*139*

教育は1年半）でそれぞれの課程を修了することができる。

　教師は有資格者で教員採用試験に合格した正規教員であり、課程を修了すれば、正規の課程修了証明書を得ることができる。一日当たり4時間（5コマ）が決められた授業時間であり、午前・午後・夜間の3つの時間帯で開講されているが、夜間開講クラスが最も多い。

　学習内容を見てみると、第1セグメントでは、ポルトガル語、体育、美術、数学、理科、歴史、地理、宗教教育[6]を、合計1,600時間（4期2年）学ぶ。第2セグメントでは、さらに英語が追加され、合計1,600時間（4期2年）で学ぶ。また、第3セグメントでは、ポルトガル語、体育、美術、数学、物理、化学、生物、歴史、地理、哲学、社会学、英語、スペイン語、宗教教育を、1200時間（3期1年半）で学ぶ[7]。

　表7-4は、2014年度前期の連邦直轄区立（公立）の学校種類別在籍者数および開講クラス数を示したものである[8]。約5万人の在籍者を抱える連邦直轄区の青年・成人教育は、学校教育において決してマイノリティではなく、主要

表7-4　連邦直轄区の公立学校種類別在籍者数と開講クラス数（2014年度前期）

	合計	幼児教育	初等教育	中等教育	青年・成人教育	職業教育	特別支援教育
在籍者数（人）	470,324	35,209	291,601	81,300	51,179	5,039	5,996
開講クラス数	16,205	1,587	11,099	2,278	1,241	－	－

出所：INEP. *Censo Escolar. 2014.*

表7-5　連邦直轄区における青年・成人教育の学年別在籍者数
（2014年度前期）

（人）

	第1セグメント				第2セグメント				第3セグメント		
期	1	2	3	4	5	6	7	8	1	2	3
人数	1,506	1,355	1,500	1,639	5,030	5,259	6,369	5,943	8,946	7,408	6,224
合計	6,000				22,601				22,578		

出所：INEP. *Censo Escolar. 2014.*

な教育形式の一つであることが分かる。さらに、この青年・成人教育の在籍者の内訳を示したものが、表7-5である。第1セグメントは、第2、第3セグメントよりも在籍者は少ないが、各期とも1,500人前後のニーズがあることが分かる。

（3） 識字連邦直轄区プログラム（PDFA）

1） 民衆教育とPDFAの歩み

　青年・成人教育では拾い上げることのできない人びと（学校に通わず、初歩の読み書き教育を必要とする人びと）に対して、ブラジルでも長年地域の民衆教育運動が識字教室を開いていた。これらの識字教室に、連邦政府レベルの識字教育計画から教材が届けられたりすることはあったが、民衆教育の識字教室と青年・成人教育の学校とは直接につながっておらず、学校の施設を民衆教育が使うことはなかった。連邦直轄区の中でもパラノア地区やセイランジャ地区などそれぞれの行政区で、民衆教育はカトリック教会やブラジリア大学など外部組織と連携・協力しながら、ほぼ無償のボランティアによって自由に教室を運営してきたのだった。

　民衆教育と青年・成人教育の関係が大きく変わったのは、連邦直轄区の識字計画として2011年から計画立案を始めた「識字連邦直轄区プログラム」（Programa DF Alfabetizado　以下、PDFAと略す）に基づき、2012年からPDFAの識字教室が開設されるようになってからである。PDFAは、アギネロ・ケイロス連邦直轄区知事（任期2011年1月1日～2015年1月1日）が知事就任後に開始した連邦直轄区の識字事業である。これは、初歩の読み書きのできない人びとを対象に、教育局（行政）が民間活力を利用して識字教室を地域に開設する事業である。青年・成人教育を管轄する連邦直轄区青年成人教育課がPDFAも所管するため混同されやすいが、PDFAは学校教育ではなく、学校外教育活動の一つである。PDFAが始まると、それまで地域で自分たちの識字教室を開設していた民衆教育運動の関係者のほとんどが、PDFAにスタッフとして参加したため、民衆教育運動独自の識字教室は開かれないようになり、学習者も支援者もPDFA教室に移っていった。

第7章　ブラジルの識字教育 ― 連邦直轄区の取り組みを中心に ―　*141*

PDFAは、連邦政府の「識字ブラジルプログラム」からの補助金に、連邦直轄区独自の資金を加えて運営された。2015年2月までPDFAの識字教室は開かれたが、その後連邦政府の「識字ブラジルプログラム」の2015年以降の計画策定が遅れているため、PDFAも2015年の学習者募集を行わず活動休止状態となっている（2015年11月現在）。しかし、わずか4年間であっても民衆教育と学校教育である青年・成人教育の関係性は変わり、休止状態になってからもその影響は残っている。以下ではその仕組みと特徴を概観した上で、PDFAが残した影響と課題について考えていく。

2）PDFAの仕組み

① 　PDFAの教室

PDFAの教室には、文字の読み書きのできない者であれば、誰でも無料で参加できる。月曜から木曜日までは、夜7時から9時半まで授業が行われており、ポルトガル語のほか、数学や地理なども学ぶ。金曜日は、地区によって異なるが、パラノア地区の場合、全クラスの参加者や授業担当者らが一堂に会し、各クラスの学習の成果を発表したり、講演を聞いたり、授業計画を立てたりする時間に充てられる。

学習期間は8カ月間（最長16カ月間）であり、最後に修了証を取得できる。このPDFAの識字教室を修了すれば、引き続き公教育である青年・成人教育の第1セグメント（期は学習者のレベルによる）に編入して学習が継続できるように、PDFA学習者のために特別に青年・成人教育の入学枠が保障されている[9]。

PDFAの学習者数は、表7-6の通りである。1クラス当たりの学習者数はおおよそ14人から20人（最大25人まで）である。学習者は、17歳から80歳まで年齢層は幅広いが、中でも20代から40代が多い。PDFAの教室は、公立学校の教室を利用しているところが多いが、それ以外にも教会や集会所などでも開かれてお

表7-6　PDFAの学習者数

（人）

公示	期	実施年	学習者数
第1回	1期	2012年	3,308
第2回	1期	2013年	4,480
	2期	2013年	3,207
第3回	1期	2014年	4,593

出所：連邦直轄区教育局資料を基に筆者作成

り、青年・成人教育の学校よりも多くの場所で開講されている。特に（青年・成人教育課程のない）小学校や、近くの教会などに教室が開設されたことで、通いやすくなったという学習者は多い。

② PDFA の運営

図7-3はPDFAの運営組織を示したものである。連邦直轄区教育局青年成人教育課は、予算配分、人材公募の告知や養成、連邦直轄区内にある14の教育事務所でのPDFAの実施状況の管理などを担っている。そして、各教育事務所には、PDFA担当のコーディネーター教員（日本の市町村教育委員会の指導主事に相当する）が1名ずつ配属されている。コーディネーター教員は、教育事務所の管轄内で行われているPDFA教室の実施状況を管理し、指導を行う。各PDFA教室には、公募で選ばれて研修[10]を受けたPDFA教室コーディネーターが配属されている。教室コーディネーターは5～8人の実際にクラスで教える授業担当者の管理・指導を行う。授業担当者も公募で選抜され研修を受けている。2014年1期の場合、教育事務所のコーディネーター教員は14人、PDFA教室コーディネーターは54人、授業担当者は278人であった。

教室コーディネーターも授業担当者も教員資格は不要である。教室コーディネーターや授業担当者の採用については、教員経験や指導経験、学歴などをポイント化し決定する。教室コーディネーターや授業担当者には、1カ月の最低

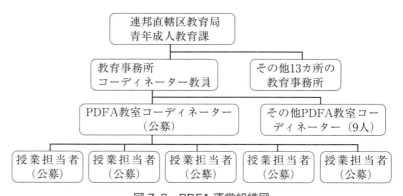

図7-3　PDFA 運営組織図
出所：連邦直轄区教育局関係者からの聞きとりを基に筆者作成

第 7 章　ブラジルの識字教育 — 連邦直轄区の取り組みを中心に —　143

労働賃金を上回る 800 レアルが支払われる[11]。

3）PDFA の特徴

① 民衆教育で培ったノウハウの継承とプログラムの多様性

PDFA の基本方針は、「民衆教育の経験で培われた政治的・教育的原理の尊重」と、「教育者パウロ・フレイレによる解放の教育学の尊重」であると、PDFA スタッフ公募書類に明記されている。このことからも明白なように、PDFA 全体に民衆教育の理念が貫かれている。それは具体的には、公募された教室コーディネーターや授業担当者はもちろんのこと、教育事務所のコーディネーター教員の中にも、長年、地域の民衆教育の活動に参加し、識字教育に携わってきた経験豊富な人材が登用されている点に表れている[12]。

連邦直轄区内には、1990 年代前半から識字教室などを開設してきた民衆教育運動がいくつも存在しており、PDFA の各地区の教室運営にもそれらの民衆教育運動の関係者たちが多く参加し、運動が蓄積してきた民衆教育の方法論を尊重して、実際の授業を行ったり、指導者養成を行っていた。そのため、教育事務所ごとに、PDFA の指導者研修や教育方法・内容は異なっていた。

行政主導の識字教育ではあるけれども、各地域の民衆教育の伝統を尊重したため、PDFA のプログラムは画一的ではない多様性を有している。財政を握る行政がその多様性を統制するのではなく、現場の担当者らの合議によって指導方法・内容を選択する自由と多様性を認めている点が、PDFA の特徴の一つである。そして、そのシステムを支える背景には、長年にわたり民衆教育実践を地域で行ってきた市民団体が地域に複数存在してきたことがあった。

② 青年・成人教育の入学保障

PDFA 修了後の青年・成人教育への編入枠確保という入学保障は、学習の継続性向上の点から大きく評価できるものである。青年・成人教育の学校には定員があり、定員以上の入学希望者が集まった場合には、次期の入学シーズンまで待たされるという事態が地域によっては生じる。そのため、せっかく学校に通おうと思っていた人も、やる気を失い結局就学を諦めてしまう例も珍しくない。

PDFA の学習者は、PDFA で学習している時から、「修了後は青年・成人

教育へ進学し、勉強を続けよう」という目標を常に意識できるため、PDFA学習者の70〜75%が8カ月間のPDFAでの学習を終えた後、青年・成人教育の小学校レベルの学年に編入したとみられる。

4）PDFAが青年・成人教育に与えた影響

① 潜在的な学習希望者の掘り起こし

PDFAが青年・成人教育に与えた影響のうち、直接的な影響としては青年・成人教育への入学者の増加が挙げられる。PDFAに関しては、「社会から孤立した状態の学習者の受け入れが進んだ」と評する声が多い。地域の人的ネットワークを使って個別訪問するなど丁寧な声かけが行われ、潜在的な識字学習希望者を地域の中から見つけ出し、PDFAへの参加を促したからである。これは、実際のPDFAの学習者であるアントニオ氏という高齢男性が、PDFAのテレビCMで語っている中にも表れている。その一部が以下の語りである。

> アントニオ氏：僕はずっと悲しかったよ、読み書きができなかったからね。6歳のときに母が亡くなったから、学ぶチャンスが一度もなかったんだ。ある日、連邦直轄区の職員が一人、「勉強したくないですか」って僕の家を訪ねてきたんだよ。僕は言ったさ、「したいです。その教室に入ります」ってね。僕は、学校に行って、なにかを学びたいんだ。

ここにでてくる連邦直轄区の職員こそ、まさにPDFAのスタッフであった。

青年・成人教育の課題の一つは、学校に来てもらうには、通ってもらうにはどうしたらよいか、である。多くの非識字者は、学習したくないわけではない。しかし、これまでの人生において学校に通った経験のない者にとっては、学校は「自分には縁のないもの」であり、遠い存在になってしまっている。また、通った経験がわずかながらある場合でも、「授業がまったく理解できなかった」「内容が理解できないことを先生に怒られた」という実体験から、「学校は厳しいところ」「勉強は難しいもの」といった印象を強く抱えてしまい、やる気がないわけではないけれども、なんとなく学校で勉強しようという気力がわかない者が多いのだという。これは、フレイレが「銀行型教育」として批判し

た、教師が生徒に一方的に知識を流し込むだけの、権威主義的な学校教育の影響であろう。この学習者の学校に対する恐れがある限り、通学には至らないのである。

　この点に対して効果的なのが、地域に密着して長年活動している民衆教育運動の人脈や方法論なのであった。先にも書いたように、PDFAのスタッフには民衆教育運動の経験者が多く参加している。彼らが、これまでの活動と同じように、地域の家々を回ったり、さまざまな知り合いに声をかけて、地域で眠っていた参加者を掘り起こしていった。まさに先のアントニオ氏も、掘り起こされた一人なのである。

　このように、青年・成人教育の学校はあくまでも入学希望者が入学手続きをしに「来るのを待つ」姿勢であるのに対し、民衆教育の流れを汲むPDFAでは学習希望者を街に「探しに行く」姿勢で積極的に取り組んだ結果、PDFA学習者の増加、そしてその後の青年・成人教育入学者の増加につながったと考えられている。

②　学校教員の意識変化

　PDFAの残した影響のうち、間接的で部分的ではあるものの確かに存在する影響の一つが、青年・成人教育を担当する学校教員の意識変化である。青年・成人教育の学校教員のほとんどは民衆教育に参加したことがなく、その理念や方法についても十分に理解しているとは言い難い。そのため、無意識のうちに権威主義的で与えられた仕事（授業）以外には取り組もうとしない官僚的気質の強い教員も少なくない。しかし、PDFAと同じ校舎を利用することになった青年・成人教育の教員の中には、日々PDFAのスタッフと接したり、教室や学習者の様子をうかがい知る中で、民衆教育の大事にしている「学習者との寄り添い」の重要性を感じるようになったり、教員・スタッフ同士の話し合い（合議）の必要性を認識するようになったと答える者が何人もいた。これらの教員の意識の変化が、一時的なものとなるか、徐々に広がっていくかは分からない。しかし、PDFAが学校施設を利用して行われたからこそ、教員の意識を変えるきっかけが生まれたのであった。

おわりに ― PDFA が残した課題 ―

　PDFA では、民衆運動の教育思想・方針が尊重されているため、民衆教育運動が重視してきた方法論の独自性は維持された。PDFA という連邦直轄区の官民協働の識字教育実践は、行政によって一方的に養成された下請け的なボランティアとの連携ではなく、地域住民の中で長年にわたり築かれてきた民衆教育運動の伝統を礎に行われたからこそ、学習者の掘り起こしや学習の継続性という点でなど大きな成果をあげることができた。

　一方で、PDFA を通して識字指導や運営に関わる者の待遇が変わり、関係者の考え方も変わっていく部分もあった。民衆教育運動で無償ボランティアとして識字教育に関わっていた者も、PDFA のスタッフとなり有償で指導するようになった。しかし PDFA が休止状態となった今、すべての関係者が元の民衆教育運動に戻ったわけではない。いったん職業として有償で識字教育に関わってしまうと、経済的なゆとりや地域貢献・民衆教育への信念がない限り、無償の民衆教育運動に戻ることは難しいようである。民衆教育と教育行政の官民連携を維持できるかどうかは、時の政権の方針に大きく左右される。だからこそ、どんな状態になっても地域での活動を継続していくためには、教育の理念を共有できる実践者・指導者養成が重要な課題となる。PDFA の休止によって、識字教育から離れたスタッフもいるけれども、また識字教育に携わる「仲間づくり」を増やしていこうと努力を続ける者もいる。まさに今、民衆教育の活動の中で鍛え上げた理念と実践の力が試されているといえるだろう。

　国土の大きなブラジルでは、地方にはまだ人口密集率が低く、通える範囲に学校がないというところも存在する。非識字を撲滅し、教育を普及するために、官民協働の流れは今後も続いていくだろう。その中で、可能性と限界を見極めるためにも、連邦直轄区の例は示唆に富んでいる。

第 7 章　ブラジルの識字教育 ― 連邦直轄区の取り組みを中心に ―　*147*

注

1)　ただし、人種による違いは高学歴になるほど残っている。人種別の適正年齢での就学率を見てみると、初等教育（小・中学校）段階では「白人グループ」と「黒人・混血グループ」でそれぞれ 92.7%、92.4% とほとんど違いがないけれども、高校段階では、白人が 63.6% に対し、黒人・混血が 49.5%、さらに高等教育段階では、白人の 23.5% に対し、黒人・混血は 10.8% と差が開いている。

2)　Programa Brasil Alfabetizado の訳語については、在日ブラジル大使館のホームページで表記された「識字ブラジルプログラム」を本稿でも使用した。

3)　2016 年 5 月 12 日より大統領職務停止中（2016 年 8 月 1 日現在）。

4)　2007 年大統領令第 6093 号が公布され、ブラジル国立地理統計院（IBGE）の国勢調査に基づき、識字率 96% 以上を達成したムニシピオ（基礎自治体、市に相当）に対し、教育省が「非識字解決都市（Município Livre do Analfabetismo）」の称号が与えられるようになった。連邦直轄区は「ムニシピオ」（Município）ではないので、称号の表記が「地域（Território）」となっている。

5)　本節での記述は、2014 年 8 〜 9 月と 2015 年 9 月に実施した現地調査に基づく。

6)　第 1、第 2 セグメントでは宗教教育が必修科目になっているが、もし生徒が受講を希望しない場合には、宗教教育の授業を、第 1 セグメントではポルトガル語に、第 2 セグメントでは英語に代替することができる。

7)　なお、学齢期に高校に通いながらも一部の教科だけ単位を取れずに卒業できなかった場合には、第 3 セグメントではその単位を落とした教科だけ出席し単位を取得すれば、中等教育の修了証書を取得できる。

8)　連邦直轄区は、他の州と異なり、市に相当するムニシピオがなく、公立学校は連邦直轄区立の学校だけとなる。

9)　もちろん以前と同様に、PDFA を経ずに直接青年・成人教育の第 1 セグメントに入学することは可能であり、非識字の学習者は、PDFA の教室で 8 カ月間学ぶコースと、青年・成人教育の学校に直接入学する道のどちらかを選ぶことができる。教育局関係者の話によると、PDFA の教室を選ぶ人が多いのは、教室会場の多さと PDFA のスタッフから声を掛けられて参加する気になった人が多いからではないかとのことであった。

10)　公募の教室コーディネーターや授業担当者を対象にした指導者養成研修は、各教育事務所と民衆教育団体やブラジリア大学との連携で実施され、フレイレ教育学や社会運動（民衆教育運動）について全員学ぶことになっていた。

11)　これは、連邦政府の「識字ブラジルプログラム」の補助金（400 レアル）に連邦直轄区の負担金（400 レアル）を上乗せした金額であり、「識字ブラジルプログラム」の補助金だけを財源にして識字教育計画を実施している多くの州では 400 レアルしか授業担当者に支払われていない。また、担当する教室の数によっては、さらに金額が追加される。

148 第2部 北米・南米

12) もちろん教育事務所のコーディネーター教員は、正規の教員であるため、地域の民衆教育運動への参加は仕事としてではなく、プライベートで続けてきた人たちである。そのように、民衆教育への理解の深い教員がコーディネーター教員として配置されている。

参考文献

GDF. *Diretrizes Operacionais da Educação de Jovens e Adultos 2014/2017.* Brasília: 2014.

IBGE. *Síntese de Indicadores Sociais: Uma análise das condições de vida da população brasileira 2014.* Rio de Janeiro: 2014.

Lemes, Julieta Borges. *Itinerário Formativo no Proeja Transiarte de Ceilância-DF.* Campinas, SP: Autores Associados, 2013.

PNUD, Ipea, FJP. *Índice de Desenvolvimento Humano Municipal Brasileiro.* Brasília: 2013.

Reis, Renato Hilário dos. *A Constituição do Ser Humano: amor-poder-saber na educação/alfabetização de jovens e adultos.* Campinas, SP: Autores Associados, 2011.

第3部

アジア

第 8 章

中国における教育の普及と生涯学習の展開
―― 学習型都市の建設に向けた改革 ――

は じ め に

　中国は、高い経済成長を背景にして 2001 年の WTO 加盟、2008 年の北京オリンピック開催、2010 年の上海万博開催、2015 年のアジアインフラ投資銀行（AIIB）の創設など、国際社会において存在感を示しながら、その影響力を強めている。また教育においても、例えば OECD が実施する PISA（学習到達度）調査では、2009 年、2012 年のいずれも「読解力」「数学的リテラシー」「科学的リテラシー」のすべてで上海がトップを獲得している[1]。さらに 1978 年から 2012 年までに累計約 265 万人に上る中国人留学生が海外で学び[2]、中国語教室を展開する孔子学院が、2014 年時点で 126 の国と地域に 475 カ所（851 教室）に開設されるなど[3]、グローバル社会の中で国際競争力を高め、国家を牽引するエリート人材の育成も圧倒的な規模で進められている。その一方で、一人っ子政策[4] や戸籍制度が一因となってもたらされる教育課題は、依然として解決されていない。沿岸部と内陸部、都市と農村に広がる経済格差が教育格差にもつながり、農民工子弟の就学問題や留守児童の養育問題などが深刻化している。また徹底した市場原理主義に基づく諸政策が、大学生の就職難とさらなる学歴社会化を助長し、子どもの学業に圧力と負担を強いている。

　中国政府は、個々の教育課題に対して、例えば 2006 年に義務教育法を改正し農民工子弟の義務教育保障を進めるなどの対策を行っているが、いずれも弥

第8章　中国における教育の普及と生涯学習の展開―学習型都市の建設に向けた改革―　*151*

縫的対応と言わざるを得ない。その意味で、教育格差の是正を根本的、包括的に解消するマクロ政策が必要であり、そのためには教育が国民の権利として保障されるべきとする国民共通の認識を育てていくことが求められる。生涯学習（終身学習）[5]とは、「いつでも」「どこでも」「誰でも」を理念とする学習権に支えられる概念であり、その実現を目指すことは教育の平等、教育格差の是正に直接的にアプローチする政策であるとも言える。

　本章では、地域にあるさまざまな教育資源を統合的に再編成し、構造化しようとする「学習型都市（学習型城市）」の建設というモデル事業に着目する。これは、地域の各種教育資源を学習型組織として編成し、それらを相互に連環させることで全国の都市を学習型都市として構造化し、国家レベルにおいて学習型都市を束ねて学習型社会を実現させるという構想である。その実現に向けたモデル構築の試行錯誤が各地で展開されている。以下では、生涯学習に関連する政策動向を概観した上で、「学習型都市」とは何かについて考察を行い、生涯学習を普及し振興するための運動である「生涯学習活動ウィーク（全民終身学習活動周）」の取り組みについて考察を行う。

1.「国家中長期教育の改革と発展計画綱要」に見る教育指針

　中国は、共産党の指導によって政府（国務院）が政策の基本方針を定め、それに基づいて各地方政府が実務レベルで政策を執り行っていく。その最高権力機関が全国人民代表大会（全人代：政府系統）であり、あらゆる政策の基本方針が決定される。全人代には常設の専門委員会が部門ごとに設けられており、それぞれの行政計画が策定される[6]。策定された計画は、中国共産党中央委員会（中共中央：党系統）の批准を経て公布される[7]。現在の教育行政に関して、以上のプロセスを経て公布された最も上位に位置付く重要政策文書が、2010年7月に公布された「国家中長期教育の改革と発展計画綱要（2010-2020）」（以下、「教育計画綱要」とする）である[8]。この「教育計画綱要」は、全22章70項からなり、教育の全領域にわたって10年間の中長期計画の方針が示され

ている。

この中では、まず教育の目的について次のように示されている。「根拠となる党の十七大"優先的に教育を発展させ、人的資源強国を建設すること"という戦略的な布石に関して、教育事業の科学的発展を促進し、全面的に国民の素養と資質を高め、社会主義現代化への過程を加速させる」。また続けて、教育の現状認識に関して、改革すべき諸課題を列挙する。「世界の多極化、経済のグローバル化は深くまで進み、科学技術の進歩は日進月歩で、人材競争は日ごとに激烈さを増している」ために、「未知なる機会と挑戦に直面し、認識を新たにすべきであるが、我が国の教育はいまだ国家経済や社会の発展と人びとの良好な教育を受ける要求に適応できていない。教育観念は相対的に遅れていて、内容や方法も比較的遅れていて、小中学生の学業負担は重く、資質教育の推進にも難がある。学生の社会適応と就業、起業の能力は弱く、革新型・実用型・複合型の人材は不足している。教育体制のメカニズムは整っておらず、学校の運営力は不足している。教育組織とその配置は不合理で、都市と農村、区域の教育発展は不均衡で、貧困地区や民族地区の教育は発展が停滞している。教育経費は不足し、教育の優先的発展という戦略的位置付けはいまだ完全に実現を見ていない」。そして具体的な戦略目標として、高校進学率を90％に、高等教育を大衆化させるため進学率を18歳人口の40％を目指し、新卒労働者の平均教育年限を13.5年に向上させるなど、数値目標を示している。

生涯教育政策について見ると、総合的な戦略目標として次のように掲げられている。「体系の整った生涯教育を構築する。学歴教育と非学歴教育を協調的に発展させ、職業教育と普通教育を相互に橋渡しして職前教育と職後教育を有効に接続させる。継続教育への参加率を大幅に向上させ、従業員の継続教育への参加率を50％にする。現代国民教育体系をさらに完全なものにし、生涯教育体系の基礎を形成し、誰もが学びて教えるところ有り、学びて成すところ有り、学びて用いるところ有りとなるよう促す」。また、第八章では継続教育についての具体的な方針が示されている。まず継続教育について、「学校教育後のあらゆる社会構成員に向けた教育活動であり、とくに成人教育の取り組みであり、生涯学習体系の重要な構成要素である」と規定し、具体的な方法につ

いて次のことが掲げられている。「大いに非学歴継続教育を発展させつつ、漸進的に学歴継続教育を発展させる。高齢者教育を重視し、国民全体の教育活動を唱道する。都市と農村の社区教育を広く展開し、各種の学習型組織建設を加速し、全員学習、生涯学習の学習型社会の基礎を形成する」。つまり、学歴教育だけでなく非学歴教育や高齢者教育、社区教育なども含めた学校卒業後の継続性に主眼を置いた概念であることが分かる。そして「政府は部門横断的な継続教育の調整機構を成立させ、継続教育の発展を統一的に指導する」とあるように、教育部門と労働、文化、福祉、医療などさまざまな行政部門を横断的につないでいく組織を作る方針が掲げられている。教育部門においても、次に示すように、学校を含んださまざまな教育機会をも架橋させ、学習内容や成果の相互認証を通じて統合する「立体交差橋（立交橋）」モデルが構想されている。「生涯学習の"立体交差橋"を打ち立てる。各レベル各種の教育の縦の接続と横への横断を促進し、多くの選択の機会を提供し、個人の多様化する学習と発展の必要を満たす。入りやすく出にくい健全な学習制度として開放大学を上手に経営し、高等教育独学試験制度を改革し完全なものにする。継続教育の単位累積と互換制度を確立し、異なる類型の学習成果の認証と接続を実現させる」。

　そのほかにも、学校では「教育教学と生産労働、社会実践の結合を堅持し、実践カリキュラムと活動カリキュラムを開発」するなど、実践的、体験的なカリキュラムを導入したり、「学校間、学校と企業、学校と科学研究機構の合作および中外合作」を強化するなど、閉鎖的な学校のあり方を外に開いていくように求めている。最後に改革モデルとして、以下のような取り組むべき内容が示されている。「区域内の普通教育、職業教育、継続教育の間を架橋するメカニズムを打ち立て、生涯学習ネットワークとサービスのプラットフォームを打ち立て、社会の教育資源を統一的に開発する。積極的に社区教育を発展させ、学習成果の認証体系と"単位バンク（学分銀行）"制度などを打ち立てる」。

　以上のような「教育計画綱要」の公布を受けて、全国の各地方政府では地域の実情を踏まえて個別の計画目標を策定している。例えば、上海市では2010年10月に「上海市中長期教育の改革と発展計画綱要（2010-2020）」を公表した[9]。ここでは、全体目標として次の4つの柱が立てられている。①生涯学習

の新たな教育体系を形成する、②被教育者の潜在能力を開花させる教育の新モデルを形成する、③多元的で開放的な教育の新方式を形成する、④均衡・協調・持続可能な発展のための教育の新たな仕組みを形成する。これらから、生涯学習が新たな教育の再編成原理として重視されていることが分かる。

　また、継続教育について「現代のサービス産業や先進的な製造業などの領域で大勢の優秀な技術、管理人材を訓練、輩出し、各種専門人員のイノベーション能力と市場競争力を向上させる」ことや、「社会や個人の多方面にわたる学習ニーズを満たす」ことを目指して、その実現のために「広くカバーし、多様な形式でより手軽な社会における教育体系を確立し、大いに社区教育、家庭教育、農村教育、高齢者教育と女性教育を発展させ、積極的に市民社会生活、余暇娯楽、文化体育、医療保険と密接に関連させ、活発で多様な各種教育活動や豊かな個人の精神的文化的生活を展開させる」ことが謳われている。さらに、市民の生涯学習を促進させるための数値目標を以下のように定めている。「市民の生涯学習公共サービス施設の建設を完成させる。重点として 18 区県に社区学院を建設し、街道、郷鎮に成人学校と社区学校を基準として建設を継続的に推進し、3,000 カ所の基準となる居（村）民委員会に居民学習点を建設し、全住民の生涯学習の三層学校ネットワークを完成し、教育が社区に入り、学習が家庭に達するような生涯学習サービス体系を形成する」こと、「上海テレビ大学の開放教育を基礎に、段階的に高等学校継続教育学院、高等学校ネットワーク学院、独立設置の成人高等学校などの教育資源と整合性を図り、上海開放大学を構築する」こと、約 1 万件に上る科目と 1,000 分野の生涯教育を提供するような特色ある課程を開発すること、学校外の青少年教育施策として「20 カ所のモデルとなる職業体験基地、10 カ所のモデルとなる農業教育基地、100 カ所の校外教育活動モデル基地、100 カ所の学生社区実践指導ステーションの設置」などによって未成年者の健全育成を支える環境づくりを進めること、などである。

　「教育計画綱要」に続いて、2012 年 2 月に「継続教育の発展を加速させることに関する若干の意見」（以下、「継続教育意見」とする）が教育部より提示され、パブリックコメントの募集が行われた[10]。ここでは継続教育を次のよう

第 8 章　中国における教育の普及と生涯学習の展開―学習型都市の建設に向けた改革―　*155*

に定義している。「継続教育は、学校教育後に向けたすべての社会構成員の教育活動であり、生涯教育体系の重要な構成要素であり、国民の科学技術、文化的素養と就業・創業、イノベーション能力の重要な手段である」。そして以下の6つの基本原則を示している。①人本位主義を堅持して社会に奉仕する、②生涯教育を堅持して体系を構築する、③政府の統一的計画を堅持して個別に管理する、④優れた仕組みを堅持して質・量ともに向上させる、⑤改革とイノベーションを堅持して大いに開放する、⑥法に基づく教育を堅持して学習の運営を規範化する。

　そのうえで、継続教育の主要な任務として5項目が挙げられている。まず、職業訓練としての非学歴教育の発展である。「党政の管理、企業の経営管理、専門的技術、高い技能、農村での実用性、ソーシャルワークなど、各種人材の継続教育訓練活動、とくに需要に追いつかない専門的人材とハイレベルの次世代人材の訓練という重点領域を強化する」。また農民工など都市に出稼ぎに来ている労働者に対する再訓練や失業者への職業訓練なども含まれている。第2に、学歴としての継続教育である。とくにインターネットや放送通信教育、成人学校、独学試験など義務教育終了後の教育の多元的拡大により、学歴型の継続教育機関に1,200万人規模の在籍学生を収容するとしている。第3に、社会生活教育の展開である。社会生活教育とは、社区教育に代表される都市や農村の社区住民に対して、生活の質を高め総合的な教養を高めることを目的にノンフォーマルに行われる教育である。とくに高齢者教育や青少年の学校外教育の充実が求められている。第4に、識字教育の展開である。1990年代までは識字教育は成人教育の大きな柱となっていたが、21世紀に入って教育水準の向上とともに主要な教育課題ではなくなっていった。その意味で、識字教育が今日的課題として位置付けられるのは、教育保障の観点から大きな意義がある[11]。第5に、学習型組織の重視である。「各種学習型組織の建設基準の制定を個別に研究し、各種学習型組織の評価制度や拡張させるメカニズムを構築し、学習型都市建設と各種学習型組織のモデル事業を組織する」。このように、学習型組織のモデル事業を通じて一定の条件や指標を作成し、そのガイドラインに沿って「学習型企業、学習型機関、学習型社区」などの学習型組織を拡張し、学習

156 第3部 アジア

型都市へと展開させるものである。

　そのほかにも、学校や企業、各種公共施設（図書館や博物館などの文化体育施設）との連携や放送、通信、衛星、インターネットなど情報化社会の技術を活かした教育など、内容や方法について触れつつ、単位バンク制度の創設についても「国家継続教育学習成果認証委員会を設置し、各種の継続教育の学習成果認証の方法を研究」すると具体的な方針が示されている。学歴教育と非学歴教育や各種の教育資源を単位バンクで相互に架橋し、「立体交差橋」によって連結させる生涯教育体系の構築が強調されている。

2. 生涯教育の地方性条例の制定と「学習型都市」の建設

　文化大革命収束後、「改革開放」による経済政策を進めてきた中国は、1986年「義務教育法」（2006年改正）、1995年「教育法」、1996年「職業教育法」、1997年「社会力量弁学条例」（2013年「民弁教育促進法」制定により廃止）、1998年「高等教育法」など、教育制度の法整備を着実に進めてきた。成人教育に関しては、1987年に「成人教育の改革と発展に関する決定」の文書が公表されて以降、教育部（1985～1998年は国家教育委員会）を中心に「成人教育法」あるいは「生涯教育法」制定に向けて議論を続けてきた。しかし、今日に至るまで実現していない。その理由について、当時の草案作成にも関わった教育部教育発展研究センターの韓民は、学校教育と比べて「その包括的性格の故に、設置形態の複雑性、教育形式と内容の多様性、学習者の多様性を持ち、学校成人教育から各種非正規の学習まできわめて多様な教育活動を一つの法律の中で規定することは技術的に難しい」こと、単行法制定の必要性の有無について「内外の意見が一致していないこと」などを挙げている[12]。

　近年、長年の懸案であった法制化の議論が一定の前進を見せている。それは「継続教育意見」の中に示された次の見解にも表れている。「生涯学習法、継続教育条例など、法律法規の制定について研究する活動を推進する。教育法、労働法、職業教育法、高等教育法、教師法、民弁教育促進法、学位条例の改正お

よびその他の関連法律法規の制定や改正において、継続教育や生涯学習の内容を十分に加味しなければならない。各地域で当該経済社会と教育発展の実際に基づいて、当該地区継続教育事業の科学的発展のための地方性法規の制定を奨励する」。なぜなら地方政府においては、2005年に福建省で全国初となる「生涯教育促進条例」が制定され、2011年には上海、2012年には山西省太原市で同条例が制定されていたからである。その後も、2014年に河北省、2015年に浙江省寧波市で制定されている。そのほかにも、雲南省では草案が公開され、安徽省、江蘇省、湖南省など省レベルから陝西省西安市、広東省深圳市など市レベルでも条例制定に向けて地方政府内で議論されている。王智新は「地方立法は国家立法に比べて『時機性・具体性・指針性・先行性と特殊性を持つ』と考えられ、地元の実情に応じて多くの教育法規が着々と制定されていた」と述べ、中央政府での法制化に先駆けて、地方から法制化が進み、その状況をモニターしつつ、先行実践を踏まえて中央政府で法律が制定されるという中国に特徴的な一連の立法過程を指摘している[13]。生涯教育立法についても、こうした地方の先行事例の蓄積を待って、国家法制の制定に進むものと思われる。

　同様に、近年の動きとして注目される新たな動きは、「学習型都市」の建設である。学習型社会や学習型都市については、例えば「2003-2007年教育振興行動計画」（教育部、2004年2月）には「知識の更新と技能の向上により、学習型企業、学習型組織、学習型社区と学習型都市を創建する活動を展開する」、あるいはまた「社区教育事業の推進に関する若干の意見（関于推進社区教育工作的若干意見）」（教育部、2004年12月）には「全面的な小康社会（いくらかゆとりのある社会—引用者注）を建設し、全員学習、生涯学習の学習型社会を形成するための重要な措置として、認識を高め、社区教育事業を全うする責任感と緊張感を強くし、大いに事業に力を発揮し、全国社区教育事業の推進に一つの新たな発展段階へ到達するよう努力する」などと、従来から言及されているが、2013年7月に「全国学習型都市建設連盟」が成立したことを受け、全国で主要な目標課題として言及されるようになった[14]。これは、中国成人教育協会と中国ユネスコ全国委員会秘書処が呼びかけたもので、初年度に33都市が加盟し発足した。これに先立ち、2013年6月にユネスコ生涯学習

研究所（UNESCO Institute for Lifelong learning　以下、UIL とする）が国際学習型都市プラットフォーム（IPLC: International Platform for Learning Cities）を立ち上げる準備会合を韓国の済州島で開催しており[15]、10 月には北京で UIL 主催の学習型都市建設に関する国際会議の開催がすでに決定していたことを受けた動きである[16]。その後、2014 年度大会は重慶、2015 年度大会は蘇州で開催され、それぞれ 8 都市、10 都市が新たに加盟し、現在は 51 都市となっている。

　この連盟は、中国成人教育協会が主導して結成された団体であるが、中央政府も学習型都市の建設推進には、積極的に関与しバックアップしている。2014 年に教育部、中央文明事務所、国家発展改革委員会、民生部、財政部、人的資源社会保障部、文化部の 7 部門から合同で「学習型都市建設に関する意見」が出された[17]。この中では、目標として「2020 年までに東部、中部、西部地区の地方市レベル以上の都市のうち、それぞれ 90%、80%、70% で学習型都市建設の事業を展開」することが掲げられ、大都市や中心都市から下の行政レベルへと波及させ、一体となって相互に連携を強化し交流を図ることによって全域で学習型都市、学習型社会にしていくという。その他主要な内容は上述した「教育計画綱要」や「継続教育意見」の繰り返しであるが、とくに 3 点について特徴がある。

　第 1 に、「社会組織の活力」が強調されていることである。企業や業界といった営利団体、社会団体（ボランティア組織や NPO など）の非営利団体など、民間活力による教育事業への参入を促し、「民間学習共同体」の発展を奨励している。2013 年に制定された「民弁教育促進法」では、第三条で「公益性事業に属する民間の教育事業は、社会主義教育事業の構成部分である」、また第五条で「私立学校と公立学校は同等の法律的地位を有し、国家は私立学校の経営自主権を保障する」と、あらゆる教育事業への民間活力の導入（産教融合）が認められた。この規定を受けて、学歴教育や非学歴教育、義務教育や職業教育を問わず、民間教育産業や民間非営利団体による運営や公教育領域の民間委託というケースが急増している。

　第 2 に、学習型都市建設において、単に学習要求に応える教育保障という側

面だけでなく、思想道徳教育や社会主義の核心的価値観の宣伝教育という意図が表裏になっていることである[18]。あらゆる教育機会を通じて、習近平指導下における新たなスローガンである社会主義の核心的価値観の学習を徹底させるよう、以下のように求めている。「全面的に系統立て、レベルを分け、重点地区で社会主義の核心的価値観の宣伝教育を展開し、人びとが絶えず同じ認識の理解を深め、その精神の追求と自覚的行動をするように導く」、「青少年の思想道徳の確立を深化させ、核心的価値観を国民教育の全体計画に組み込み、基礎教育、職業教育、高等教育、継続教育の各領域を貫き、教育教学と管理サービスの各場面で実施し、社会主義の核心的価値観を教材に、教室に、頭の中に取り込むことを促進する」。

　第3に、この意見が7部門から共同で提出されていることである。「立体交差橋」と表現されるように、普通教育と職業教育、非学歴教育と学歴教育のさまざまな学校種を架橋して、単位の累積や互換を可能とする単位バンク制度や、職業資格の取得や専門技術の育成訓練に代表される継続教育など、教育システムの再編成を進めていくためには教育、文化、保健医療、財政、経済など行政部門を横断的（跨部門）に連携する必要があり、以下のように指摘している。「多数の部門の共同的な参与による学習型都市建設の指導と協調のメカニズム、関連事業の指導と推進、民間活力の広範な動員、共産党委員会の指導と政府の統一的な計画の形成と各業界部門間の結合、社会の協力、全員参加による学習型都市建設事業の枠組みを構築しなければならない」。

　以上で見てきたように、「学習型都市」とは、生涯学習社会を具体的な行政単位（地方政府）において構想した教育構造化モデルといえる。図8-1はその全体像を仮説的に図示したものである。横軸には、非学歴教育から学歴教育へのベクトル、縦軸には学歴教育においては年齢上昇および学歴上昇へ向かう継続教育システムのベクトル、非学歴教育においては住民自治組織としての居民委員会から省（自治区・直轄市）政府までの行政レベルを表している。横軸に着目するならば、単位バンク制度によって非学歴教育から学歴教育へ正規化の方向へ学習の指向性が移行し、縦軸に着目するならば年齢段階に応じてより高次の専門的技術的内容へ学習の指向性が移行していくことになる。しかし、高

160　第3部　アジア

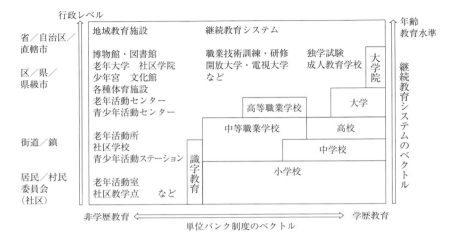

図8-1　学習型都市における生涯学習の構造化モデル
（筆者作成）

齢化社会の進展や生涯学習社会への移行に伴って、社区教育や高齢者教育など地域密着型の非学歴教育（社会生活教育）の要求も高まっており、学齢期の子どもに対しても、資質教育の推進に伴って学校外の教育活動に着目が集まっている。つまり非学歴で生活に密着した社区レベルにおける学習を指向するベクトルも存在している。

　こうしたさまざまな教育資源と機能を都市単位で整備して、民間活力を最大限に活かしながら学習ニーズに応えるのが学習型都市である。そして地方政府の裁量と独自性を発揮して、条例によって法制化し、都市部から農村部、上位から下位の行政区へと階層的に展開し、最終的には学習型都市連盟といった全国組織のネットワークで中央政府とつながっていく仕組みの構築が進められているといえよう。今後は、学習型都市というマクロな枠組みに沿って地方性条例の制定と各都市の先行実践が蓄積され、国家レベルでは包括的な「生涯教育」の概念化の検討と法律の制定へと進行していくことが予想される。

3. 生涯学習の普及と振興のための取り組み
―「生涯学習活動ウィーク」の展開―

　1995 年に制定された「教育法」において「国家は多様な形式の成人教育の発展を励まし、公民に適切な形式の政治、経済、文化、科学、技術、業務上の教育と生涯教育を受けさせる」と規定され、21 世紀に入り成人教育は上述のように生涯教育、社区教育、継続教育、職業教育などさまざまな形式で、あらゆる対象に向けて展開されてきた。また同時に、生涯学習の思想を普及させ、「学び続ける」という意識を人びとに定着させるための宣伝活動も行ってきた。その代表的な取り組みが「全国民生涯学習活動ウィーク（全民終身学習活動周）」（以下、生涯学習活動ウィークとする）の取り組みである。

　これは、2005 年に中国成人教育協会などが主催して始められた宣伝活動であるが、年々規模が拡大し、現在では全国各地でほぼ同時期に生涯学習活動ウィークと銘打ったイベントが開催される一大イベントとなっている。また全国大会が社区教育の先進地域を代表して盛大に開かれ、開幕式では優れた実践や学習成果を上げた個人に対して表彰式などが行われる。

　これまでの全国大会の会場とテーマは表 8-1 の通りである。

　2005 年 10 月、中国成人教育協会と中国ユネスコ全国委員会が主催して、10 都市の参加で始められた生涯学習活動ウィークは、北京市西城区の徳勝社区学校で開幕された。西城区は、2001 年に最初の社区教育実験区に指定された 28 都市の 1 つで、全国に先駆けて 2011 年に単位バンク制度を制度化した都市である[19]。第 2 回は同じく最初の実験区に指定され、北京で最初の社区教育学院を設立した北京市の朝陽区を会場に開催され、20 都市の参加があった。その後も年々参加都市の数が増え、第 5 回からは教育部職業教育と成人教育司が主催に加わり、より大々的に参加が呼びかけられ全国に波及していった。

　2014 年の第 10 回は 27 の省・自治区・直轄市から 500 人あまりの代表や来賓が開幕式に参集し、全国 948 市区県で生涯学習活動ウィークのイベントを展開したという[20]。さらに第 11 回では、26 の省・自治区・直轄市、1,274 の

162　第3部　アジア

表 8-1　生涯学習活動ウィークにおける全国大会開催地

回数	開幕日	開幕地	テーマ
1	2005 年 10月15日	北京市西城区徳勝社区教育学校	全員学習、生涯学習で、人生を充実させ、中華を振興しよう
2	2006 年 10月22日	北京市朝陽区	
3	2007 年 11月4日	上海科学技術館	全員共同学習、教育の平等を推進し、困難な人びとに配慮し、生活の質を高めよう
4	2008 年 10月21日	浙江省杭州市	学習、貢献、楽しみ
5	2009 年 10月18日	山西省太原市	誰もが学び、発展を促進させよう
6	2010 年 10月16日	遼寧省瀋陽市児童活動センター	全員学習を推進し、暮らしをより素晴らしいものにしよう
7	2011 年 10月22日	湖北省武漢市洪山賓館	永遠に党と歩む ― 誰もが生涯学び、学習型都市を創建しよう
8	2012 年 10月11日	四川省成都市	継続教育の発展を加速させ、学習型社会の建設に努力しよう ― 共産党十八大の順調な開幕を迎えて
9	2013 年 10月13日	天津市浜海新区	「中国の夢」の実現のために ― 生涯学習、誰もが役立つ人材に
10	2014 年 10月17日	重慶市渝中区	全員生涯学習、彩りのある人生を創造しよう
11	2015 年 10月29日	江蘇省蘇州市工業園区	全員生涯学習を発展し、法治社会の建設を推進しよう

出所：教育部各年「終身学習活動周的通知」などをもとに筆者作成

市区県で生涯学習活動ウィークのイベントが開催され、青海省が初開催、江西省では1地区から9地区へ、四川省も1市から4市48県へと参加の輪が広がっている[21]。

　また北京などで独自に実施されていた表彰制度を全国に拡大し、第9回より全国から推薦された中から「民衆学習の星（百姓学習之星）」と「生涯学習ブランド（終身学習品牌）」の表彰制度が創設され、開幕式では表彰式が行われ、

大いに顕彰されている。「民衆学習の星」は生涯学習活動の参加者のうち大きな業績をあげ、他の模範となるような人物を対象に、「生涯学習ブランド」は人びとに好評を博した優れたプログラムを対象に授与される。選考は全国各地から選定基準に基づき推薦を受け付け、その中から審査により毎年約100名、100事業が表彰されている。例えば第11回では、26の省から170人が推薦され、審査の上108人に授与された。うち12名は「とくに人びとの心を動かした業績の民衆学習の星」として特別表彰されている[22]。

　そのほかにも、地方政府を対象にした先進単位の表彰がある。第11回における選定方法を参照すると、表彰は3種類に分けられている[23]。省レベル（省・自治区・直轄市）を対象にした協調組織賞（優秀組織賞と協調組織賞）、市区県レベルを対象にした組織賞（優秀組織賞と成功組織賞）、また生涯学習活動ウィークにおいて多大な貢献をした単位に特殊貢献賞を授与する。評価基準は、5項目で審査され、内容は以下のようである。

① 　リーダーシップを重視していること。組織のリーダーシップを強化し、省・自治区・直轄市政府が通知を出して指導機構を成立させていること。積極的に管轄区内の地方で生涯学習活動ウィークの活動を指導し、省レベルで開幕式を実施していること。（20点）

② 　科学的に組織され、学習活動の普及率が高く、参加人数が多いこと。（25点）

③ 　内容が豊富で効果が顕著であること。生涯学習活動ウィークのテーマが鮮明で、各種の教育資源を十分に利用し社区住民に対して多様な形式、豊富な内容、生活との関わり、特色の鮮明な教育活動を展開していること。（20点）高齢者や都市にいる農民工など社会的弱者（弱勢群体）に関心を払い、全員教育、生涯学習の効果が顕著であること。（25点）

④ 　宣伝を強化し、影響が大きいこと。省レベルや地方の新聞メディアで全員教育、生涯学習の理念と典型的な実例を宣伝し、大きな社会的効果を生み出していること。（10点）

⑤ 　これらの要求に対して、東部地区の組織では当該省の80％以上、中部地区の組織では60％以上、西部地区の組織では50％以上の地級市、県で

164　第3部　アジア

　　活動を展開していれば優秀組織賞を、それぞれ 40％、30％、20％で活動
　　を展開していれば協調組織賞を授与する。

　2014 年度には 14 省・自治区・直轄市に「2014 年全国民生涯学習優秀協調
組織賞」、6 省・自治区に同「協調組織賞」、419 市区県に同「優秀組織賞」、
213 市区県に同「成功組織賞」が授与されている。

　このような顕彰活動を通じて、個人や組織の意識を高め、学習型社会構築に
向けた環境を醸成している。さらに生涯学習活動ウィークの取り組みが、中央
政府の政策として大々的に宣伝される中で、地方政府の共産党指導者にとって
はより多くの表彰を受けることが中央政府に対するアピールにもなり、正の循
環が生まれているとも考えられる。

　　おわりに

　本章では、「学習型都市」の建設を通して、継続教育に代表される学校教育
の延長や学歴教育へと向かう単位バンク制度の構想と専門的技術的職業訓練の
制度構築、また生涯学習活動ウィークの展開に代表される非学歴型の生活文化
に密着した生涯学習の振興について述べてきた。

　およそ 35 年にわたって経済優先の改革開放政策を続けてきた中国は、グ
ローバリゼーションや情報化社会の進展とともに、人びとの生活環境や意識も
めまぐるしく変化してきた。時代に翻弄される民衆は、立ち止まる暇もなく競
争社会の渦中に組み込まれ、学歴の獲得を主眼とした学習に駆り立てられてい
る。膨張する都市と、そこで暮らす人びとの教育水準の向上や消費社会の享受
は、発展した中国の象徴であり、潤沢な財政投入によるハード面での環境整備
によって、一見すればめざましい躍進といえるのかもしれない。しかし中国に
おける生涯学習の展開は、社会主義の核心的価値観に代表される政治の宣伝活
動としての側面があることに留意しなければならない。また何より、発展の陰
に市場原理の中で取り残され、排除されている無数の民衆も存在している。

　中国では、真の意味で自由で自主的な学習活動を展開することは難しいが、

第8章　中国における教育の普及と生涯学習の展開―学習型都市の建設に向けた改革―　*165*

それでも社区単位で身近な生活に直結した課題、例えば地域の見回り活動や清掃活動、ゴミの分別や環境美化、緑化運動、健康管理、高齢者介護、障がい者支援などについて、主体的な社区づくりのための学習活動が広く展開されており、多くのボランティアや非営利団体（社会団体）の参加によって支えられている。また趣味や教養を深めるサークル活動や倶楽部・サロンといった小集団の自主組織も形成されてきている。学習型都市では学歴や資格・技術の習得によってキャリアを磨く継続教育システムのベクトルと同時に、生活課題や地域課題に向き合う社区教育が展開されている。教育や学習を基礎にした都市のあり方を展望するとき、ミクロな草の根の実践とマクロな制度構築が両立して展開する中国の実態は、地方分権を進める日本においても示唆に富んでいる。

　今後は、学習型都市の建設プロセスに、激動の変化から取り残され、教育機会から疎外されている人びとへの眼差しと社会的包摂に向けた取り組みを、学歴教育、非学歴教育を問わず、どう射程に組み込んでいくことができるか、教育格差の是正が課題となろう。

注
1)　文部科学省「OECD 生徒の学習到達度調査（PISA2012）のポイント」。
2)　《中国教育年鑑》編集部編『中国教育年鑑（2013）』2014 年 7 月、p.321。
3)　孔子学院総部／国家漢弁ホームページより。なお、以下のホームページからの引用はすべて 2015 年 11 月 10 日最終閲覧。
　　（http://www.hanban.edu.cn/confuciousinstitutes/node_10961.htm）
　　　孔子学院は、世界各地に中国語言文化の普及促進を図るとともに文化交流などを行う目的で、現地の各機関と合弁で開設される非営利の語学学校（教室）であるが、中国への理解と国際的影響力を高めるための国家的戦略事業という側面も有している。第 1 号は 2004 年韓国ソウルに開設され、日本にも大学などに 13 校（7 教室）が開設されている。
4)　2015 年 10 月の中国共産党第 18 期中央委員会第 5 回全体会議（十八届五中全会）において、一人っ子政策の廃止を決定したが、65 歳以上の高齢者は 10％を超え、急速に進む少子高齢化が懸念されている。
5)　本章では、初出の用語について必要に応じて訳語の後に括弧で原語を示す。
6)　教育政策に関しては、全国教育科学計画指導グループ（全国教育科学規劃小組）が組織され、さらにテーマごとに分科会を置き課題抽出が行われる。政府系列の全人代は 2011 年から 2015 年までが第 12 期（十二五）で、2016 年から 2020 年までが第 13 期（十三五）となる。

166　第 3 部　アジア

7)　党系列は、5 年ごとに開催される中国共産党全国代表大会の下に中国共産党中央委員会（中共中央）があり、全体会議や政治局会議などが開催される。現在は第 18 期全国代表大会（2012 ～ 2016 年、十八大）の期間にあたる。

8)　「国家中長期教育改革和発展企劃綱要（2010-2020)」2010 年 7 月。

9)　「上海市中長期教育改革和発展企劃綱要（2010-2020)」2010 年 9 月。

10)　「関于加快発展継続教育的若干意見」2012 年 2 月 27 日。しかし 2015 年 11 月時点では、いまだ正式に公布はされていない。

11)　国務院より「非識字者一掃活動条例（掃除文盲工作条例)」(1988 年制定、1993 年一部改正）が出されて以降、国家レベルでの識字教育に関する文書は出されていない。しかし、2010 年の第 6 次人口センサスでは 15 歳以上の非識字者は約 5,500 万人に上るとされており、依然として大きな課題だと言える。（国務院人口普査弁公室・国家統計局人口和社会科技統計司編『2010 年第六次全国人口普査主要数据』中国統計出版社、2011 年 7 月）ただし、多民族国家の中国において識字教育は、少数民族に対する漢語の普及を通じた政治的宣伝教育という側面があることには留意しなければならない。

12)　韓民「中国における教育法制の進展 ― 成人教育法制を中心に ―」、東京・沖縄・東アジア社会教育研究会『東アジア社会教育研究』No.2、1997 年 9 月、p.9。

13)　王智新『現代中国の教育』明石書店、2004 年 4 月、pp.52-53。

14)　「"全国学習型城市建設聯盟"成立大会」、中国成人教育協会のホームページより。
　　（http://www.caea.org.cn/xpe/portal/999fedf-14c2-1000-832a-506d67fa493a?uuid=d8a0885c-14f6-1000-b867-10f51ba42682&objectId=oid:d8a09cf3-14f6-1000-b869-10f51ba42682）

15)　*UIL "Preparing the International Platform for Learning Cities （IPLC)"*
　　（http://www.uil.unesco.org/lifelong-learning/preparing-international-platform-learning-cities-iplc）

16)　この国際会議の報告書の中では、学習型都市（Learning City）の鍵となる特徴を「個人のエンパワーメントと社会参加」「経済発展と文化的繁栄」「持続的な発展」の 3 原則を、「教育システムの包括的な学習」「家族や地域の活性化を促す学習」など 6 つの柱で支え、「強い政治への意志と責任」など 3 つの土台で概念化している。さらに、これらのテーマごとの指標がリストとして提示されており、この指標に基づいてユネスコによって「国際学習都市」の認証が行われるものと思われる。
　　（http://uil.unesco.org/fileadmin/keydocuments/LifelongLearning/en/Beijing_Conference_Report.pdf）

17)　「教育部等七部門関于推進学習型城市建設的意見」2014 年 8 月。

18)　「社会主義の核心的価値観（社会主義核心価値観)」とは、2012 年 11 月に開催された中国共産党第十八期全国代表大会において提起されたもので、「富強、民主、文明、調和（和偕）、自由、平等、公正、法治、愛国、勤勉（敬業）、誠実（誠信）、友好（友善)」を意味する。

第 8 章　中国における教育の普及と生涯学習の展開 ―学習型都市の建設に向けた改革―　*167*

19)　西城区の単位バンク制度（市民終身学習成果認証制度）は、西城区市民生涯学習成果認証センター事務室で管理しており、市民学習カードに記録された学習記録に基づき、認証単位管理員が単位の互換を審査し判定する仕組みである。単位管理員は各社区に配置が進められ、定期的に養成と研修が行われている（西城区学習型城区創建領導小組ホームページ「学習型西城」http://www.westcityedu.com/）。

20)　重慶日報電子版、2014 年 11 月 5 日。
　　（http://cqrbepaper.cqnews.net/cqrb/html/2014-11/05/content_1791238.htm）、中国成人教育協会「関于表彰 "2014 年全民終身学習活動周先進単位" 的決定」2015 年 3 月など。

21)　鄭樹山（中国成人教育協会会長）による開幕式での挨拶「広泛開展学習周活動大力推動全民終身学習」2015 年 10 月 29 日。
　　（http://www.caea.org.cn/xpe/portal/999fedf-14c2-1000-832a-506d67fa493a?uuid=36a9a743-150d-1000-8be7-10f51ba42682）

22)　中国成人教育協会「関于確定 2015 年 "百姓学習之星" 的通知」2015 年 10 月 8 日。

23)　中国成人教育協会「2015 年全民終身学習活動周工作先進単位評選表彰弁法」。

付記　本稿は、科学研究費（基盤研究（C））課題番号 26381121「中国生涯学習政策の法制化に関する比較研究」（平成 26 ～ 28 年度、研究代表者：上田孝典）の助成を受けた研究成果の一部である。

168　第3部　アジア

第 9 章

韓国の教育改革 20 年と平生教育

は じ め に

　1995 年 5 月 31 日に発表された「新教育体制樹立のための教育改革方案」（以下、「5・31 教育改革方案」という）が昨年（2015 年）20 周年を迎えた。23分野 120 余課題で構成された教育改革案は、自律化、多様化、特性化、グローバル化、情報化、「需要者」中心教育、開かれた教育等をキーワードとして、小中高校の教育から大学関連制度までを包括する大改革案であった。ところが、新自由主義的色彩の濃い同改革案による教育改革は、教育における市場化を加速させ、競争や効率が求められることによって、教育格差という問題を招いた[1]。

　一方、以上のような問題は残したものの、5・31 教育改革方案は少なくとも平生教育（＝生涯教育）にとっては画期的な発展をもたらした転換点でもあった。同方案では国民の平生教育振興が新教育体制のビジョンとして掲げられ、平生教育に関するさまざまな政策が打ち出された。すなわち、教育法体系および教育行政組織の大幅な改編や平生教育振興のための制度整備などが迅速に進められたのである。それによって、従来教育政策において常に周縁的な存在だった平生教育は、同方案の発表以後、教育政策の目玉として著しい進展をみせるようになった。同方案において「開かれた教育社会、平生学習社会の建設」が今後の新教育体制のビジョンとして掲げられてから、「平生教育法」の制定や平生教育行政組織の改編、平生教育推進体制の構築などを中心とする大々的な改革が行われるなど、韓国平生教育は躍動の 20 年を歩んできたので

ある。実際、韓国社会における平生教育に対する認識も高まり、多くの成果も
上げられている。

　そこで、本章では5・31教育改革方案を皮切りに、制度および実践におい
て大きな進展を見せてきた韓国の平生教育20年を振り返り、主な平生教育政
策および事業とその成果、特徴について論考したい。そして、近年官民ともに
注目している、学習を基盤とした地域づくりの取り組みについても検討した
い。

1.　平生教育法制の改編と平生教育推進体制の構築

　韓国の社会教育法（1982年）は、日本の社会教育法（1949年）より30年
以上も遅れて制定されており、しかも制定後も1999年平生教育法が制定され
るまで宣言的意味しか持てず、実質的にはほとんど機能しなかった。さらに
1949年に制定された「教育法」は学校教育を中心に定められた法律であり、
社会教育法はその教育法の下位に置かれるため、教育政策において社会教育は
学校教育より後回しにされてきた。しかし、5・31教育改革方案を契機に、従
来教育政策においていつも周縁的な存在にとどまっていた「社会教育」は「平
生教育」への衣替えを提唱し、教育政策の中心部へと移動するようになった。
すなわち、平生教育行政組織の改編（1996年）をはじめ、「平生教育法」の制
定（1999年8月）および大改正（2007年12月）、平生教育推進体制の構築お
よび各種の平生教育事業（2000年〜）などを中心とする大改革が行われ、平
生教育は急変する社会状況への新たな対応策として位置づけられるようになっ
たのである。とりわけ、2007年の平生教育法大改正はその後の平生教育政策
の展開に多大な影響を与えたものとして特記すべき出来事である。以下、2007
年に改正された平生教育法の主な改正内容について検討してみたい。

　第1に、平生教育領域の明示化である。1999年に既存の「社会教育法」を
全文改正する形で制定された平生教育法（以下、「旧法」という）では「平生
教育」を「学校教育を除くすべての形態の組織的な教育活動」（第2条）と定

義していたが、2007年改正の平生教育法（以下、「新法」という）では「学校の正規の教育課程を除いた学力補完教育、成人基礎・文解教育（識字教育——引用者注）[2]、職業能力向上教育、人文教養教育、文化芸術教育、市民参加教育等を含むすべての形態の組織的な教育活動」（第2条）と定め、平生教育の領域をより明確にしている。とくに、「成人基礎・文解教育」等に見られるように、教育福祉的な観点が反映されている点は注目できる。

　第2に、2007年新法では、「平生教育振興基本計画」に関する条項を新設し、また平生教育支援体制の改編によってより体系的・効率的な行財政支援体制の構築を図っている。同新法では「教育科学技術部（現在、教育部——引用者注）長官は、5年ごとに平生教育振興基本計画（以下、「基本計画」という）を策定しなければならない」（第9条）、「市・道知事は、基本計画に基づき、年度別平生教育振興施行計画（以下、「施行計画」という）を策定・施行しなければならない。この場合、市・道教育監（教育長——引用者注）と協議しなければならない」（第11条）と規定し、国および地方自治体の平生学習振興の義務を強化している。

　同法でとくに注目すべき点は、平生教育推進体制における広域自治体長の権限が強化され、従来教育行政に与えられていた権限が大幅に広域自治体長へ委譲された点である。すなわち、従来教育監の管轄下に置いていた平生教育協議会を、市・道知事の管轄下に置くようにし、また広域自治体レベルにおける平生教育推進機関であった「地域平生教育情報センター」を「市・道平生教育振興院」に改正し、その設置または指定・運営の権限を従来の「教育部長官および教育監」から「市・道知事」に移しているのである（第20条）。ただ、この場合、「市・道教育監と協議しなければならない」（新法施行令・第12条）とし、教育行政との協調努力も規定している（図9-1を参照）。

　第3に、平生教育士の養成および配置基準の強化である。旧法の制定時に、従来の「社会教育専門要員」制度に大きく修正を加えて「平生教育士」制度（1〜3級）を誕生させたが、平生教育士資格制度に対する認識の不足および平生教育関連公務員の配置システムの不在などにより[3]、平生教育士の専門性に対する信頼性を確保することができず、教育現場におけるその位置づけも弱かっ

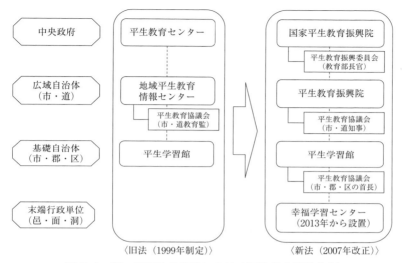

図9-1　新・旧平生教育法における平生教育推進体制
（筆者作成）

た。このような問題を解決するため、新法では、公的平生教育機関における平生教育士の配置基準を規定している（第26条第3項）。すなわち、市・道平生教育振興院および市・郡・区平生学習館のような公的平生教育機関における平生教育士の配置基準をより詳細に規定し、なおかつその配置も強化している。また、平生教育士の資格要件も強化し、実務経験を重視しており、昇級課程をも新たに設けている。

第4に、成人文解教育に関する規定が新設されたことである。韓国には経済的理由等によって学齢期に十分な教育を受けることができなかった人びと、とりわけ高齢の成人女性が依然として多く存在していることから、彼・彼女らに対する教育を公的に保障するために、新法では「国および地方自治体は成人の社会生活に必要な文字解得能力等基礎能力を高めるために努めなければならない」（第39条）、および「文解教育プログラムを履修した者に対してはそれに相応する学歴を認定」（第40条）すると定めている。

第5に、平生教育振興事業に関する規定の新設である。韓国政府が2001年

172 第3部 アジア

から進めている平生学習都市造成事業は 1999 年の旧法において関連規定がなく、その法的根拠が弱かった。そこで、新法では平生学習都市という条項が設けられ、「国は、地域社会の平生教育の活性化のために、市・郡および自治区を対象に平生学習都市を指定および支援することができる」（第 15 条第 1 項）とし、「平生学習都市間の連携・協力および情報交流の増進のために全国平生学習都市協議会を置くことができる」（同条第 2 項）と規定している。また、旧法第 16 条の「人的資源の活用」という条項において規定され、これに基づく施行令第 4 条において「教育口座制度」が設けられていたが、新法では「学習口座」という条項が新設された。この「学習口座」というのは、国が国民の平生教育を促進し、人材の開発・管理のために、国民の個人的学習経験を総合的に集中管理する制度（第 23 条）である。

　以上のような 2007 年改正に基づき、中央レベルをはじめ、各自治体においても平生教育振興のための取り組みが着々と進んでいる。まず、既存の「平生教育センター」が「国家平生教育振興院」（2008 年）へ拡大改編される形で設立された。同振興院の主な業務としては、①平生教育振興のための支援および調査、②平生教育プログラムの開発、③平生教育士等の平生教育従事者の養成・研修、④平生教育機関間の連携体制の構築、⑤市・道平生教育振興に対する支援、⑥学点（＝単位）銀行制度および独学学位制度の運営・管理、⑦成人文解教育に関する支援、⑧平生学習都市事業の運営・管理、⑨職業平生教育（平生学習中心大学、平生学習口座制度）の運営・管理、⑩ K-MOOC [4] および国家平生学習ポータルサイトの運営などの業務が挙げられる。

　国家平生教育振興院の設立後、韓国平生教育の諸政策や事業は順風満帆に進められている。例えば、広域自治体の市・道は平生教育振興条例をすべて制定しており、大半の市・道が平生教育振興院を設立している [5]。基礎自治体においても平生教育振興関連条例の制定が相次いでおり、2012 年 3 月現在、229 基礎自治体のうち、199 基礎自治体（87％）が平生教育振興関連条例を制定している [6]。そして基礎自治体の市・郡・区には平生学習館が設置されており、その下の末端行政区画である邑・面・洞には 2013 年から幸福学習センターが設置され始めている。このように 2007 年の法改正および 2008 年の国家平生

教育振興院の設立は、平生教育推進体制の構築にとってはもちろんのこと、次節で検討する多様な平生教育支援事業の展開においても大きな追い風になったのである。

2. 主要な平生教育支援事業とその成果

（1） 平生学習都市造成事業

　平生学習都市造成事業は地域の平生学習を活性化させるために、2001年から毎年基礎自治体の市・郡・区を対象に公募を通して地域を選定し、支援する事業である。韓国政府が同事業を推進するようになった背景は、大きく3つ挙げられる。

　第1に、急激な社会変化への対応が求められている点である。すなわち、知識基盤社会への転換によって、地域および国の発展のためには学習社会の建設が不可欠になるということである。

　第2に、地方化時代を迎えて地域の存続と発展のための新しい知識や地域文化の暢達が求められるという点である。韓国政府は長年強固な中央集権体制を維持し、首都圏への深刻な集中と地方の過疎化という地域格差問題を生んだが、1990年代半ばから地方自治が本格化するようになり、「自立型地方化」という新たな課題を抱えるようになった。「自立型地方化」には地域革新体系の構築と地域住民の自治力量の形成が必要となるが、そのためには地域住民の学習活動が強く求められるのである。

　第3に、地域の学習資源の拡充とこれらの効率的な活用が重要な課題として浮かび上がってくるという点である。すなわち、近年平生学習の必要性に対する認識が広がり、学校教育のみならず、図書館や平生学習館、住民自治センター、大学付設の平生教育院、市民会館、各種の文化センターなど、地域住民のための学習機会の拡大が要請されているのでる。

　以上のような背景から、韓国政府は、各地域が学習組織を構築し、また関連機関をネットワーク化して社会関係資本を形成することによって、地域革新と住民の自治力量の向上を図ることのできる平生学習都市造成事業を推進する

174 第 3 部 アジア

ようになった。2015 年現在、136 基礎自治体が平生学習都市として指定され、約 6 割の基礎自治体が平生学習都市づくりのための支援を受けている[7]。

（2） 成人文解教育支援事業

国立国語院の調査（2008 年）によれば、韓国には約 260 万人の成人（全人口の約 7%）が読み書きや読解能力に問題があり、2010 年の統計庁のデータによれば、20 歳以上人口のうち、義務教育に該当する中学校教育課程を終えていない人口は約 577 万人で全人口の約 15.7%といわれている。また近年は外国人も急増し、2014 年現在、在韓外国人は 156 万人に上っており、韓国人のみならず、外国人に対する文解教育も求められている。

そこで、韓国政府は、2006 年から国民の基礎能力向上と社会的統合のために低学歴の成人に第 2 の教育機会を提供するため、「成人文解教育支援事業」を進めている。2006 年から 2014 年まで年間平均 310 カ所の成人文解教育機関と 2 万 861 名の成人学習者が支援を受けており、さらに成人学習者に対する学歴認定制度（平生教育法第 40 条）に基づき、2011 ～ 2014 年に初等および中等学歴認定を受けた者は累計 2,539 名に上っている[8]。

（3） 独学学位制度と学点銀行制度

近年高まっている成人の高等教育に対する要求に応えるため、高等教育機会の拡大とともに、成人の高等教育へのアプローチをサポートするという目的から独学学位制度と学点銀行制度がつくられた。

独学学位制度は、学習者が個別に行った学習結果を、試験を通して検定してもらい、合格すれば学士学位を取得できるという制度として、「独学による学位取得に関する法律」（1990 年制定）に基づいて実施されている。2015 年現在、国語国文学、英語英文学、経営学、法学、行政学、幼児教育学、コンピュータ科学、家政学、情報通信学、看護学、心理学（2014 年度から開設・運営）等 11 専攻領域がある。

一方、学点銀行制度は、大学のみならず、大学外で行われた多様な形態の学習経験や各種の資格を学点（＝単位）として認め、学点が累積されて一定基準

を充足すれば学位が与えられるという制度である。1997年に「学点認定に関する法律」を制定・公布し、1999年には初の学位取得者を輩出している。

学点銀行制度を利用する学習者数は毎年増え続けており、2014年現在の登録者数は累計107万700人（うち、短期大学課程は47万9,527名）に上っている。学点銀行制度の人気要因は、同制度が評価認定対象の科目を受講して取得した学点だけではなく、専攻関連の資格や重要無形文化財等のようなさまざまな資格や才能、独学学位試験で合格した科目、時間制登録で受講した科目等も単位に換算して認めるなど、多様な形態の学習経験を幅広く評価しているからだと思われる。

（4）職業平生教育 ── 平生学習中心大学と平生学習口座制度 ──

国家平生教育振興院は、成人学習者が第2の人生を新たに始め、あるいは準備できるように、平生学習中心大学育成事業および平生学習口座制度を運営し、大学学位および就労・起業連携平生教育プログラム支援事業を推進して個人の平生学習記録を累積・管理している。

1）平生学習中心大学育成事業

知識基盤社会への変化は、大学に従来の制限的な開放型大学ではなく、地域住民の教育要求を反映した学習プログラムを開発・提供し、成人の継続学習を支援する大学としての役割までを求めるようになった。李明博前政権は国政課題の一つとして「高等教育機関の平生教育機能の強化」を採択し、2008年9月から「平生学習中心大学育成事業」を推進した。同事業は、大学が従来の伝統的大学機能から脱して高等教育運営体制を革新し、地域社会と地域住民の要求に応える弾力的な教育課程を運営するように支援する事業として、学位課程と非学位課程の2つの課程を運営している。

学位課程は、大学が持続的な教育を希望する成人学習者および高卒在職者等のために、オーダーメイド型平生教育を提供する大学中心の平生学習活性化事業として、2014年現在、全国35校の大学がモデル校として選ばれて運営されている。非学位課程は、ベビーブーム世代（1955〜1963年生まれ）を含む中堅専門人材等に適した職業教育を提供し、就労・起業へと連携されるように

176　第3部　アジア

支援する、大学中心の平生学習活性化事業である。2014年現在、10大学で11教育課程が運営されており、課程修了後の就労・起業率は38%にも上る[9]。

2）平生学習口座制度

　平生学習口座制度は、個人が自身の多様な学習経験をオンラインの学習口座に累積・管理し、その結果を学歴や資格認定と連携させ、または雇用情報として活用する制度である。韓国政府は、同制度を通してすべての国民の平生教育への参加を促進し、学習者中心の平生学習の選択権や学習投資を拡大して平生学習社会を実現し、個人の学習結果の認証、体系的な履歴管理を通して個人の学習結果の社会的活用を最大化することを政策目標としている。

　2010年10月29日、「学習履歴管理システム（http://www.all.go.kr/）」が正式に開通され、本格的に実施されるようになった。平生学習口座制度は、政府諸部局の教育・訓練プログラム担当部署とも連携を図り、また初・中等学歴および大学の単位認定とも連携して同制度の活用度を高め、さらに他の履歴管理システムや資格制度システム等との連携を通じて口座登録情報の範囲を拡大している。

　国家平生教育振興院では、平生教育機関で運営する学習課程（平生教育プログラム）が一定の基準を満たしているかを公式に評価する「学習課程評価認定」を行っている。評価認定の申請時期は年に2回（上半期・下半期）であり、評価認定を受けた学習課程の有効期限は評価認定結果通知日からの5年間である。

（5）多文化家庭平生教育支援事業

　2014年現在、在韓外国人数は約156万人で全人口の約3%を占める。2001年の57万人に比べて約3倍近く増加している[10]。2014年現在、小・中・高校の在校生の約1%（約7万人）を外国人生徒が占めている[11]。1990年代に入ってから中国や東南アジア等からの結婚移住女性や外国人労働者が急増し、その子どもたちも増えることによって、いわゆる「多文化家庭」問題が浮上するようになった。2015年7月に安全行政部が実施した統計調査によれば、韓国在住の結婚移住女性は12万5,000人を超えており、多文化家族数は82万人にも

上り、2020年には100万人にまで増えると予測されている[12]。

　このような状況を受け、2008年に「多文化家族支援法」が制定され、外国人、とりわけ結婚移住者およびその子どもへの公的支援が行われるようになった。また2012年5月、国家平生教育振興院は教育科学技術部（現在、教育部）から中央多文化教育センターの運営機関として指定され、多文化教育政策研究をはじめ、多文化教育運営支援事業、多文化に対する認識拡大のための多文化教育コンテンツの開発、多文化教育関係者の力量強化、多文化教育の振興およびネットワークの構築等の事業を展開している。

（6）　平生教育士の力量と配置の強化

　平生教育士制度は、1999年の平生教育法制定時に整備され、平生教育の企画・進行・分析・評価および教授業務を行う（平生教育法第24条第2項）こととなった。2007年、平生教育法の全文改正によって従前より職務、履修課程、研修、配置基準等がより強化されるようになり、平生教育士資格取得のための履修単位数および時間数が増え、教科目も改訂された。教育実習期間も3週間から4週間へ増えた。また、1級、2級資格への昇級課程を設け、平生教育士としての実務経歴および国家平生教育振興院での昇級課程の履修を条件としている。

　平生教育士の配置においても公的平生教育支援機関への必置条項を加えている。例えば、国家および市・道平生教育振興院には1級平生教育士1名以上を含む5名以上の平生教育士を配置し、市・郡・区の平生学習館には正規職員数によって1級または2級平生教育士を1名または2名配置しなければならない（平生教育法施行令第22条および別表2）。2013年現在、全国387カ所ある平生学習館のうち、69.8%の270平生学習館に平生教育士が配置されているなど[13]、年々配置機関数が増えている。

3. 地域づくりと平生教育 ― 学習を基盤とする地域共同体づくりへ ―

　2000 年代に入ってから韓国では平生教育推進のための公的な体制整備が急速に進められると同時に、全国の各自治体では多様な地域づくり事業が展開されるようになる。2010 年 10 月、「地方行政体制改編に関する特別法」が制定・公布され、邑・面・洞における住民自治機能の効果向上が主要課題として浮かび上がり、中央の各部局でも地域づくりに関連する事業を次々と展開するようになった。しかし、行政主導の傾向がまだ色濃く残存しており、主体的な住民参加による地域づくりには及ばないところが多かったため、その後注目されるようになったのが平生学習を通じた住民参加型地域づくりである。さらに、近年は NPO などの市民活動の増加に伴い、官民協働や住民主導による学習を基盤とする地域づくりも活発になっている。

　例えば、大学および小・中・高校の教員が中心となって設立した「忠南教育研究所」（公州市牛城面）という教育研究実践団体が、農村地域の廃校を利用して農村教育文化共同体づくりに取り組んでいる実践が挙げられる。人口減少に伴う農村地域における学校の統廃合によって、農村の過疎化はより加速化し、地域教育力の低下と地域コミュニティの解体がもたらされている。こうした状況を受け、同研究所は「教育および教育主体のアイデンティティの再構築、研究実践力量の組織、地域単位の研究実践センター機能、教育運動連帯の強化」という趣旨を掲げて、校舎を当該地域の子どもや住民に開放し、多様な教育文化活動を提供することで、住民の教育・文化的欲求を吸収するとともに、さらに進んで地域共同体づくりを目指している。

　一方、都市部の貧困地域の子どもたちへの教育支援を目的に、学校教師をはじめ、文化芸術教育団体、地域社会教育専門家、地域児童センターのスタッフなどが集まって地域教育ネットワークづくりとその活性化に取り組んでいる、光州市の「地域教育ネットワーク・花月珠」（以下、「花月珠」という）という市民団体の活動も注目できる。とくに、地域内の機関や団体のネットワークが重要であるという理由から、花月珠の主導のもとで、学校の教育福祉教師や福

祉行政職員、地域児童センター（学童保育）の教師等で構成される洞別協議体が組織され、困難を抱えている子どもやその家族への教育・就労支援に官民協働で取り組むことによって、教育や学習を基盤とする地域共同体づくりが実現されているのである。

　以上のような市民セクターや官民協働による学習を基盤とする地域づくりは全国各地で広がりを見せており、官主導の平生学習都市造成事業や教育福祉優先事業等も各地で活動している多様な教育・文化関連の市民団体等によって大きく支えられている。

おわりに

　韓国平生教育における近年の躍動的な取り組みには東アジア諸国・地域からも多くの関心が寄せられている。とりわけ、平生教育法の立法運動をはじめ、平生教育推進支援体制の構築、成人文解教育の公的保障、そして学点銀行制や学習口座制のような多様な形態の学習に対する認定制度等が注目されている。

　このような躍動は、平生学習の国際的な広がりだけではなく、それに国内の諸状況が重なり合うことで、ある意味相乗効果を上げた結果だということができる。平生教育が韓国の教育政策に本格的に導入された1990年代半ばは、韓国で地方自治が再開された時期であり、また1987年の「民主化宣言」以降、市民運動が出現した時期でもある。このような状況下で、当時新たな教育理念として登場した平生教育は、官民両者にとってそれぞれの目的を達成するための絶好の手段でもあったといえよう。実際、教育部は2001年から平生学習都市造成事業を通じて地方自治・住民自治を図っており、一方、1980年代後半の民主化運動を率いた学生運動出身者の多くは1990年代以降農村地域や都市部の貧困地域に入り、地域住民とともに地域教育運動を展開して、衰退しつつある農村教育や拡大する教育格差を食い止める草の根の活動を実践してきたのである。

　1995年の教育改革からちょうど20年が経った今、韓国社会が抱えている諸

180　第3部　アジア

問題、すなわち、人口減少・少子高齢化の進展、グローバル化、雇用の不安定化、格差の拡大、人間関係の希薄化・孤立化、地域コミュニティの衰退などといった社会問題に対応する突破口として、マウル（村や町）共同体運動が注目を集めている。例えば、ソウル市は2012年から重点施策としてマウル共同体支援事業を実施しており、2015年からは全国に拡大されている。また市民団体や住民自治組織等によってもマウル共同体づくりが行われている。その際、マウル共同体づくりの成功のカギとして取り上げられるのが住民の学習であり、さらに地域によっては平生学習を基盤としたマウル共同体事業を進めるところもある。

　一方、2015年11月11日、平生教育の初の政論紙として『平生学習タイムズ』が創刊された。その創刊には平生教育研究者や実践家、平生教育士をはじめ、市・道平生教育振興院協議会、全国平生学習都市協議会、韓国平生教育総連合会等の平生教育関連団体等が関わっており、100人の発起人、100人の市民記者団、100人のHRD記者団が発足し、同新聞づくりを担っていくことになる。同紙の創刊から読み取れるように、韓国平生教育の躍動は現在進行形であることが確認でき、今後さらなる進展や広がりが期待される。

注
1)　「5・31教育改革今年で20周年 —"超党的未来韓国教育委員会をつくろう"」『中央日報』2015年5月29日付。（http://news.joins.com/article/17912648）
2)　1980年代後半以降、韓国の多くの研究において「文解教育」を公式用語として使っており、2000年以後の研究においては、文字生活に必要な「理解力」を超え、知識や情報の分析、推論、探求に必要な知識までを教える教育として幅広く捉えられてきた。李智恵「文解教育のビジョンと課題」全国文解教育シンポジウム『平生教育からみた文解教育の展望と課題』、2008年、pp.11-13。
3)　梁炳贊「韓国平生教育専門職制度の現況と課題」東京・沖縄・東アジア社会教育研究会『東アジア社会教育研究』No.12、2007年、pp.40-41。
4)　K-MOOC（Massive Open Online Course）とは、オンラインを通じて誰でも、どこでも、希望する講座を無料で受講することができる韓国型オンライン公開講座サービスとして、2015年10月に10大学からの27講座をもって開始された。
5)　全羅北道は2016年に平生教育振興院が設置される予定である。

第 9 章　韓国の教育改革 20 年と平生教育　*181*

6)　教育科学技術部『第 3 次平生教育振興基本計画（ '13- '17）策定研究』2012 年 12 月 20 日、
　　p.145。

7)　教育部報道資料「2015 年地域平生教育活性化支援事業選定結果」2015 年 5 月 29 日付。

8)　国家平生教育振興院成人文解教育支援室ブログ（アクセス日時：2015 年 11 月 16 日）（http://
　　blog.daum.net/literacynile）

9)　国家平生教育振興院ホームページ（アクセス日時：2015 年 11 月 16 日）（http://www.nile.
　　or.kr/contents/contents.jsp?bkind=html&bcode=FABAAAA&bmode=list）

10)　国家平生教育振興院成人文解教育支援室ブログ（アクセス日時：2015 年 11 月 16 日）
　　（http://blog.daum.net/literacynile）

11)　「小中高における多文化家庭の生徒数、今年初めて 1%を超えて」『京郷新聞』2014 年 10
　　月 12 日 付。（http://news.khan.co.kr/kh_news/khan_art_view.html?artid=20141012154
　　8221&code=940100）

12)　「結婚移住女性 12 万人時代、人権実態は」『韓国 NGO 新聞』2015 年 8 月 8 日付。
　　（http://www.ngo-news.co.kr/sub_read.html?uid=76152）

13)　呉世蓮・金宝藍・郭珍榮・松尾有美「韓国の平生教育・この 1 年」東京・沖縄・東アジ
　　ア社会教育研究会『東アジア社会教育研究』No.19、2014 年、p.88。

第 10 章

東南アジア諸国におけるノンフォーマル教育と コミュニティ学習センター (Community Learning Center: CLC)
―カンボジア、ラオスの事例―

1. アジア太平洋地域諸国の現状と人びとの学習活動

　ユネスコの推計（2010 年）によると、世界には、就学年齢にありながら学校に通えない児童（6 〜 11 歳の子ども）が約 7,200 万人存在し、自国・自文化の文字の読み書きができない大人（成人非識字者）が約 7 億 5,900 万人いるとされている [1]。こうした非識字者の多くは、生活の糧のために子どもの時から働かなければならなかった貧しい人びとや女性、少数民族、さらには戦争や紛争の犠牲になった難民の人たちである [2]。また、成人の非識字者のうち約 3 分の 2 は女性であるといわれ、とくに、アジア太平洋地域の非識字人口は、世界の非識字人口の約 70％に達するとされる [3]。

　こうした中、1990 年 3 月、タイのジョムティエンで、ユネスコ・ユニセフ・世界銀行などが主催する「万人のための教育世界会議」が開催され、「万人のための教育（Education for All　以下、EFA という）」をスローガンとして、すべての人びとに、「生きるために必要な知識・技能を獲得するための教育活動」としての「基礎教育」を提供することを世界共通の目標にするという国際的コンセンサスが形成された [4]。教育は基本的人権の一つであり、すべての人びとが「生きる」ために必要な知識・技能を学ぶ機会を得てさまざまな問題に対処するために、基礎教育の拡充こそが重要であると確認されたのである [5]。

EFA については、ユネスコが取りまとめの国際機関となり、ユニセフ、世界銀行などの他の国際機関や、各国政府機関、NGO が協力しながら、国際連合のミレニアム開発目標（Millennium Development Goals: MDGs）に基づき、2015 年までに世界中のすべての人たちが初等教育を受けられる、字が読めるようになる（識字）環境を整備することとされた[6]。また、国際連合は、ユネスコの主導により「国連識字の 10 年」（2003 年から 2012 年）を定め、すべての子どもたちが学校に通えるようになることやとりわけ成人女性の識字率を向上させることを目的とする活動を推進してきた[7]。

こうした取り組みが国際的に進められる中、日本ユネスコ協会連盟は、1989 年から、公教育を受けられずにいる子どもや受けられずにきた大人に対して、多種多様な学習・活動の方法によって識字教育を中心としたノンフォーマル教育の機会を提供する拠点として、日本の公民館をモデルとした「寺子屋」、すなわちコミュニティ学習センター（Community Learning Center 以下、CLC という）をアジア太平洋地域の発展途上国に整備する「ユネスコ世界寺子屋運動」を展開してきた[8]。CLC では、文字の読み書きを学ぶ機会が提供されるだけでなく、非識字者を含むすべての人びとが継続的に生活の質を向上できるように、生活に役立つ知識習得のための教育や、収入向上につながる職業技術訓練、生産活動（農産物増収のため）の技術学習、地域の文化行事の準備・練習、小口融資事業などが行われ、ノンフォーマル教育と地域福祉を融合した活動が推進されている。

本章は、カンボジア王国およびラオス人民民主共和国の CLC を事例として取り上げ、東南アジア地域の発展途上国の CLC における学習活動の現状、実態、成果について検証することを目的としている[9]。

184 第3部 アジア

2. カンボジアにおけるノンフォーマル教育と CLC

（1） カンボジアの概要と CLC の設立

　カンボジアは、インドシナ半島に位置する東南アジアの立憲君主制国家である。東にベトナム、西にタイ、北にラオスと国境を接し、南は南シナ海に接する。首都はプノンペンで、面積18万1,035平方キロメートル、首都／州の数は24、市／郡／区の数は193である。人口は約1,339万人であり、うち女性は約687万人である（人口の51.3%）。15歳以上の成人識字率は75.1%（2007年）であり、15〜24歳の識字率は87.8%（2007年）である。国民の90%以上がクメール語（カンボジア語）を話し、仏教を奉ずるクメール人（カンボジア人）である。2009年のGDPは約108億ドルである[10]。

　2010年9月現在のデータによれば、カンボジア国内には242のCLCが存在する。このうち215施設はカンボジア政府の支援を受けて運営されており、27施設は非政府組織（NGO）を含むさまざまな運営主体の支援を受けて運営されている[11]。

（2） カンボジアにおける CLC の設立過程

　カンボジアにおいては、1994年に、ユネスコと日本ユネスコ協会連盟の支援を受け、シェムリアップ、バッタンバン、カンダールの3州でCLC活動が開始された。その後1999年に、ユネスコ・プノンペン事務所を通じてユネスコ・バンコク事務所が実施する「アジア太平洋地域万人のための教育事業（Asia-Pacific Programme of Education for All: APPEAL）」の支援を受け、教育・青年・スポーツ省のノンフォーマル教育局が、タケオ、コンポンスプー、コンポントムの3州でCLCパイロットプロジェクトに着手した。地域住民がCLCを所有し、運営を行っており、CLCは地域住民の学習・教育の場であるとともにコミュニティ開発のための場として機能している。

　カンボジア政府は、「貧困削減と人間開発」を国家政策の最優先課題として位置づけ、「公教育を受ける手段や機会がない人びと」に対する支援に、とく

第10章 東南アジア諸国におけるノンフォーマル教育とコミュニティ学習センター (Community Learning Center: CLC) －カンボジア、ラオスの事例－　*185*

に力を入れている。例えば、政府文書の中に、次のような文言が見られる[12]。

> 「万人のための教育」国家委員会およびその他の関連機関に属する省庁や公共機関は、ノンフォーマル教育の支援に関与する責任を負っている。ノンフォーマル教育政策の成果を上げるため、関係各省庁・各公共機関は、責任の精神に基づいてノンフォーマル教育政策を実施・促進し、かつ、関連する公共機関・あらゆるレベルの地方当局・行政機関・寺院および民間部門や産業界の人びとが、既存のリソースを活用してノンフォーマル教育の発展に貢献し、村落に CLC を設置するよう助言し奨励するため、協力しなければならない。
>
> 　カンボジア文化芸術省および宗教省は、仏教指導者、僧侶・尼僧が地域で行う説教活動や祭礼時に、知識の有用性を地域住民に啓蒙するよう働きかけ、地域に図書館・読書室・教室・CLC を設置することを支援し、自らの都合と能力に応じて教育や職業技術訓練の担い手として参加することを支援するために、協力しなければならない。
>
> 　カンボジア教育・青年・スポーツ省は、識字教室、補習教室、職業技術訓練教室、CLC、読書室・図書館などの設置に地域住民が参加する機会を設けなければならない。

　「公教育を受ける手段や機会がない人びと」に対する支援の最重要施策の一つとして、CLC の設置およびその運営支援が挙げられているのである。

　1999 年にユネスコの支援で、上記 3 州に 3 つの CLC が設立された後、カンボジア教育・青年・スポーツ省のノンフォーマル教育局が、独自にその他の州に CLC を設立するようになった。ユネスコの支援で設立された CLC は、後に郡教育局に移管され、これを機に、ノンフォーマル教育局は州教育局および郡教育局と連携しながら独自の CLC 活動に取り組むこととなった。

　CLC のすべての運営・活動に責任を負っているのが、地域住民で構成される CLC 運営委員会である。運営委員会は、高僧や僧侶を中心にして地域にインフォーマルな形ですでにできあがっている人びとの関係性を基盤として、名誉委員長（高僧、僧侶、地域の人びとに尊敬されている人など）、実行委員長、副実行委員長、実行委員で構成されている。ノンフォーマル教育局、州教育局および郡教育局は、国家、州、郡レベルの調整委員会として、CLC 活動の運営・実施状況を監督、調整する。CLC 活動を実施・拡充するための予算は、

原則として政府予算から支出され、CLC施設の建設や改修・整備工事費や学習活動費などに充てられる。地域住民がCLC設立のための用地や建物を提供しているケースもある。CLCの学習活動を直接指導する技能訓練員や教員は、運営委員会によって選定される。

CLCの設置・運営は、おおよそ、次のようなプロセスを経て進められる。州教育局は郡教育局と協力しながらCLC設置対象地を選定し、次に学習プログラムの内容の検討を行う。その際、学習者（地域住民）のニーズ調査が実施される。CLCの建物建設・改修整備完了後、CLCの概念・役割・業務、CLCへの参加、CLCの所有・運営、CLC活動の立案、地域にとってのCLCの重要性と有効性について関係者の理解を得、意識を高めるため、3日間のオリエンテーション・研修・ワークショップが行われる。この会合には地域の長老や地域の人びとに尊敬されている人、僧侶などが参加し、ワークショップ終了後に運営委員会が組織される。運営委員会は、CLCで実施される学習プログラムの具体的な立案を行うとともに、その情報を地域住民に周知する。多くの学習プログラムにおいては、学習終了後に修了試験が実施され、学習者・訓練者の能力が評価される。

職業技術訓練プログラムについては、訓練プログラムの有効性、活動計画、学習計画などを評価するため、中央から郡に至る各レベルで、モニタリング評価が実施される。ノンフォーマル教育局、州教育局および郡教育局は、1年に2～4回モニタリング評価を行い、地域レベルでは毎月関係者の会合が開催される。また、CLC運営委員会も月例会議で内部モニタリングを行っている。

（3）CLCの学習・活動実践

カンボジアにおいては、識字教育、「識字後教育」（基礎的識字能力を習得した後、再び非識字者に戻ってしまうことを防ぐ教育）、収入向上プログラム、保健・衛生教育、地域の相互扶助促進事業などの学習・活動が、CLCで展開されている。

カンボジアの非識字率は依然高く、識字プログラムの推進は、現在でもCLCの重点課題とされている。また、CLCでは、識字能力を維持するため

の教材、冊子、ライフスキルに関連した教材を配布し、「識字後教育」を推進している。教材の内容としては、環境、農業、ジェンダー、健康衛生、HIV/AIDS、自己決定などに関するものが取り上げられている。

さらに、CLCでは、地域住民、特に青少年と成人を対象とした収入向上を目指す職業技術訓練プログラムが実施されており、学習内容は地域住民のニーズにより決定される。訓練科目としては、クメール伝統音楽、機織り、美容・理容、オートバイ修理、縫製、マッシュルーム栽培、養鶏・養豚トレーニングなどがあり、訓練期間は、3〜6カ月である。また、土地利用や雇用についてなど、収入を向上させるために習得しておくことが必須とされる知識や権利に関する学習活動も進められている。

そのほかにも、CLCにおいては、新生児・妊産婦の栄養・健康・疾病などに関する保健・衛生教育、HIV/AIDS予防教育、女性による共同貯蓄、小口貸し出し事業、地域住民が米を拠出し、収穫前に米が足りなくなったときに地域住民に貸し出す「ライスバンク（米銀行）」事業なども推進されている。

（4）シェムリアップ州チョンクニア村のCLC活動

農村地域であるシェムリアップ州チョンクニア村（人口6,866人、2010年9月現在）には、トンレサップ湖に浮かぶ水上CLCが設置されている。チョンクニア村の子ども・若者の就学率は約56％、成人識字率は約47％にとどまり、就学率および識字率の向上を目的として、CLCでは基礎教育・識字教育が積極的に進められている。

また、トンレサップ湖に繁茂するホテイアオイ（水草）を加工して手工芸品を製作する技術訓練講習やレース編み訓練プログラムが実施され、そこで製作されたバッグやスリッパは地域内外に販売され、地域住民の貴重な副業（農外）収入の一つとなっている。ちなみに、手工芸品の売り上げ収入の8割が製作者個人に分配され、2割がCLC運営費に充てられる[13]。ほかにも、地域の伝統であるクメール音楽を学習するプログラムで学んだ学習者たちが楽隊を結成し、伝統行事や近隣住民の結婚式で演奏を披露している。演奏料の7割が楽隊メンバーに、3割がCLC運営のための資金として分配され、楽隊メンバー

188 第3部　アジア

にとっては貴重な副業収入の一つとなっている[14]。

　さらに、チョンクニア村の CLC には、就学年齢1年前の5歳児を対象とした「コミュニティ幼稚園」が併設され、2010 年現在で 155 人の園児が通園している[15]。カンボジアでは、初等教育の中途退学が深刻な問題となっているが、その主な要因は、貧困、親の教育に対する理解不足、児童に学習習慣がないため授業を理解できない、多数の人びとが集まる学校の環境に児童が適応できないなどの点であるといわれている。このような子どもの教育をめぐる状況の中で、コミュニティ幼稚園は、親が子どもの教育の重要性を早い段階で理解すること、また子どもが小学校での学習の土台を形成することを目的に設置されている。

3.　ラオスにおけるノンフォーマル教育と CLC

（1）　ラオスの概要

　ラオスは、東南アジアに位置する共和制国家である。内陸国であり、北に中華人民共和国、西にミャンマー、東にベトナム、南にカンボジア、タイと国境を接する。首都はビエンチャンで、面積は 23 万 6,800 平方キロメートル、人口は約 562 万人、うち女性は約 282 万人（50.2％）である。82 の言語、49 の民族からなる多民族国家であり、地方行政単位の数は、特別市1、県 16、郡 141、村1万 552 である。人口の大半が農業に従事し、約 75％が自給自足農業を営む。国民の約 34％が一日 1.25 ドル未満で生活している。15 歳以上の成人識字率は、2005 年の資料によると 73％（女性は 48％）、2010 年の資料によると 78％（女性は 65％）である[16]。

（2）　CLC の設立過程

　1990 年、ユネスコ・パリ本部の支援を受け、ルアンナムター県、ビエンチャン市において、少数民族の女性とその子どもを対象とした識字教育および職業技術訓練のプロジェクトが開始された[17]。1992 年、ユネスコ・アジア太平洋

第10章　東南アジア諸国におけるノンフォーマル教育とコミュニティ学習センター（Community Learning Center: CLC）－カンボジア、ラオスの事例－　*189*

地域中央事務所の支援を受け、ケオコー村、ナノックム村にCLCを設立する
プロジェクトが着手され、基礎的職業技術訓練と識字教室を組み合わせたプロ
グラムが実施されるようになった。2010年度の教育省のノンフォーマル教育
年次報告書によると、国内には320のCLCがあり、CLCはラオス全土に普及
しつつあるといえる。

（3）　CLCの学習・活動実践

　ラオスのCLCにおける主な学習活動は、識字教室・同等性（同等化）プロ
グラム（CLCにおけるノンフォーマル教育プログラムを修了することにより、
正規の小学校卒業の資格と同等の資格が得られる）、基礎的職業技術訓練およ
び収入向上プログラムなどである。祖先から受け継がれてきた織物技術の復
興（ポンサイ郡の綿織物の製作、販売）や、農業従事者の副業としての養牛・
養豚・養鶏・養ヤギなど畜産業への支援、ライスバンク（米銀行）事業、農産
物増産（農業技術）、農業経営（資金管理、サービス、マーケティングに関す
る知識など）、機織り、縫製、簡易水道施設の設置、トイレ・キッチンの改善、
調理、保健・衛生、算数、法律、民法、地域社会の慣習などにかかる学習活動
や事業がCLCにおいて進められている。

　ラオスのCLCで幅広く開催されている夜間・週末の女性対象の識字教室は、
レベル1（修了すると小学校2年生程度）、レベル2（修了すると小学校3年
生程度）、レベル3（修了すると小学校5年生程度）に分かれて実施されてい
る[18]。それだけでなく、初等教育修了に相当する知識や技能をCLCで学び、
修了後、中等教育学校に進学することも可能とする、いわゆる「同等性（同
等化）プログラム」が実施されており、毎年約20人程度の学習者が進学する。

　タイとの国境に近い地域では、性産業従事者向けの健康診断や女性の体の仕
組みに関する学習プログラム、血液検査なども実施されている[19]。

　また、ラオスにおいて蔓延しているマラリア、腸チフス、デング熱、重症
下痢、コレラ、肝炎、新生児破傷風、ポリオ、麻疹、ジフテリア、髄膜炎、
HIV/AIDSなどの疾患や感染症についての予防教育も実施されている。それ
だけでなく、農業従事者を対象とした健康教育の一つとして、腰痛・生活習慣

190 第3部 アジア

病の予防・改善のための健康管理プログラムも幅広く実施されている[20]。

　さらに、ラオスでは、妊産婦死亡率が人口 10 万対 530、乳児死亡率が出生 1,000 対 82、5 歳未満児死亡率が出生 1,000 対 97 と非常に高いため、妊産婦および乳幼児を対象とした健康ケアプログラムも盛んに実施されている[21]。例えば、栄養学的にバランスのとれた食事に関する基本的な知識および調理技術習得のための講習、家庭菜園の推進、離乳食改善、妊産婦の健康改善（妊娠中の生活や栄養に関する教育、妊産婦検診受診の奨励）、乳幼児の死亡・疾病の低減につながる学習活動（乳幼児ケアの普及、清潔の確保、下痢症などの対処）、望まない妊娠の低減につながる家族計画の教育・情報提供などが進められるとともに、予防接種の有効性に関する知識の普及を通じた予防接種率の向上を目指した取り組み、ワクチンの必要性と摂取後の注意事項などの啓発活動が進められた。

　また、安全な水と衛生環境に関わる保健・衛生教育を通じた衛生習慣の改善と、一人ひとりの清潔観念の増進や手洗いの励行、水やトイレ・キッチン、ごみ処理の改善およびそのことによって予防可能な疾病についての知識の普及といった、人びとの生活改善運動、小規模水道施設の建設や家屋とその周辺の清潔・清掃活動（ごみ拾い、水溜りを埋める作業）も進められた。さらに「農業を実践していく上で、固定的に考えられてきた男女の役割を見直し、慣習に縛られず意思決定に共に参画していくという意味でのジェンダーのあり方を理解する」ための学習プログラムや、女性の地位向上に向けて、織物、洋裁、染色の技術習得のための訓練を実施する学習プログラムなども推進されている。

　各 CLC には、運営委員会が設置されている。運営委員会は、地元の長老組織、女性団体、青年団体、文化団体など地域社会を代表する人びとで構成されている。CLC の学習プログラムの指導には、教員やボランティアがあたる。運営委員会が毎月開催され、CLC 活動の実施計画、資金援助、外部からの資金調達などについて審議される。

4. CLC の学習活動に参画した学習者の声

　カンボジアおよびラオスの CLC における学習活動に参画した学習者からは、次のような声が寄せられている[22]。

　　私は小学校 2 年で学校を辞めました。家が貧しくて両親と物売りをしていました。もう文字や数字を忘れてしまいました。教室に行く前は、勉強することが自分に大切ではないと考えていました。でも勉強したことが商売に役立つので、今では勉強して知識をもつことが大切だと思います。　（カンボジア・20 歳・女性）

　　家庭が貧しく、小さい頃から牛追いをしていたため、僕は小学校を 3 年生で中退してしまいました。でも、CLC の教室では、読み書き計算のほかに、天然肥料の作り方、エイズやマラリア、デング熱、礼儀作法などたくさんのことが学べました。　　　　　　　　　　　　　　　　　　　　　　　　（ラオス・17 歳・男性）

　　私は農家で働いています。貧しいために小学校 2 年生までの教育しか受けられませんでした。今、CLC の識字教室に通っています。読み書き、計算を身につけ、今学期の修了試験にも合格しました。私と私の村の人びとを助けてくださっているみなさんにお礼を申し上げます。みなさんの助けがなければ、私も村の人びとも字の読み書きをまた忘れてしまうかもしれません。これからも支援が続けられるように願っています。　　　　　　　　　　（カンボジア・28 歳・女性）

　　機織りの技術があれば、私たちの家計の助けになる収入ができ、貧しさから抜け出すことが可能になります。また、森林伐採を防ぐこともできます。みなさまにお礼を申し上げる以外、何もできない私たちですが、みなさまのことをいつも忘れずに機織りに励みたいと思います。　　　　　　　　　（ラオス・30 歳・女性）

192　第3部　アジア

5. カンボジア・ラオスのCLCにおける学習・活動実践の類型化の試み

　以上、カンボジア、ラオスを事例として、CLCの設立過程、運営組織および学習・活動実践について概観してきた。そこでは、「学習権」保障に加え、いわば「生存権」保障の一環として、生産・医療・福祉・保健・生活改善など地域福祉に関わる多彩な学習・教育活動が展開されていた。カンボジアおよびラオスのCLCで進められている学習・活動実践については、おおよそ次のように類型化することができよう。

　第1に、識字教育を中心とした「基礎教育の拡充」である。発展途上国では、学校がない・家計に余裕がない・子どもが働いている → 教育を受けられない（非識字）、読み書きができない（生活の基礎知識が不足）→ 安定した職業に就けず、収入が少ない → 教育を受けさせられない、といった「貧困のサイクル」から人びとを抜け出せなくさせる社会構造（社会的格差）が存在するとされ、この悪循環を断ち切る方法の一つが識字教育であるといわれる[23]。この「貧困のサイクル」を断ち切るために、基礎教育へのアクセスや学校（フォーマル）教育への就学率の向上を目的とした学習活動が展開されている。例えば、CLCにおけるノンフォーマル教育プログラムを修了することにより、正規の小学校卒業の資格と同等の資格が得られるといった「同等性（同等化）プログラム」が実施されている。また、成人の識字率の向上を目指した取り組みとして、学校未経験者のための識字教育プログラムや、基礎的識字能力を習得した後、再び非識字者に戻ってしまうことを防ぐための「識字後教育」プログラムも実施されていた。

　第2に、「生計の向上」である。生計の向上とは、「家族の収入が向上・安定化すること、かつ得た収入が個人の能力あるいは家族の属する地域社会における社会関係資本の構築・強化によって適正に管理、保護されることによって、持続的に生活が改善されている状態」と定義することができる。したがって、その内容は、単に一時的な収入の増加や食糧・農産物の増産を指すのではな

く、こうした状態を生み出すための能力の開発とその活用戦略、および、これらに影響を与える構造（制度・組織・政策）の構築とその改善までをも含む[24]。例えば、「収入の向上・安定・保護」を目的とした学習活動として、生産活動（農産物増収）の技術学習や、職業技術訓練による職業能力向上を目的とした学習プログラムが推進されている。また、副業（農外）収入の確保を目的とした技術教育（手工業、裁縫などの家内工業）、収入向上のために習得しておくことが必須とされるサービスやマーケティングに関する知識のスキルアップや土地利用などに関する法的知識・権利に関する知識の習得、地域内・世帯内のジェンダー役割の分担や意思決定の方法にかかる学習活動である。

　第3に、「保健・衛生環境の改善」である。保健・衛生は人びとの生命に深く関わり、また、社会や国の発展のためにも欠かせないものである。しかし、高い乳幼児死亡率や妊産婦死亡率、HIV/AIDSをはじめとする感染症の蔓延、安全な水へのアクセスの欠如が、発展途上国では問題になっている[25]。CLCでは、健康に関する基礎知識および情報の提供を通じた健康状態の改善活動や、主に乳幼児・妊産婦に対する栄養教育、トイレ・キッチンやごみ処理法の改善などの生活改善運動が推進されていた。

　第4に、CLCが「自治的活動の拠点」とされていることである。CLCの運営自体が地域住民で構成されるCLC運営委員会によってなされ、地域における生活上、生産上の諸課題と関連づけられながら学習課題化された実践が展開されることによって、CLCが人びとの暮らしの協同や相互扶助、自治の基盤として張り巡らされたセーフティ・ネットとして機能しているということである。また、CLCの自治的活動を通じて「ライスバンク（米銀行）」や幼稚園が設置されるなど、相互扶助組織が地域に張り巡らされることによって、地域社会の住民の間に「社会的信頼」「互酬性の規範」の共有と「市民的参加のネットワーク」の構築といった社会関係資本としての「ソーシャル・キャピタル」が新たに構築されたり、すでにできあがっているそれが強化されているといえる。そして、そうした「ソーシャル・キャピタル」が、「突発的なリスク」[26]（農産物の不作など）に対応する力を住民に備えさせることとなっている。

　こうしたカンボジア・ラオスのCLCにおける各種の学習活動は、社会にお

194 第3部　アジア

ける格差（ソーシャル・ギャップ（社会的格差））の是正と社会における公正性の担保を求めようとするものであるといえるであろう。ソーシャル・ギャップ[27]とは、第1に「社会的力関係の格差」、第2に「資源アクセスの格差」、第3に「活動（役割、責任）の格差」の3つを指すとされる。

　「社会的力関係」は、個人の属性としての年齢、ジェンダー、階級、民族、宗教、身体能力などの要因が複合的に作用して決定される部分である。このような要因によって決定された力関係の第1の格差（強弱）は、次に社会内部の各メンバーの資源へのアクセスに作用し、第2の格差が生じる。そして、社会の各メンバーは、アクセスできる資源を元手として生計を維持するための活動を行うが、そこに個人の属性に付随する自他の認識、価値観、行動規範も作用して、各メンバーの活動は固定化されるようになる。この活動の固定化は、個人が負う役割や責任の分担へとつながり、第3の格差を生んでいく。CLCにおける学習活動を通して、人びとは、容認し得る生活水準を維持するために必要な収入、生計、職業、資産を確保する「経済的能力」、健康で衣食住が十分に保障され、安全な水へのアクセスができる「人間的能力」、飢饉、疾病などの各種「ショック」に対して自らを守ることができる「保護的能力」を習得し、ソーシャル・ギャップの是正を目指すことになるのである[28]。

　CLCにおける学習・活動実践は、自己を取り巻く問題状況に対して、どのように行動すれば、そうした状況を切り拓くことができるかという可能性を見いだし、その実現のための力量（知識や技能）を内面化する主体的な行為であるといえよう。それは、人間と歴史の再生を「学習」に求めた「学習権宣言」（1985年3月、第4回ユネスコ国際成人教育会議において採択）によれば、「人びとを、なりゆきまかせの客体から、自らの歴史をつくる主体にかえていくものである」といえる。「学習」という主体的行為によって、人びとは、「孤独」や「疎外」「排除」から抜けだし、「共同的な人間関係」の中で、自らの自尊心や自信を育み、自己決定力を高め、自らの「生きる」意味を確認することができるのである。

　こうしたCLCにおける学習活動は、社会が示す画一的な、かつ、単一の価値観（例えば、「国民」という単一の集団や「国語」など）への「適応」を目

指すものではなく、また、「功利主義」的な、つまり自らの豊かな生＝財の獲得のために、「自己利益最大化」の方向に行為を選択することでもない。それは、「人が善い生活や善い人生を生きるために、どのような状態（being）にありたいのか、そしてどのような行動（doing）をとりたいのかを結びつけることから生じる機能（functionings）の集合」、つまり、「よい栄養状態であること」「健康な状態を保つこと」「幸せであること」「自分を誇りに思うこと」など、人びとが望ましいと思う状態を生み出し得る「機能の集合」体としての「潜在能力」[29]発揮のためのアクセスと捉えるべきであろう。

注

1) 「世界が抱える教育問題」（ユネスコ統計局：EFA グローバルモニタリングレポートによる推計）財団法人日本ユネスコ協会連盟 web ページ：http://www.unesco.or.jp/terakoya/issue/、2011 年 6 月 14 日最終確認日。

2) 同前。

3) 同前。

4) 「教育分野をめぐる国際潮流」外務省 web ページ：http://www.mofa.go.jp/mofaj/gaiko/oda/bunya/education/index.html、2011 年 6 月 14 日最終確認日。

5) 「万人のための教育」文部科学省 web ページ：http://www.mext.go.jp/unesco/004/003.htm、2011 年 6 月 14 日最終確認日。

6) 「世界寺子屋運動　活動内容」財団法人日本ユネスコ協会連盟 web ページ：http://www.unesco.or.jp/terakoya/activities/、2011 年 6 月 14 日最終確認日。

7) 同前。

8) 『海外のコミュニティ学習センターの動向にかかる総合調査研究報告書』ユネスコ・アジア文化センター、2009 年。

9) 筆者は、2007 年 3 月 3 日から 9 日までタイ・カンボジア、2009 年 2 月 1 日から 6 日までカンボジア、2010 年 9 月 22 日から 26 日までラオス、2011 年 8 月 21 日から 30 日までカンボジア・ラオスの CLC 関係者を訪問し、ヒヤリングを実施した。以下、その際の提供資料および関係者からのインタビュー調査を踏まえて構成されている。

10) 「アジア　カンボジア王国」外務省 web ページ：http://www.mofa.go.jp/mofaj/area/cambodia/index.html、2011 年 6 月 14 日確認。

11) 国際シンポジウム「公民館とアジアの CLC の協力」（2010 年 12 月 13 日　於：日本出版クラブ会館）の際に配布された資料、および、「寺子屋運動プロジェクト報告　カンボジア」財団法人日本ユネスコ協会連盟 web ページ（http://www.unesco.or.jp/terakoya/result/

pj/khn/、2011 年 6 月 14 日確認）に基づく。以下、カンボジアの CLC に関する記述は、と
くに注を付しているもの以外、本資料および注 9）に基づく。

12) 国際シンポジウム「公民館とアジアの CLC の協力」（2010 年 12 月 13 日　於：日本出版
クラブ会館）の際に配布された資料より。

13) Kominkan — Community Learning Centers（CLC）of Japan — 文部科学省・財団法
人ユネスコ・アジア文化センター、2009 年。

14) 注 9）に加え、前掲、「寺子屋運動プロジェクト報告　カンボジア」。

15) 以下、幼稚園の設置については、前掲、「寺子屋運動プロジェクト報告　カンボジア」。

16) 「アジア　ラオス人民民主共和国」外務省 web ページ：http://www.mofa.go.jp/mofaj/
area/laos/、2011 年 6 月 14 日確認。

17) 国際シンポジウム「公民館とアジアの CLC の協力」（2010 年 12 月 13 日　於：日本出版
クラブ会館）の際に配布された資料、および、「寺子屋運動プロジェクト報告　ラオス」財
団法人日本ユネスコ協会連盟 web ページ（http://www.unesco.or.jp/terakoya/result/pj/
lao/、2011 年 6 月 14 日確認）に基づく。以下、ラオスの CLC に関する記述は、とくに注を
付しているもの以外、本資料および注 9）に基づく。

18) 注 9）に加え、前掲、「寺子屋運動プロジェクト報告　ラオス」。

19) 「医療事情　ラオス」財団法人海外邦人医療基金 web ページ：http://www.jomf.or.jp/
jyouhou/health_care/vietnam.html、2011 年 6 月 14 日確認。

20) 注 9）に加え、前掲、「医療事情　ラオス」、および、前掲、「寺子屋運動プロジェクト報
告　ラオス」。

21) 同前。

22) 注 9）を参照。

23) 「世界が抱える教育問題」、財団法人日本ユネスコ協会連盟 web ページ：http://www.
unesco.or.jp/terakoya/issue/、2011 年 6 月 14 日確認。

24) JICA『ノンフォーマル教育支援の拡充に向けて』（2005 年）、p.39。

25) 同前、p.60。

26) 同前、pp.45-46。

27) 同前、pp.15-16。

28) 同前、pp.38-39。

29) アマルティア・セン／大石りら訳『貧困の克服 — アジア的発展の鍵は何か —』（集英社
新書、2002 年）、pp.167-168。

付記　本章は、拙稿「アジア太平洋地域のコミュニティ学習センター（Community Learning
Centre: CLC）における学習活動」（『中部教育学会紀要』第 13 号、2013 年）に加筆・修
正を施して構成されている。

第 11 章

中央アジアにおける生涯学習
―「継承」と「創造」の観点から ―

は じ め に

独立後、20年余りを経たカザフスタン、ウズベキスタン、キルギス、タジキスタン、トルクメニスタンの旧ソビエト連邦（以下、ソ連）中央アジア5カ国では、現在も教育のさまざまな分野で改革が続けられている。一連の改革で各国政府がまず着手したのは、義務教育制度を含む学校教育の再編であった。新教育法の制定を根幹としつつ、校舎や教室の設備などのインフラ整備や教員養成、独自の教科書の作成、日本の学習指導要領にあたる国家教育スタンダードの採択、教授言語の確定など、旧ソ連期と比較し、学校教育には多くの変化がもたらされている。

それに対し、成人教育を中心とした生涯学習は学校教育の二の次とされてきた感が否めない。生涯学習に関する法制度の整備といった観点からはいまだ未熟な点が多々あり、決して生涯学習改革が順調に進展しているとはいえないからである。しかし、その一方で人びとの生活世界に目を向けると、そこでは生き生きとした地域づくりの学びや伝統文化の継承、若者や女性の就業支援の取り組みが続けられている。

本章では、大きな変動のさなかにある中央アジア諸国の生涯学習について、その現状を検討し、今後の課題や展望を考察していく。

198 第3部　アジア

1. 現代中央アジアにおける生涯学習

（1）　ソ連期における生涯学習

　ソ連における生涯学習は、成人教育や青年教育、子どもの学校外教育を主
軸とし、学校外教育の充実という理念の下、多くの関連組織や教育機関が創設
された。厳密に生涯教育という言葉が公に使用されるようになったのはペレス
トロイカ期であるが、それまでは体系的に組織化された青少年や子どもを対象
とした組織によって、多様な学びの場が人びとに提供されていた。その代表が
10歳までの子どもたちのためのアクチャブリャータ（10月の子の意）、10歳
から15歳までの子どもたちのためのピオネール、15歳から28歳までの青年
のためのコムソモールであった。

　ペレストロイカ期の1989年3月には、「生涯教育の基本概念」がソ連邦国
民教育国家委員会と全ソ連邦国民教育会議の合同会議において承認され、学校
教育とともに成人教育や青年教育、子どもの学校外教育が生涯教育へと組み込
まれ、教育全体のさらなる体系化が進められた。この「生涯教育の基本概念」
では、生涯教育の中核理念として、「人格としての人間の発達、生涯にわたる
活動と交流の主体としての発達」が謳われ、「教育のあらゆる段階と水準での
全面発達の前提をつくりだす」ことが生涯教育であると規定されている[1]。

　関によれば、「生涯教育の基本概念」は生涯教育体系の基本構造としてさま
ざまな段階の学校を位置付けており、同時に学校から独立した機関を生涯教育
の並行的機関とし、さらにそこにインフォーマルな補足的機関が存在する、と
いった複層的な構造を有していたという。例えば、初等および中等教育ではピ
オネールの家やピオネール宮殿、スポーツ・クラブなどが学校とは独立した補
足機関であり、職業教育においては基本構造が職業・技術機関となり、並行的
構造が企業内教育というような構造が想定されていた[2]。そこでは、さまざま
な機関が独自性を発揮しながらも相互に連携することで、生涯教育体系を構築
していくことが目指されていた。このように、生涯学習や生涯教育という言葉
が公に登場したのはソ連終期においてであり、ソ連における生涯学習の歴史は

第 11 章　中央アジアにおける生涯学習 —「継承」と「創造」の観点から—　*199*

比較的短いものであった。

　片やペレストロイカ以前の成人教育については、成人に多様な教育機会を提供する教育機関が幅広く整備されていた。代表的なものには、中等専門教育および高等教育における夜間制コースと通信制コース、父母大学、教養大学、図書館があった。一例を挙げると、父母大学はソ連期に子どもの教育としつけについての知識や理解を深める目的で創設され、その内容は学校や労働者クラブで行われる父母対象の多様な講義から構成されていた。出席は任意で親たちに任されており、講義の多くは父母が学校の父母と教師の会や父母委員会で積極的に活動したり、課外活動など、学校で展開されているさまざまなサークルにおける有能な指導者となれるよう指導すること、父母のリーダーシップを涵養することを目的としたものであった[3]。

　また、教養大学は文化の家や文化宮殿、労働者クラブ、工場クラブが整備されることに伴い設置された公教育の一形態とされ、コース内容や実施期間は教養大学に通う学生たち自らが決定した。まず補足的機関という教育の場が設置され、その後にそこでの教育の中身が整備されたのであるが、通常は文学や美術、演劇、映画、音楽、科学、そして教育に関する講義や討議が行われた。講義終了後は、実際に劇場や音楽会、博物館、美術館に行ったり、作家や詩人、作曲家、俳優、映画制作者の講演も開催されるなど、座学だけでない実体験に基づく学びも展開されていた。さらに、教養大学では試験が課せられておらず、参加者は若干の授業料を支払い、講義に参加した[4]。このようなソ連期の成人教育には、勤労者の職業資質の向上と勤労者の思想的・政治的水準の向上、教養と文化の向上という3つの方向性があった[5]。

　以上をまとめると、ソ連期における生涯学習の根幹となっていた子どもの学校外教育と成人教育、ペレストロイカ期に登場した生涯学習・教育の眼目は多様な教育の補足的な場を創造しつつ、さまざまな教育の場が協力し合うことで、生涯教育体系を形作ることを企図するものであった。そして、多様な場で行われるソ連の歴史、文化や国家の仕組みなどについての学びを通し、労働者としての資質を高め、国家のイデオロギーを理解したソ連国民という国民形成を図るものであった。

200　第3部　アジア

（2）　独立後の中央アジアにおける教育改革と生涯学習

　1990 年代初頭におけるソ連解体に伴い、中央アジア 5 カ国は独立した。しかし、独立後の新たな国家建設の道程は容易なものではなかった。中央アジア諸国の独立は、「願い、戦い、勝ち取った独立」というよりもむしろ国家の基盤となる法制度や財務、外交、防衛、産業、教育、福祉など、国家システムの準備がまったくできていないまま、ソ連崩壊により「国家ごと放り出されてしまった」[6] といえるようなものであったからである。

　1991 年の独立から 2016 年まで、カリモフ大統領の長期政権が続いたウズベキスタンでは、中央政府による画一的な教育政策が全国的に実施されている。公教育全般は国民教育省および高等中等専門教育省の管轄であり [7]、新学校教育制度では 4 年間の初等教育、5 年間の前期中等教育に続き、新たに 3 年間の後期中等教育が無償義務教育となった。計 12 年間の義務教育のなかでも特に政府が重視しているのが後期中等教育における教育改革である。この後期中等教育は、アカデミックリセ（一般教養高等学校）と職業カレッジ（職業専門高等学校）に二分されており、リセでは大学進学を主目的とした専門知識、カレッジでは職業に直結する各種技術を中心とした教育が行われている [8]。

　すでに後期中等教育段階から専門知識や職業技術の学習など、生徒の進路に関連する教育が開始されている点がウズベキスタンの後期中等教育の特徴の一つであるが、同時にリセとカレッジ両方で一般教養科目の習得に重点が置かれている点も看過できない [9]。これには、市場経済やマーケットの知識、外国との交流や交渉を進めるための英語などの言語能力、インターネットなどに対応するようなコンピュータやその他のハイテク機器に通じた知識を養うだけでなく、ウズベキスタン国民という意識の醸成に連結するような科目や教育内容を後期中等教育でも扱うという政府の企図がうかがえる。

　換言すると、現在のウズベキスタンでは学校教育を中心として、現代世界を生きる新たな知識を持つと同時に、ウズベキスタンの歴史や伝統に通じたウズベキスタン国民を育成するという人材育成が、教育改革によって推進されているのである。

　同じく独立後から現在までナザルバエフ大統領が長期政権を敷くカザフス

タンでは、教育は改革の重要分野の一つとされている。学校教育制度は、旧ソ連の制度を継承し、初等・中等普通教育（小中高一貫学校）で計11年間である。初等教育段階は4年間、前期中等教育段階は5年間で、高校にあたる後期中等教育段階は2年間である。ウズベキスタンとは違い、義務教育年数は9年間であるが、2007年度から12年制への移行が開始されており、2020年にはすべての学校で12年制への移行が完了予定である。この12年制のうち、義務教育は10年間となる[10]。

　カザフスタンの教育改革で特徴的であるのは、多言語教育の充実を目指している点と、大統領令によるナザルバエフ学校やナザルバエフ大学を設立し、諸外国からの外国人教員を招聘し、さらに大学生や大学院生、教員、研究者対象の奨学金「ボラシャク（カザフ語で未来の意）」を優秀な者に支給し、教育の国際化を図っている点である。

　先述のウズベキスタンとカザフスタンは中央アジアの大国として数えられるが、残る3カ国のキルギス、タジキスタン、トルクメニスタンの教育改革は遅乾ともいえる状況にある。

　キルギスやタジキスタンは石油や天然ガス、レアメタルなどの地下資源が豊富な国ではなく、主だった産業も発展していないため、国家財政が非常に厳しい状況に立たされている。国内での就業が困難であるため、多くが仕事を求め出稼ぎ労働者としてロシアやカザフスタンに渡り、その出稼ぎ労働者による仕送りが国の経済を支えてきた。そのため、ロシア経済の悪化による出稼ぎ労働者の失業などに国の経済が揺さぶられるといった、非常に不安定な現況が生み出されている。

　また、キルギスは2度の政変を経験しており、タジキスタンは独立直後から5年間にわたって続いた内戦の影響で、校舎や学校内の設備、国家と地方政府の教育行政そのものが崩壊した状況にあった。そのような状況では、教育に配分する予算にも限界があり、カザフスタンのような国外派遣のための奨学金などはほとんど拡充できておらず、留学の場合は外国政府や国際機関の支援に頼っているのが現状である。

　中央アジア5カ国のなかでも際立って特殊な国であるのがトルクメニスタン

である。その閉鎖性や大統領による集権的な政治体制が大きな特色であるが、それゆえ教育に関する各種データもあまり公表されておらず、国際機関の報告書でも具体的な教育の姿をうかがい知るのは難しい。筆者は 2008 年にトルクメニスタンの複数の都市を訪れたことがあるが、その滞在のなかで垣間見た同国の教育は、伝統と前大統領の創り上げたイデオロギーに彩られたものであった [11]。

　これまで述べたような中央アジア諸国で推進されている教育改革の中心は学校教育であり、生涯学習や成人教育にはあまり力点が置かれていない。既述のように、ソ連期はピオネールやコムソモール、成人対象の父母大学などを中心に、子どもの学校外教育や成人教育が行われていた。中央アジアにおける生涯学習や成人教育の基本構造、人びとの生活内の伝統は、ソ連期に形成されたのである。

　独立後の現在も、国によってはソ連期の各種団体や関連施設を引き継ぎ、子どもの学校外教育などを行っているところもある。また、国家の制度として生涯学習や成人教育を整備しようという傾向やプロジェクトも見られる。2009年に開催された第 6 回ユネスコ国際成人教育会議（CONFINTEA、以下国際成人教育会議）に合わせて提出されたナショナルレポートでは、ウズベキスタンやカザフスタンでは職業教育・再教育偏重の傾向が、キルギス、タジキスタンでは職業教育と同じく、人権教育や市民教育も重視する傾向が見られた [12]。

　しかし、関連の法整備や政策の策定など、生涯学習や成人教育の制度そのものの確立は 5 カ国すべてにおいてほとんど進展していない。中央アジアにおける生涯学習は、ソ連期の生涯学習の蓄積と伝統の継承がある反面で分断・脱却の点も見られ、各国独自の生涯学習制度の未整備・未発達という渦中にあるといえる。

2. 国際成人教育の動向と中央アジア諸国

　中央アジア諸国の独立後、さまざまな国際機関や国際 NGO が中央アジアの成人教育支援に乗り出している。特に顕著な支援活動を展開しているのが、ユネスコとドイツの民衆大学連盟を基盤とする DVV international である。

　ユネスコはアジアを中心に展開している CLC（Community Learning Center）事業の普及を中央アジアでも推進し、CLC を中核とした生涯学習、成人教育を促進している。また、国際成人教育会議を通して中央アジア各国の成人教育や生涯学習の交流と発展を目指している。ドイツの DVV はユネスコとも連携しつつ、ウズベキスタン、キルギス、タジキスタンの３カ国に事務所を置き、伝統文化の継承や成人教育協会の整備、教育文化事業支援を実施している。さらに、国際成人教育会議の際に提出するナショナルレポートの作成においても政府のサポート役として重要な役割を果たしている。

　これまでソ連といういわば閉ざされた域内で行われてきた中央アジアの生涯学習は、多様な国際機関や国際 NGO のリードにより徐々に国際化し、世界の生涯学習や成人教育の潮流の影響をダイレクトに受けるようになっている。その一例として、以下ではウズベキスタンにおける成人教育の進展を見ていきたい。

（1）ユネスコによる国際成人教育の進展とウズベキスタン

　ウズベキスタンと世界の成人教育については、1997 年にドイツのハンブルクで開催された第 5 回国際成人教育会議でその関わりが開始されたといえる。ウズベキスタンや中央アジア各国は相次いで 1991 年に独立したため、独立政府としての国際成人教育会議への関わりは 1990 年代以降に始まった。2009 年の第 6 回大会への中央アジア諸国の参加状況は、トルクメニスタンを除く 4 カ国が国内の成人教育の現状をまとめたナショナルレポートを提出し、政府代表をブラジル・ベレンでの本会議に派遣している。ウズベキスタンも政府代表として、ウズベキスタンのユネスコ国内委員会委員を派遣した。

204 第3部 アジア

ハンブルクでの第5回大会の後、2003年6月にはウズベキスタンの首都タシュケントで、中央アジア諸国の生涯学習に関する初めての地域会議である"Education for All-Lifelong learning in Central Asia"が開催された。この会議は、"Education For All"宣言に基づく活動枠組みや、第5回大会において採択された「成人学習に関するハンブルク宣言」と「成人学習の未来へのアジェンダ」、1998年の高等教育世界会議、そしてこれらの会議で出された奨励事項を実施するための中央アジア諸国の活動を支援することを目的として開かれた。会議最後には、中央アジア各国の生涯学習政策に関する計画や方針の発展を目指した"Tashkent Call to Action"という提言が採択されている。

法制度の整備がままならず、中央アジアではいまだ成人教育や生涯学習という概念自体が人びとの間に根付いていない状況にあるが、初めて地域会議が開催され、成果文書である提言が採択されたことは非常に画期的な取り組みであり、今後の中央アジアにおける成人教育発展の道標となるものであった。

会議参加者には、ウズベキスタン、カザフスタン、キルギス、タジキスタン、ロシア、ウクライナ、アルメニア、アゼルバイジャン、ジョージア、デンマーク、ドイツ、インド、インドネシア、パキスタン、フィリピンの15カ国の政府代表やユネスコ本部、ユネスコ・ウズベキスタン事務所、各NGO代表、DVVなど多様な立場の人びとが名を連ねていた。政府代表だけではなくNGO関係者や実践家など幅広い見地からの議論が行われ、成人教育についての域内協力、連携の基盤を構築する契機となっていることは評価でき、本会議や提言の大きな成果といえる。

その一方で、今後検討しなければならない点は、中央アジア各国や中央アジアという地域における生涯学習や成人教育の現状、課題について、具体的な活動方針や評価基準が明確には見えてこなかった点である。例えば、会議参加者によって今後改善すべき点として複数の点が指摘されたが、そのすべてが中央アジア特有の課題を如実に表すものとはなっていない。もちろん中央アジアの現状に触れた項目も提示されているが、これらも含め、全項目が中央アジアだけではなく、世界中の多くの国や地域に散見される課題といえ、中央アジアの現状から特有の課題を導き出すようなものとはなっていない[13]。

第 11 章　中央アジアにおける生涯学習 ―「継承」と「創造」の観点から ―　*205*

　ウズベキスタンのみならず、他の中央アジア 4 カ国を概観しても、生涯学習や成人教育の法整備・制度化の恒常的な進展が見られる国はなく、国家の教育体系に生涯学習や成人教育が実態的に位置づけられているとは言い難い。ソ連期には、既述の通り、多様な教育の場や機会が提供されていたが、独立後は旧ソ連の体制からの脱却を目指すあまり、旧来の枠組みの長所を活用しつつ、新たな国家における生涯学習および成人教育の法令、制度を構築するという流れが停滞しているといえる。

（2）　ウズベキスタンにおける DVV の取り組み

　国家の生涯学習や成人教育への取り組みが膠着する一方で、民間団体からの支援は活発化している。特に、前出の DVV は中央アジアにおける成人教育や生涯学習の進展について大きな役割を果たしている。DVV は中央アジア全体を管轄するための事務所をウズベキスタンに置き、ウズベキスタン国内では手工芸などの職業技術支援と同時に、国全体の成人教育を支える成人教育協会の基盤づくりに対しても支援を実施している。DVV の支援が展開されることで、成人教育そのものの認識や成人教育を行うことの意義が人びとの間に広がりをみせはじめている。

　支援活動は現地の NGO や関連団体との協働によって実施され、活動を展開することで国内の成人教育団体同士の連携が促進されるような仕組みができ上がっている。また、第 6 回国際成人教育会議の際に提出されたタジキスタンのナショナルレポート作成に DVV も深く関わるなど、国の成人教育や生涯学習政策にもコミットするような存在となっている。DVV の活動はウズベキスタン事務所を中核としながら 3 カ国の活動状況や成果が把握できるようになっており、3 カ国の交流や情報交換ができるようにもなっている。このような仕組みから、DVV の存在は中央アジア地域の域内連携を進めていく一要因となっていることがわかる。

　DVV が近年力を入れている活動に、ウズベキスタン成人教育協会の育成事業がある。この団体は正式には「ウズベキスタン成人・青年の調和的発展協会」という名称で、現ウズベキスタンで数少ない成人教育関連団体である。ウ

ズベキスタンにおける成人教育の整備を行い、発展させていくためには、成人教育を牽引する民間団体の力が重要であるが、その意味でも成人教育協会に支援を行い、連携する意義は大きい。

　具体的には、ウズベキスタン成人教育協会のキャパシティ・ビルディングを行いつつ、関連するNGOや団体にアドバイスや指導をしている。そこでは、支援に頼り続けるのではなく現地の人びと自らがイニシアティブを持つこと、成人教育を支えていく団体の育成やスタッフの養成が目指されている。

　DVVの活動の内容に目を向けると、定期的に協会やその他成人教育団体スタッフの研修、ウズベキスタン国内外から講師や専門家を招いてのラウンドテーブルが企画、開催され、スタッフの力量形成の機会が幅広く設けられていることがわかる。さらに、ウズベキスタン国内の成人教育団体スタッフの国際会議やセミナー、国際ラウンドテーブルへの派遣も積極的に行われている。例えば、ドイツで開催されるDVVの年次総会にウズベキスタンの現地スタッフを派遣し、成人教育やDVVの支援活動の最新動向を学ぶ機会が確保されている。また、先述の成人教育団体の長が2012年にタイのバンコクで開催された、"Lifelong Learning for All through Community Learning Centers (CLCs)"の会議に参加し、国内の成人教育団体の特徴や経緯、政府のプログラムについての発表を行った報告がウズベキスタン国内でも紹介されている。

　この会議では、ウズベキスタンの成人教育の現状の発信のみでなく、諸外国の事例をウズベキスタンで検討するということも行われた。DVVのニューズレターには、この会議に参加した協会代表のレポートが掲載され、そこではパキスタンの農村部の女性の学習事例、タイの「竹の学校」という農業技術や実践的な知識を学ぶ学校の事例が報告されている。各国のCLCの事例の掲示とともにウズベキスタンのCLCも挙げられており、1999年以降、ユネスコとの連携により10のCLCと1つの共和国立学習センターが設立されたことや、タシュケントで多数のNGOがインターネットを介した学習を人びとに提供している事例が紹介されている[14]。

　このような国際会議への派遣事業は、ウズベキスタン国内の成人教育団体の国際化を促進し、国際ネットワークを構築する重要な契機になると考えられる。

諸外国における成人教育の現状を知り、先駆的な事例に触れることで世界の成人教育の最新動向を把握し、多くの成人教育関係者と交流することで国際ネットワークの創造が行われている。

　国際支援団体がどれほど個々の成人教育団体を資金面や技術面、人材面でサポートしても、政府や地方行政府以外に国の成人教育を下支えする非政府かつ非営利の団体の持続的な活動が必要である。このように、DVV の成人教育支援は国内研修と国外派遣を 2 本柱とし、関係職員の力量形成を目指すとともに、中央アジアにおける成人教育の国際ネットワークの構築を促していると指摘できる。

3.　地域社会における人びとの学び

　それでは、人びとの生活世界では生涯学習はどのように展開されているのであろうか。ここでは、独立後のウズベキスタンとカザフスタンにおける人びとの学びの事例を基に、国家の政策とは別の次元で展開されている生涯学習を考察する。

　ウズベキスタンでは古くから、伝統的な地域共同体であるマハッラが人びとの生活のあらゆる基盤となってきた。独立後の現在においても、マハッラは政策上でも人びとの実生活においても、地域住民に対するさまざまな社会サービスを実施する中核となっている。ウズベキスタンには、現在 8,190 のマハッラが存在するとされる[15]。各マハッラにはマハッラ運営委員会が執務するマハッラ事務所が設置され、マハッラによっては、この事務所に住民の集会場や卓球などの簡単なスポーツができるホール、女性や青年、宗教などの下部委員会の執務室、就業訓練やパソコン講座を行うことのできる部屋が設けられているところもある。これらの部屋で若い女性対象の就業訓練や生活相談、子育て支援、パソコン講座や青少年対象の講演会などが行われている。マハッラ事務所は、ウズベキスタンにおける地域内の生涯学習の拠点となっているのである。

　タシュケント州アングレンのあるマハッラを調査したところ、マハッラの女

208 第3部　アジア

性対象の就業支援や子育ての講座が開催されていたが、事業実施後に評価は行わず、参加状況については出欠のみで管理し、参加者の反応などを把握することは行っていなかった[16]。

　マハッラでの取り組みに加え、ウズベキスタンでもCLC事業がユネスコ支援のもと1998年より開始された。事業の中心はEFA（Education for All）の発展とノンフォーマル教育を中心とした生涯教育システムの振興である。2009年の第6回ユネスコ国際成人教育会議で提出されたウズベキスタンのナショナルレポートでは、国内10カ所のCLCが子どもや成人女性に対し多様な学びの場を提供していることが明示されている[17]。

　さらに、首都のタシュケントにはCLCを支援するためのCLCリソースセンターが開設され、全国的なCLC配置の制度化、整備を図る取り組みが推進されている。CLCリソースセンターでは、学習支援のためにマハッラの住民情報をデータベース化したものを活用することも議論している。

　既存の10のCLCでは各地域課題に対応する活動が実施されている。例えば、キルギスとの国境沿いに位置し、貧困家庭の子どもが多い地域であるイズボスカン地区では学校の一教室にCLCが設置され、「親の教育とECD（Early Childhood Development）」や女性向けの裁縫教室などが開講されている[18]。さらに、アンディジャン地方のある村のCLCでは、「Child Care Development」「ヘルスケア」「HIV/AIDS予防教育」「語学コース」「ICTプログラム」「収入源をつくりだすプログラム」といった多様な事業が行われている。

　同CLCの紹介動画では、CLCの長が「私たちの地域の人びとのために、職業や健康、ICTのような多くのプログラムが実施され、CLCはコミュニティメンバーのニーズや関心をつきとめる上で重要な役割を果たしている」と、CLCの役割や重要性を述べている。この地域に住む男性は、「CLCで妻が服の仕立てのコースに参加しており、息子はコンピュータスキルを学んでいる。これらのコースは日常生活に必要なスキルを得るもので、とても人気がある」と話す。また、CLCファシリテーターの女性は、「女性や女児対象の伝統的な織物クラスの現在の主な目的は、資格のあるスキルと付加的な収入を獲得する

こと。クラスは女性たちが社会的・経済的地位を向上させ、家族のなかでより重要な立場になることを援助する」と強調している[19]。

　上述の事例に見るように、人びとはマハッラの事務所やCLCに集まり、そこで自由に時間を過ごし、時にはさまざまなプログラムや講座、訓練に参加している。マハッラの住民たちは、多様なライフスキルや就業、生活向上のための技術についてマハッラを介して学び、日常生活における課題の掘り起こしやその解決方法を模索する。また、自身の住む地域や自分自身の生き方についても考え、学ぶ重要な機会や、必要な福祉サービスを得る。マハッラ運営委員会やマハッラのCLCスタッフは、人びとがどう生き、何に関心があり、何を必要としているのか、人びとの生きる社会の課題について活動を通じて検討し、個々の要望や地域全体のニーズに対する支援に取り組んでいる。

　カザフスタンでもユネスコの支援により農村部と都市部の双方にCLCが設置され、多様な事業が展開されている。現在、国内にはユネスコの支援によって7つのCLCが設立されており、地域住民のニーズに基づいたトレーニングコースなどが開かれている。

　カザフスタンのCLCの取り組みで重要といえるのは、地域でCLC委員会が組織されており、組織や計画はこのCLC委員会を通じて実施される点である。資金調達によってCLCを支えるとともに、CLCにアドバイスを行うことが委員会の重要な役目であるが、同委員会は地域代表や地区教育庁、保健庁、社会保障庁、産業界、NGO、組合、そして地域住民などさまざまな立場の人びとから構成されている。委員会はCLCのファシリテーターの認定も行っており、通常はスキルがあり、教育を十分に受け、地域で人望を集める住民がその役を担っている[20]。

　世界各国で普及・展開が進むCLCの大きな特徴は地域住民のために地域に設置され、その運営も地域住民主導によって行われている点であるが、同様の仕組みをカザフスタンのCLCにも見いだすことができる。とりわけ重要性を持つのは、地域住民のみならず行政や産業界、NGOの市民社会組織など、種々のアクターがCLCを基点としてつながり合い、あるときは相互に連携し、また別の際には対CLCの二者間で協力しながら地域発展のための学びや活動に

関与できる環境を形作っている点である。

　多くのアクターが委員会に参加することで、多角的に地域課題を掘り起こし、その地域課題を反映させた学びをCLCで行い、解決策を探究することが可能となる。CLCは、地域に連なる学びを可能とする場であり、その学びはひいては地域づくりそのものに帰結していく。ウズベキスタンとカザフスタンの両国におけるCLCに共通する点は、地域に根差す学びが行われており、その学びは最終的に地域づくりや社会開発へとつながっていく点であるといえる。

　課題としては、どの事例でも講座や活動の評価とそのフィードバックをどのようにやっているかが明確でない点が挙げられる。実施した事業が真に住民のニーズに適したものだったのか、住民の反応や参加率、担当講師の評価など、検討する点は多々ある。今後は、評価とその分析結果を次の事業にいかに反映させていくかの考察が必要である。

　　おわりに ― 新たな国づくりにおける生涯学習とは ―

　本章では、中央アジア諸国の生涯学習に焦点を当て、その現状を検討し、今後の課題と展望について検討を行った。

　中央アジアにおける生涯学習や成人教育の基本構造はソ連期に形成されたといえるが、現在はソ連期の各種団体や関連施設を継承する国もあれば、ソ連期を引き継ぎつつも独自の施設や組織を創設している国もある。5カ国に共通する法制度上の大きな課題は、関連の法整備や政策の策定など、生涯学習や成人教育の制度そのものの確立が進展していない点である。これは、国家が生涯学習や成人教育をどれだけ重視しているかによっても進捗度合が異なるが、中央アジアではいまだ生涯学習の法制度が未発達であるといえる。

　このような現状に対し、ユネスコやDVVなどの国際的な支援が活発に続けられている。ユネスコはCLC事業や国際成人教育会議でのアプローチを通し、世界の生涯学習や成人教育の動向を中央アジアに伝え、地域会議の開催や

CLC による地域開発を促進している。また、DVV はウズベキスタンの成人教育協会などの現地組織の育成を図り、国家と民間団体の協働を促し、多面的な支援を行っている。

　一方、人びとの生活世界では、ウズベキスタンのマハッラを拠点とした伝統的な学びや就業トレーニングが行われると同時に、CLC でも地域性を基盤とした多様な講座が開講されている。CLC が持つ機能の一つに、地域に根差す学びが地域づくりや社会開発へとつながっていき、CLC はその学びの拠点となることができる点が挙げられる。現在の中央アジア諸国は、CLC や国際成人教育会議などを介し、世界の生涯学習の先駆例レベルへの到達を目指すと同時に、伝統を保持し、自国のオリジナリティを重視した生涯学習の構築に直面している。

　マハッラや CLC のような生涯学習の現場における課題には、評価システムが確立していない点が挙げられる。ウズベキスタンのあるマハッラの調査では、事業実施後に評価は行っておらず、参加状況については参加者の出欠表で管理し、参加者の反応などを把握することは行っていない点が明らかとなった。今後は、事業の評価をいかに行うか、評価結果を次の事業にどうフィードバックするかといった評価システムの検討が大きな課題であると考えられる。

　中央アジア諸国の生涯学習は、独立後再スタートを切ったばかりであるが、そこには伝統を土台とする古くからの学びと、流入してきた国際的な潮流に感化された新たな学びが共在しているといえよう。

注

1)　関啓子「ソヴェト・ロシアにおける生涯学習」黒沢惟昭、佐久間孝正編著『苦悩する先進国の生涯学習　増補改訂版』社会評論社、2000 年、p.188。関によれば、旧ソ連において生涯教育が大きく注目されるようになったのは、統一的生涯教育体系の創造の必要を謳ったソ連邦共産党第 27 回大会で行われたゴルバチョフ演説以降である（関啓子、前掲、2000 年、p.187）。
2)　関啓子、前掲、2000 年、p.189。
3)　J.J. トミアク著『ソビエトの学校』明治図書、1976 年、pp.122-123。
4)　J.J. トミアク、前掲、1976 年、p.123。

212 第3部 アジア

5) 関啓子、前掲、2000年、p.189。

6) 大杉卓三著『情報ネットワークで結ぶシルクロード ― 国際開発協力にみる現代中央アジア ―』中国書店、2009年、p.16。

7) 初等教育、前期中等教育の9年間については国民教育省の管轄であり、3年間の後期中等教育については、高等中等専門教育省の管轄となっている。

8) 詳しくは、拙著『「教育」する共同体 ウズベキスタンにおける国民形成と地域社会教育』九州大学出版会、2010年を参照。

9) O'rta maxsus, kas-hunar ta'limining umumta'lim fanlari davlat ta'lim standartlari va o'quv dasturlari, Toshkent: Sharq, 2001.

10) クアニシ・タスタンベコワ「第32章 教育 輝かしい改革と生々しい現実」宇山智彦、藤本透子編著『カザフスタンを知るための60章』明石書店、2015年、pp.196-197。

11) 子どもたちは伝統的な衣装を着て登校し、授業のなかではニヤゾフ初代大統領が記した『ルフナマ（魂の書）』を学び、暗記する。

12) National Report on Adult Education, Kazakhstan, 2008, National Report of the Republic of Uzbekistan, 2008, National Report of the Kyrgyz Republic on Adult education in the framework of preparation of the VI International Conference dedicated to Adult education (CONFINTEA VI), 2008, National Report on Adult Education, Republic of Tajikistan, 2008, CONFINTEA VI.

13) 詳しくは、拙稿「国際成人教育と開発途上国の生涯学習」松田武雄編『新版 現代の社会教育と生涯学習』九州大学出版会、2015年、pp.221-244、「現代中央アジアにおける成人教育 ― "Tashkent Call to Action" からCONFINTEA VIへ ―」『東アジア社会教育研究』第15号、2010年、pp.253-266を参照。

14) DVV International, Информационный бюллетень, No.26, 2012, pp.12-14.

15) Fund "Mahalla", Informatsiya o kolichestve skhoda grazhdan, makhalli i domov po Respublike Uzbekistan, January 23, 2015.

16) 詳しくは、拙稿「中央アジア諸国における伝統的教育の復興と地域社会教育 ― 実践と評価の観点から ―」『社会教育研究年報』第26号、名古屋大学大学院教育発達科学研究科、社会・生涯教育学研究室、2012年3月、pp.29-39を参照。

17) National Report of the Republic of Uzbekistan, 2008, CONFINTEA VI. 詳細は、拙稿「ウズベキスタンの社会教育施設」『月刊社会教育』No.707「特集 住民と生きる社会教育施設」、2014年9月、pp.44-45を参照。

18) UNESCO Institute for Lifelong Learning サイト http://www.unesco.org/uil/litbase/?menu=14&programme=119 2015年2月14日閲覧。その他、「生殖と家族計画、薬物乱用、HIV/AIDSについての健康教育」「環境教育」「文化遺産プログラム」「ICTスキル開発」「就業スキル」「スポーツ競技」などの取り組みが推進されているCLCも存在する。

第11章　中央アジアにおける生涯学習 ―「継承」と「創造」の観点から―　*213*

19)　Uzbekistan-Community Learning Centre 紹介動画による。http://lifeacademybkk.
pbworks.com/w/page/32123823/FrontPage（2015 年 2 月 13 日視聴)。

20)　UNESCO Institute for Lifelong Learning サイト http://www.unesco.org/uil/litbase/
?menu=4&programme=118（2015 年 10 月 26 日閲覧)。

付記　本章は、拙稿「第 7 章 ウズベキスタンにおける社会教育と社会福祉」松田武雄編
著『社会教育福祉の諸相と課題 ― 欧米とアジアの比較研究 ―』大学教育出版、2015 年 3
月、pp.117-132、「現代中央アジアにおける成人教育 ― "Tashkent Call to Action" から
CONFINTEA VI へ ―」『東アジア社会教育研究』第 15 号、2010 年、pp.253-266 の一部
などを含め、加筆したものである。

第4部

現代日本の社会教育・生涯学習の課題

第 12 章

現下の社会保障としての「学び」
― 〈社会〉をつくりだす生涯学習へ ―

1. 「われわれ」の自明性の喪失

　社会経済構造の変容により、過去の成功体験を支えていた拡大再生産モデルが不全化して久しい。人びとの間には閉塞感が充満し、不安定化する雇用と家計は人びとの存在そのものを揺るがしつつある。それは端的に自我の揺らぎ、すなわち自分がこの社会に時間と空間を占めてしっかりと存在しているという確かな感覚、つまり身体性の喪失として表現し得るものである。それはまた、人びとが他者とともにあり、「われわれ」として、ともに生きていることが自明ではなくなっていることを示している。

　このような社会においては、人びとの承認欲求は相互性を失って、満たされることはなく、一方的な欲望の充足を求める消費者が他者にクレームをつけるいがみ合いへと転化していく。そこでは、人びとは他者とともにある身体性の感覚を失い、「われわれ」としての帰属意識も喪失し、しかも実際の経済活動においても、自然に働きかけて価値を生み出すのではなく、貨幣という欲望の表象物を交換することで、自己の欲望つまり他者に承認されたい自己の人格のやりとりをしているのに過ぎなくなる。労働過程から身体性が排除され、人びとは自己の社会的存在を失っていくのである。こうして、人びとはこの社会にともに生きているという感覚を失い、自己を消費することしかできなくなってしまう。それが招くのは、社会の砂粒化であり、過剰な自意識の暴走である。

　このような人びと相互の承認関係が解体する社会においては、「平等」が解

体するのみならず、「自由」も変質する。つまり、社会権としての「平等」が解体することで、自然権としての「自由」が、他者によって制約されざるを得ず、互いに他者に対して横暴にならざるを得ない、不自由な自由へと転じていく。そして、その場では、権力と同値した個人は権力によって慰められつつ、「市場」へと売り渡され、より不自由な「自由」な存在として、他者といがみ合うことを強要され、孤立の度合いを深めていかざるを得ない。自由であろうとすればするほど、人びとは自己を十全に捉えようとする相互承認の関係から自己を排除し、自己が不全化せざるを得ない。つまり、社会権が関係論的な動的性格を失うのであり、そこでは自己はまた、権力によって「市場」へと売り払われて、暴走する、過剰な自意識へと転じていくことになる。

2. 「社会教育終焉論」とその論理

この「自由」と「平等」の議論は、「社会教育の終焉」を主張して、それまでの社会教育論を乗り越えようとした松下圭一の論理[1]と、それを批判的に検討しようとした諸議論の論理[2]にも共有されているものである。松下は、日本社会は「ようやく都市型社会の成熟をみるにいたった」として、いわゆる市民社会の成立を宣言し、「社会教育行政は、この時点で、危機にたつにいたった」という[3]。松下は、「教育」という言葉の定義は「オシエ・ソダテル」であり、それは未成年への文化的同化としての基礎教育を意味しており、なぜ日本社会では「〈社会教育〉の名によって、成人市民が行政による教育の対象となるのか」と疑問を呈し、「国民主権の主体である成人市民が、国民主権による「信託」をうけているにすぎない道具としての政府ないし行政によって、なぜ「オシエ・ソダテ」られなければならないのだろうか」という[4]。

松下はさらに、日本の教育行政に「官治性・包括性・無謬性」を読み取り[5]、それは「農村型社会を基盤とし、かつ農村型社会からの脱却をめざして〈近代化〉をおしすすめてきた国家観念、それを基軸とした既成の制度・政策、あるいは発想・理論は、ひろく全般的に再編を余儀なくされている。教育をめぐっ

218 第4部 現代日本の社会教育・生涯学習の課題

てもその再編は例外ではない」という[6]。その上で、松下は都市型社会の成熟に伴って「自治・共和という市民意識がひろがりはじめ、制度・政策の分権化・国際化さらに文化化の必然性とあいまって、《市民文化活動》の噴出を生み出している」「このような新しい文化状況のもとで、行政としての『社会教育行政』は終焉する」と主張する[7]。

この松下の論理はまた、それを批判する論者の論理、つまり人びと、とくに住民の「自己実現と社会参加」を保障するための社会教育の意義・役割を問い、その保障体系としての行政を論じる議論[8]と、権利論としては社会権と自然権(自由権)の関係をめぐって表裏の関係にあるといっても過言ではない。それはまた、ホッブズに見られる社会権とくに生存権の保障のために、自然権とくに所有の自由(所有権)を制限し、自らの権利をリヴァイアサンに預けて社会を構成する個人のあり方、つまり一般意志のあり方を採用するのか[9]、またはルソーに見られるように自然状態こそが人間の調和のとれた姿、つまり一般意志が実現している状態であり、社会を構成することで人びとは自然権に囚われとなって抗争することになるとして、社会を退けようとする個人のあり方を採用するのか[10]、という議論に収斂する。言い換えれば、平等のために自由を制限するのか、自由のために平等を最低限に抑制するのかという議論とも重なる。それはまた、ロックのいう抵抗権ともつながる議論でもある[11]。例えば、松下は次のように言っている。「市民文化活動は、基本的人権たる『自由権』の行使である」「この『自由権』を行使するにあたって実質保障となる社会権も、……シビル・ミニマムの整備があればよい」[12]。

この議論では、松下はルソー的な一般意志を採用しているわけではなく、むしろホッブズのリヴァイアサンの議論を下敷きにして、ロックの抵抗権としての市民意志を重視している。つまり、松下の議論は、市民社会の自由が福祉国家の平等を乗り越えて、自ら新たな価値を実現するという意味におけるルソー的な一般意志の実現を課題化しているのではなく、むしろ福祉国家の過剰な介入と自由の制約に対して、ロック的な抵抗の論理から「社会教育(行政)の終焉」を主張しているものといえる。

この両者の議論の対立は、いわゆる「現代福祉国家的価値」と「近代市民社

会的価値」との間のせめぎ合いであり、また「平等」と「自由」との間のせめぎ合い[13]でもあって、ある事象の表裏を語っているに過ぎないという一面がある。この「ある事象」とは、国民である人びとを集団的に扱いつつ、その集団に属する個人に人権・権利が所与のものとして分配されており、個人がその権利が構成する主権を行使して、自らの生存権を基本とする社会権をよりよく保障するための道具として、その自然権（自由権）を制限する、つまり信託する形で構築した制度としての国家という観念である。両者の相違は、その国家をより積極的に活用して、社会権の拡張を目指すのか、それともその国家の過剰な介入に抵抗して、自然権の拡張を目指すのかという違いが強調されているということである。

　それはまた、権利を所与のものと措き、その分配と所有のあり方をめぐる認識の相違が語られているに過ぎないということでもある。松下の議論が「平等」を土台にした「自由」の自由を語っているとすれば、後者の議論は「平等」を迂回した「自由」の保障を語っているのであり、議論の前提は、権利の所与性とその分配・所有であり、その主体としての個人の個体性なのである。それゆえにとくに後者の前者に対する反論は、前者が目指す近代市民社会的な「自由」に同意するかのような曖昧な論調にならざるを得ない。なぜなら後者が「平等」を主張するのも、「自由」の実現のためであり、それは基本的には社会参加の「平等」による個人の自己実現の「自由」のより十全な保障として行政論的には捉えられるからである。

3.　近代的自我の確立と「自由」－「平等」

　この両者の議論には、さらに次のことが暗黙の前提として置かれている。つまり、「未完のプロジェクト」（ハーバーマス）としての近代的自我の形成、すなわち自立した個人としての人格の形成が前提として了解されているのである。このことは、近代的自我またはその形成がいわば所与のものとして、国民である人びとに平等に分配されていることを意味している。それゆえに先の後

者の議論では、この自我形成による自己実現の十全な保障すなわち分配を国家または行政権力に求め――つまり平等――、さらに自立した自我を持つ個人である国民、そしてそのより具体的な生活の場における主体としての住民の行政参加と相互扶助によって、その自我形成のプロジェクトを推し進めようとし、またそれがゆえに前者の松下の議論は国家・行政権力の介入を嫌い、自立した自我を持つ住民である市民による「市民文化活動」によって、自我形成・自己実現のより十全な分配がなされること――つまり自由――を求めているのだといってよいであろう。

　この意味では、松下の議論もそれを批判的に検討しようとする議論も、一見相対立するもののように見えて、その実、近代的自我の確立という未完のプロジェクトの実現またはその機会を国民であり住民であるすべての個人に平等に分配し、そのプロジェクトの実現の自由を保障しようとしているという点においては、つまり議論の核心に人びとの自己形成と自己実現を所与の前提とするという構造を取っているという点においては、同じものだといえる。

　両者は既述のように、権利保障のあり方をめぐって「平等」に重きを置くか、「自由」に重きを置くかの対立を示していたが、この権利が天賦人権論、さらにはその根拠である王権神授説によって所与のものと措かれることで、その保障は分配と所有のあり方へと組み換えられているのであり、それは自然権（自由権）をめぐる争いを抑制し、社会権を保障するために強権力、つまりリヴァイアサンと人民（国民）との関係のあり方を規定するものとなる。後者の議論はリヴァイアサンによる権利の分配と個人による所有の強化、つまりリヴァイアサンを生権力として強化する福祉国家論的方向へと展開し、松下の議論は生権力の過剰な介入を嫌い、権利の分配を我がものとした人民による自由な自己形成を求める市民社会論的方向へと展開している。しかし、両者の違いは基本的に個人のあり方に基づく社会観の相違に還元できるものであり、その前提となっている人間観は、近代的自我の形成という一つのモデルであり、それが国民である個人すべてに平等に保障されること、つまり権力によって分配され、所有されることである。

第 12 章　現下の社会保障としての「学び」―〈社会〉をつくりだす生涯学習へ―　*221*

4.　臨教審の亡霊

　この論理の構造は、生涯学習の政策的な展開においても見いだされるものである。日本の経済がいわゆる産業社会から消費社会・金融社会へと転換を始めたのが 1980 年代半ばであるが、その頃、1984 年から 1987 年にかけて設置された臨時教育審議会（臨教審）の議論が、そのことを如実に示している。臨教審は、学校における不登校や校内暴力の問題を取り上げて発足し、議論の過程で、生涯学習社会の建設を主張することとなり、学歴社会から学習社会への転換を訴え、さらに個人の自己実現を市場化によって促す方向へ、つまり旧来の公的な機会保障の体系を持った国家システムとしての教育という概念を、市場を通した個人の社会的な価値の向上による自己実現というきわめて個私的な「学習」という概念へと再編しつつ、その概念を現実化するような制度の整備を主張する議論を繰り広げてきた。

　この背後には、産業社会の国民つまり「われわれ」形成のシステムである学校教育が不登校や校内暴力・いじめに代表される子どもたちの荒廃状況によって機能不全を起こしていることを捉えつつ、その状況を改善するためにも、教育を学校内部で完結するものと捉えるのではなく、むしろ教育を個人の自己実現へと組み換えて、「学習」化し、学習を個人の責任で展開することで、自己の社会的な価値を高め、その有用感を強化することで、社会へと自己を位置づけることが、その後の大衆消費社会・情報金融社会にとっては重要であるとの認識が働いていた。つまり、法制度的には旧教育基本法制に見られるように、個人の人格の発達を促すことがそのまま国家への帰属を経て、国民統合へとつながるというようなある種の予定調和型の教育政策・行政を構想することが困難になった社会経済状況を背景として、帰属が解体する新たな社会状況にあって、個人の自己価値の実現と社会統合を両立させるものとして「学習」を提起したのであり、その学習を市場を通して購入することで、自己責任によって自己実現を進め、社会的に有用な個人として自ら起つことで、自己の社会的な位置づけを明確化できる個人の育成を目指そうとしたものだといえる。

222 第4部 現代日本の社会教育・生涯学習の課題

　従来の規律・訓練による国民形成のシステムが機能不全を起こすなかで、個人の人格形成を基本としつつ、いわば「われわれ」のなかの私を分配するのではなく、市場を通して自己を調達することで自己実現を図り、それが自己の社会的な価値を高めることで、自らの社会的な位置づけを明確化できる個人のあり方が主張されることとなったのだといってよいであろう。ここでは、帰属が解体する社会にあって、個人が市場を通して自己すなわち社会的位置づけを調達することで、個人の開花が社会的に明確になるという論理で、個体主義的な社会統合が予定調和的に捉えられていたといえる。自己実現の権力的な分配を排除するという意味で、また自己実現を所与の前提とするという意味で、松下の議論と重なる性格を持っているといってよいであろう。

　この一つの集大成が、1990年に制定された生涯学習振興整備法だといえる。この法律は、旧文部省と旧通産省が手を携えて、学習を市場メカニズムを通して普及させることで、個人の自己価値の向上と社会的な位置づけの明確化を図った、ある種の産業振興法としての性格を持っていた。いわば帰属から市場における自立へと個人の社会的存在を組み換えようとしたものだといってよい。そこではまた、適応競争から生存競争へと、競争のあり方を組み換えつつ、その生存競争が社会的な個人の位置づけを明確化することで、社会が安定するという予定調和の未来像が描かれていたともいえる。そして、このより具体的な措置として「生涯学習のためのまちづくり」が提唱されもした。

　しかしその後、とくにバブル経済の崩壊に伴って、人びとの雇用を基本とした経済生活が不安定化し、その社会的な位置づけの根拠が崩れることで、この自己価値の向上による個人の社会的存在の明確化と社会の安定化という予定調和が解体し、人びとは市場における競争にさらされることとなった。しかも、経済は従来のような産業社会からいわゆる金融経済へと移行しており、労働による使用価値の生産ではなく、マネーという限られたパイを奪い合うマネーゲームが繰り広げられることとなった。所有をめぐる、いわばホッブズのいう意味での自然状態が出現することとなったといってよい。

　それはまた次のようにいえるかもしれない。公的な事業としての教育を個人の自己価値の向上という個私的な学習へと組み換え、市場化というパンドラの

箱を開けてしまった結果、それは金融経済・大衆消費社会における自己利益の確保・拡大という個別化の圧力と相俟って、人びとの社会的紐帯を切断し、社会の分散化への圧力を強めることとなった、と。そしてこの動きは、社会統合が再び強調されるようになった今日でも終焉を迎えてはいない。いわば「臨教審の亡霊」が跋扈しているのである。

5. 「個人の必要」と「社会の要請」との乖離

 このような事態に直面して、社会的統合の解体を危惧する立場から、とくに2000年代に入って、従来のような学習の個私化が「社会の要請」に応えるものではなかったとの論調が政府から出され、社会の再統合のために生涯学習によって人びとを組織化し、社会に参加させるための施策が模索されることとなる。それが、平成の大合併と並行して議論されることで、この社会の再統合は基礎自治体における住民の参画によるものへと大きく舵を切ることになった。
 その住民の参画の一つのあり方が「学習成果の活用」であり、住民が自ら学んだ成果をもって社会参加することで、それを社会に還元し、自己を実現することが求められることとなった。これが「生涯学習によるまちづくり」への転回である。ここにおいて、個人の市場を通した個私的な学習の需要は、改めて「社会の要請」へと包摂されつつ、その成果の社会への還元こそが個人の自己実現であるとの論理が強調されることとなるのである[14]。ここでは、この個人のニーズに基づく学習の成果を社会に還元して、自己実現を図ることが「知の循環型社会」と呼ばれるものだとされた[15]。
 そして、この個人ニーズに基づく学習とその成果の社会への還元を結びつけ「知の循環型社会」をつくりだすための媒介つまり「場」として見いだされたのが、コミュニティであった。それは、パンドラの箱に最後に残っていた「希望」のようなものだといってもよいかもしれない。そして、このコミュニティに希望をつないだのが、2013年の第2期教育振興基本計画[16]であり、ほぼ時を同じくして提起された教育行政のネットワーク化の議論である。それは

224 第4部 現代日本の社会教育・生涯学習の課題

また、1998年に提案されていた「生涯学習社会におけるネットワーク型行政」[17] を、さらに基礎自治体の教育行政において具体化しようとするものでもあった。そこでは、社会教育を従来の教育行政の範疇から逸脱させて、さまざまな行政領域の施策や市場とも結びつけ、それを改めて学校教育と家庭教育支援という従来の教育行政の枠内にある行政と連携させつつ、全体を生涯学習振興行政として括り直そうとする構想が提示されている。

　しかし現実には、この生涯学習社会における社会教育行政を基盤としたネットワーク型行政は実現してはいない。例えば、第2期教育振興基本計画の構造をロジックモデルで解析すると、一面で「臨教審の亡霊」が跋扈したままであり、自己価値の向上と社会を牽引する人材の育成が個体主義的に語られ、かつそれらを保障するための学びのセーフティ・ネットの構築と学習機会へのアクセスの平等が提起され、それがさらに個人の学習成果の社会への還元という形で活力あるコミュニティへと回収される構造を持っていながらも、この自己価値の実現および競争に勝ち抜いて社会を牽引していく人材の育成と、学習成果の社会への還元によるコミュニティの活性化との間をつなげる論理が弱いままとなっているのである[18]。それはまた、競争は「平等」の分配を基本とした個人間の比較優位の闘いの営みであるという、旧来の競争概念から、この基本計画が自由ではないことを物語っている。

　このことはとりもなおさず、パンドラの箱を開けて「臨教審の亡霊」を跋扈させる一方で、その最後に残った希望であるコミュニティを、「臨教審の亡霊」の論理によって解釈することで、一見、自己価値の実現とその成果の社会への還元によるコミュニティ活性化の好循環を生み出しているように見えて、実際には、コミュニティを「臨教審の亡霊」の論理によって切り刻み、社会の基盤であるコミュニティの紐帯を切断して、人びとを分配と所有の競争へと駆り立て、結果的に自己価値の向上を実現するよりは、比較優位の競争において、相互につぶし合う下方平準化、つまり社会の活力のより低位への平準化が起こってしまうことを意味している。

6. 現下の社会保障としての「学び」

　問われているのは、「未完のプロジェクト」としての理想の自我の分配と所有、そしてその市場化を経て、普遍的な一方向に流れる時間と一平面的に拡大する空間がもたらす身体性に基づく自我の形成が不全化している今日、むしろそこに居合わせた存在としての身体とそこに宿る尊厳・精神、そしてそれらが相互承認関係の中で他者とともに関係態として生成し、変化していくその動態にこそ、自らの存在を預ける、この個人のあり方である[19]。つまり、社会組織への帰属から市場による自己価値の分配と消費への展開を経て、私たちが行き着いているのは、相互承認関係における当事者性の生成とそのことによる社会の多重な構成と不断の組み換えという事態であり、このあり方が問われているのである。

　これを生涯学習の研究への問いとして捉え直すと、人びとが日常生活において自らが他者とともに生きる〈社会〉をつくりだし続ける実践のあり方を構想することへと結びついていく。それは、これまでのように、社会全体が一つの価値を志向して、単一のレイヤーが拡大することで、人びとが生活の豊かさを実感するようなあり方ではない。むしろ、人びとがそれぞれの価値を持ち、その価値がぶつかり合うことで、否定し合うのではなく、新たな価値を生み出して、関係を次の関係へと組み換えていくような、常に新たな価値が生まれ、その価値がさらに新たなネットワークをつくりだし、それが重層的にさまざまなレイヤーへと展開して、そのレイヤーの間を人びとが自由に行き来しては、自分の居場所をつくり、そのレイヤーを軽やかに移動する自由を互いに認め合うことで、新たな価値をつくりだす楽しさを共有するような、そういう新たな社会のあり方をつくりだすことである。それはまた、発展や拡大ではなく豊穣性を社会の価値とするということだといってよい。

　このような社会では、子どももお年寄りも、障がいを持った人も、母語が異なる人も、それこそ老若男女を問わず、すべての人びとがフルメンバーとして、その場所を得、その存在を認められ、居合わせるだけで、お互いに「あり

226　第4部　現代日本の社会教育・生涯学習の課題

がとう」と言ってしまうような関係がつくられていく。そうしたことが、社会を次の世代へときちんと受け渡していくことへとつながっていく。

　それは「学び」が、もはや人びとの自己形成・自己実現を通した社会の将来への投資なのではなく、日常的な生活をつくりだすという意味では、むしろ現下の社会保障であることをも物語っている。それはまた、人びとの「学び」の実践が、場所でありながら動きであり、組織でありながら動きでもあって、それらが人びとを結びつけることで、新たな〈社会〉を生成し続ける動きの結節点でもあることを示している。この結節点に関わりながら、自分をその結節点としてつくりだしていくこと、このことこそが、自分を社会に位置づけ、社会を担う当事者として生成していくことであり、人びとが自己を住民として形成していく営みにほかならない。

　ここにおいて、人びとの自己を十全に活かし、人びとが自己を社会の中にきちんと置くためには、「自由」の組み換えが求められることとなる。他者から奪い、権力に同定を求める、所与の価値の所有の自由ではなく、むしろ人びとの間に生まれて、自己を十全に活かすために、常に他者との間の関係をつくりだし、他者との相互承認を生み出し、自己をつくりだすことで、他者をも生み出していく、〈社会〉を生成し続ける自由への組み換えが求められるのである。それは従来のような要求と分配・所有の自由から生成・変化と循環の自由への転回であり、新たな「平等」を準備することである。それはリヴァイアサンによってもたらされる、「自由」を制約することで得られる「平等」ではなく、また自然権を活かすための社会基盤である社会権としての「平等」でもなく、さらには天賦人権論のように所与の権利であるのでもなく、人びと一人ひとりの実存に存する尊厳から導かれ、かつ尊厳を高める、関係論的で動的な、生成・変化の自由の相互承認として立ち上げられるべきものである。ここにおいて権力は、人びとが契約を結ぶ所与の超越的存在から、人びとが常に相互の承認関係において生成し、組み換え続ける動的で関係論的なものとして、宙づりにされることとなる。これを基礎自治体レベルで実現することが問われているのだといえる。筆者はこのような行政権力を「学び」化された行政と呼ぼうと思う。

第12章　現下の社会保障としての「学び」―〈社会〉をつくりだす生涯学習へ―　*227*

　これはまた、人びとの「学び」のきわめて重い課題であるといわざるを得ない。なぜなら、ここでは、「学び」とは、人びとが相互承認関係において、互いに変容し続けることで関係を組み換え、他者との間に自己の存在を新たにしていく、つまり〈社会〉をつくりだし続ける営みとなっているからである。

注

1)　松下圭一『社会教育の終焉』、筑摩書房、1986年、公人の友社、2003年（新版）。

2)　例えば、小川利夫「社会教育「終焉」論批判 ― 視座と課題 ―」、社会教育推進全国協議会『社会教育研究』No.6、1987年、pp.5-15。笹川孝一「松下圭一著『社会教育の終焉』への疑問」、『月刊社会教育』1986年12月号、pp.71-78。宮坂廣作「社会教育の蘇生のために ― 松下圭一「社会教育行政終焉論」との批判的・親和的交信 ―」、東京大学教育学部教育行政学コース『社会教育学・図書館学研究』第11号、1987年、pp.33-51。鈴木真理「社会教育の周辺 ― コミュニティと社会教育のあいだ・再考 ―」、東京大学教育学部教育行政学コース『社会教育学・図書館学研究』第11号、1987年、pp.53-66。荻野亮吾「市民社会における社会教育の役割に関する考察」、『東京大学大学院教育学研究科紀要』第47巻、2007年、pp.347-356。山田正行「自己教育思想の実践的把握に向けて」、『講座生涯教育Ⅰ　自己教育の思想史』、雄松堂、1987年、pp.179-199、など。

3)　松下圭一、前掲書、p.3。

4)　同上。

5)　同上書、p.9。

6)　同上書、p.11。

7)　同上書、p.12。

8)　例えば、上記注2)に示した小川利夫、笹川孝一、宮坂廣作、鈴木真理、荻野亮吾、山田正行らの議論を参照。

9)　ホッブズ著、水田洋訳『リヴァイアサン（一）〜（四）』、岩波文庫、1992年など。

10)　例えば、ルソー著、桑原武夫・前川貞次郎訳『社会契約論』、岩波文庫、1954年など。また、社会契約説・一般意志全般については、重田園江『社会契約説 ― ホッブズ、ヒューム、ルソー、ロールズ』、ちくま新書、2013年など。

11)　ジョン・ロック著、加藤節訳『完訳　統治二論』、岩波文庫、2010年など。

12)　同上書、p.176。

13)　例えば、堀尾輝久『現代教育の思想と構造 ― 国民の教育権と教育の自由の確立のために ―』、岩波書店、1971年。

14)　例えば2004年の中央教育審議会生涯学習分科会審議経過報告書「今後の生涯学習の振興方策について」、2008年の中央教育審議会答申「新しい時代を切り拓く生涯学習の振興方策

228 第4部 現代日本の社会教育・生涯学習の課題

について」、さらに 2011 年の中央教育審議会生涯学習分科会「生涯学習・社会教育の振興に関する今後の検討課題等について」など。

15) 例えば、中央教育審議会「新しい時代を切り拓く生涯学習の振興方策について ― 知の循環型社会の構築を目指して ―（答申）」、2008（平成 20）年 2 月 19 日など。

16) 「教育振興基本計画」（平成 25 年 6 月 14 日 閣議決定）。

17) 生涯学習審議会「社会の変化に対応した今後の社会教育行政の在り方について（答申）」、1998（平成 10）年 9 月。

18) 例えば、筆者も参加して行われた三菱総合研究所における第 2 期教育振興基本計画の構造のロジックモデルによる解析など。

19) 牧野篤『認められたい欲望と過剰な自分語り ― そして居合わせた他者・過去とともにある私へ ―』、東京大学出版会、2011 年など。

第 13 章

社会教育と教育福祉論

は じ め に

社会教育は、地域住民の実際生活に基づく学習活動ための環境醸成を行う取り組みである。そこでは、住民の学習要求を基盤として住民の主体的な学習活動による教育活動の展開を組織することが求められる。住民の学習要求をどのように掘り起こし、見いだすのか、住民の主体的能動的な学習活動をどう組織するのかなど、常に住民の学習要求を中心に据えて学習活動を構想することが求められてきた。

教育福祉論は、児童養護施設児童の教育権保障問題に始まり、さまざまな困難を抱える子どもたちの教育権保障を求める提起を行ってきた。そのベースには、社会事業と社会教育の歴史的経緯の検討と同時に、青年期教育の二重構造の検討、中卒集団就職者の追跡調査など、学校教育の制度的構造における格差の問題、別な言い方をすれば、学校教育における公共性の問題を問うてきたことがある[1]。

その後、教育福祉の観点から障害者社会教育など社会的困難を抱える人びとの学習権保障を視野に入れ、学校教育のみならず社会教育の公共性を問うてきた。さらに社会教育の研究によって、社会教育は、その歴史的形成の素性と特質から、公的な教育（学校教育と社会教育）の公共性のあり方を問う機能をもつことが明らかにされてきた。言い換えれば、教育福祉論的発想は、社会教育の公的組織化とともに常に教育権保障の公共性を問うことにおいて社会教育の特質としてあり続けてきた。しかし、社会教育の特質はそこにとどまるもので

230　第4部　現代日本の社会教育・生涯学習の課題

はない。

　戦後直後の寺中構想に示されているように、社会教育は、人びとの生活の
あらゆる側面に関わり、その生活を支え励まし、人びとの生きる力を確かなも
のにする役割を果たしてきたことは間違いのないことである。憲法学習に始ま
る戦後社会教育の歩みは、日本社会の民主主義的なあり方を求め、人びとが健
康で文化的な生活を営むにふさわしい社会的条件の形成を求めるための学習の
蓄積を行ってきた。したがって、社会教育は、人びとの生活が日本国憲法に示
された基本的人権保障の実現を追求する特質をもち続けてきたと言えるであろ
う。

　今日の日本社会において、貧困化・孤立化や無縁社会など、人間形成の基盤
が揺るがされてきている現実がある。今後ますます、高齢者など社会的に困難
を抱えざるを得ない人びとの生活がさらに困難に陥るだけでなく、誰しもがい
つでも生活困難に陥る可能性が増大することが予想される。生活不安が広がる
と同時に、実際に生活困難な層が拡大し、これまで以上に所得格差・二極化を
広げることにもなる[2]。

　多くの地域住民の生活が抱える困難を克服し、ふさわしい基本的人権保障に
ふさわしい社会的条件を築くための地域づくりが課題となっており、それに応
える学習活動の展開が社会教育には求められている。

　社会教育に関わるすべての人びとが教育福祉論の観点を学ぶことは重要な
ことであり、いつまでもそれは課題となり続けるであろう。社会教育が社会福
祉と密接に関わり続けることは、人びとの生活が抱える困難から必然的なもの
である。しかし、そこでは社会教育と社会福祉それぞれの専門的な役割を尊重
しつつ、学び合い支援し合う関係を発展させることが重要であると同時に、人
びとの生活困難のあらゆる側面と関わり、生活課題を克服するための学習活動
が社会教育の課題であるという自明のことを真正面から位置づけて取り組むこ
とが求められている。ここで注意しなければならないことは、次のような指摘
である。

　　「いま現代教育福祉論の一般的問題状況を吟味する」と「戦前とくに『戦時中』

第13章　社会教育と教育福祉論　*231*

の論調を想起させるような『上ずった価値先行の風潮』が顕著」であり、「改めて今日の教育福祉論における『貧困等社会問題』の位置づけが問われる[3)]。」

「そこにはいずれにしろ『教育福祉』問題あるいは『福祉教育』問題のいわば二面性を無視しえない　（中略）　本来『内包』的なものが『外延』的にとりあつかわれ、逆に『外延』的なるものが、幾重にも歪曲ないし矮小化されて『内包』化されるという問題状況を今日なお一般的に否定し得ないように思われる[4)]。」

　これらの指摘にあるように、教育福祉論が人権保障の歩みに確かな有効性をもち得るためには、人びとの生活のそれぞれの側面に関わる専門領域を尊重して、総合的な人権保障の実現を意識的に追求することが求められている。

　ここでは最近の諸論を参考に、社会教育が対象としている地域住民の抱える課題について、教育福祉の視座としての社会教育の観点から課題の提示を行いたい。

1.　地域住民の生活課題と社会教育

（1）　生活課題の深刻化と社会教育

　今日のいわゆる「地方消滅論」以前から、とりわけ困難であるが、多くの地域の人びとによって必死に取り組まれていることは、生業の確保・維持とそのための地域の条件づくりとりわけ労働力確保の問題であろう。教育福祉論の観点からも、社会教育は真正面からこの問題に取り組むことを求められている。社会的困難を抱え苦悩する人びとが増加する状況にあって、改めて社会教育の社会的意義とその基本的なあり方、社会教育の基本的な原理・原則はどのようなものであるべきかが問われている。すなわち、平和、人間の尊厳と人権の尊重、民主主義にとって、今日社会教育は何をなし得るのか、なすべきなのか、社会教育の本質が問われていると言ってよい。また、人権保障の立場に立って社会教育の公共性を高める観点としての教育福祉論が、どのような有効性・積極性をもち得るのかが改めて問われているということでもある。

　地域住民は社会教育の対象であり、そこで行われる学習活動の主人公であ

232　第4部　現代日本の社会教育・生涯学習の課題

る。その地域住民が今日抱える困難は、それぞれの住民の生業の衰弱、少子高齢化による地域の不活性化、地域経済・地域生活の困難、シャッター街の拡大、「限界集落化」の不安等である。それらに加えて、子育てや高齢者介護・健康維持など日常の住民生活に対する支援体制の不備が住民の過重負担を増している。その困難にさらに追い打ちをかけているのは、多くの識者が指摘しているように、社会に広がる「個人化」「孤立化」「分断化」の生活現象である。この点と関わって次の指摘がある。

> 　現代の教育福祉論は、（中略）現代社会における教育福祉問題を前提としている。そして、前提としての教育福祉問題を基底的に規定しているものは現代の貧困問題、とくに教育における現代の貧困問題にほかならない。
> 　それらの背後にはむろん、現代における未曾有な社会崩壊現象、とくに地域社会や家庭、その親子関係にまで浸透した人間疎外現象があり、さらに、職場や学校等における"社会的機能"そのものの崩壊がある [5]。

また同様に次のような指摘もある。

> 　まず、失業やホームレスなど絶対的な貧困が見逃せないがそれだけではない。その人が暮らす社会であたり前になっている社会的な活動から締め出されている状況や、社会で生かされるはずの能力が開花できない状況も視野に入れなければならない。また、このような社会的排除や能力の未開化によって、人は健康をそこない自信を喪失し、将来展望を描く意欲を減退させる。さらには、このような多面的な「現代の貧困」は一世代を襲うだけではなく、次世代にも引き継がれ、「貧困の連鎖」を生み出している。社会教育はこのような今日的な問題に無関係であってはならない。（中略）
> 　「現代の貧困」に取り組むことが社会教育の必然的な課題である [6]。

しかし、人が生きるためには、自分の周りの社会に働きかけ、諸関係を豊かに築くことが不可欠である。周りとの諸関係を築く活動はすなわち学習活動であり、学習活動をしなければ確かな見通しの持てる社会的関係を新たに築くことはできない。社会教育における学習活動の組織化が必要なゆえんである。そこで重要なのは、新たな社会的関係をどのようにして築くかということである。

（2） 協同活動による生活課題への接近

　生活困難・生活課題の克服のためには、住民自身がそれを直視して解決に向けた科学的な見通しを見いだし、その方向で自ら取り組むことが求められる。しかもその困難・課題は、多くの場合、個人的に解決することは難しく、他の人びとと一緒に取り組まなければならない。手を取り合って課題と見通しを共有することが協同の取り組みには必要とされる。生活の科学化とその社会科学的認識、困難克服への見通しの獲得によって地域社会の生活課題に立ち向かうためには、それぞれの生活課題に応じた専門家との協同、場合によっては多様な専門家たちの連続性のあるきめ細かな組織化が必要である。地域で生きていくために、地域おこし、地域創造に向けた取り組みが、さまざまな内容と工夫を含めて、自治体ぐるみで必死に行われている現実がある。各地で「限界集落化」に抗し「まちおこし」を目指して、多くの取り組みがさまざまな内容と形で実績を創り出すために行われ、その奮闘が続いている[7]。

　そうした生活課題への接近には、人間尊重社会を築こうとする多様な意思を糾合する連帯、多様性を包括した協同性の追求が求められる。と同時に、社会的正義の実現と公共性の拡充という大義と整合性をもって取り組まれることが重要である。

　社会的正義の中でも「教育における正義」は重要であるだけでなく、広く社会的に認められやすい原理・原則である。学校教育における社会的排除を許さないという考え方は、一部の差別主義者を除いて誰しもが受け入れることにやぶさかではない。また、子どもの貧困など社会的対応で合意を得やすいのは、子どもの育ちに関わる問題である。

　子どもとその教育に関する問題は、諸要求・諸活動を糾合する要として重要な契機になり得ることは以前から知られている。教育要求・子育て支援を中心として、介護問題、地域の生業・仕事おこし、文化・スポーツ活動など、住民要求の共有化と住民要求に基づく活動をより合わせる可能性を模索することが求められている。

　地域の生活課題に対する諸活動を糾合することによって、学校など子育て機関を包摂する子育ての地域協同の実現や、子どもだけでなく高齢者や生活困難

234 第4部 現代日本の社会教育・生涯学習の課題

者に対する地域のセーフティ・ネットワークの形成などの可能性が高まる。諸活動・諸団体の連帯協同の組織化によって、人間尊重の確かな人のつながりと自治的力量の育ち合いも実現され得る。

2. 教育福祉の視座としての社会教育

（1） 社会教育と教育福祉の視座

　社会教育は本来学校教育批判の役割をもっている。学校教育に十分に組織されていない教育を社会教育として組織することによって、教育の新領域の存在を提示し、学校教育への組織化を促してきた歴史的経緯がある。今日地域課題への取り組みと地域づくりの必要から、改めて社会教育の視野と役割の捉え返しが求められている。とりわけ公的社会教育はその「環境醸成」責務からの捉え返しが重要である。

　公的社会教育は、従来から住民の学習要求に応えるとともに、地域づくりのために貢献してきた。今日の時点で、地域の教育力・人間形成力の抱き起こしを着実に前進させることを通して、国民の権利としての社会教育保障、社会教育の公共性の拡充を進めることが求められている。そのためには、教育福祉の視座による、粘り強く温かい人間連帯の取り組みの組織化を社会教育の課題として受け止めることが必要である。

　障害者社会教育論は、教育福祉論の立場から公的社会教育のあり方を問うものとして提起されたものである[8]。それはすべての人がどこにどのような状態にあっても等しく教育を受けることが基本的人権として保障されるべきであることを意味している。それは、社会的に困難を抱えている人びとが「生活現実に即する文化的教養を高め得る」ための「環境醸成」のありようを問うことにもつながっている。

　すべて国民は教育を受ける権利を有するだけでなく、今日的にはすべての住民はその必要とする教育を保障されてしかるべきである。そこにはアイヌなどの少数民族や在日外国人を含めて、社会的少数者や社会的被排除者、今日では

第13章　社会教育と教育福祉論　*235*

少数者とは言えない貧困層など、生活困難で自主的な学習要求をもちにくいが学習活動を必要としている人びとの教育保障の問題がある。それをどのように保障していくのか、多様な場での多様な教育活動を視野に入れて構想していくことが課題である。社会的排除を克服するという観点は、教育福祉の視座とも重なり合うものである[9) 10)]。

　市民の自由意志に基づく諸活動の豊かな発展の社会的条件を築いていくことは重要なことであるが、その際に、生活の困難を抱えている人びとの教育・学習の保障を「同じ市民」の問題として捉え位置づけていくことが市民・住民の側にも必要である。高齢者や障害者は困難を抱えているから公的に保障してもらい、自主的にやれる者は自主的にやればよいという捉え方が生まれるとすれば、それは社会的に困難を抱えている人びとを特別視して「一般」の人びとと切り離し、共生共存連帯の人権保障の歩みに障壁をもたらすものとならざるを得ない。

　人権保障を進めるためには、単一の体系における多様性の保障を実現するあり方の追求が必要とされる。その意味では、憲法・教育基本法体制確立の歴史的意義を改めて確認し、その後の蓄積をより豊かにする方向性の追求が求められている。

（2）丁寧な人間関係に基づく協同

　地域の生業の維持・創造を含む地域住民ぐるみの地域づくりは、広大な領域であり、研究的には十分ではないが、社会教育にはその可能性が残されている。そのために今日社会教育は、住民の必要とする諸活動を糾合し学び合いの条件を創造すること（環境醸成）を求められている。生活課題は、教育では解決することができず、福祉や医療、労働や経済活動などに関わる場合が多い。社会教育は学習保障のために、さまざまな専門領域の人びとをつなぎ合わせる役割を果たすことを求められる。

　そこではとりわけ社会的に困難を抱える人びとの問題を基底に据えて、人権尊重の風土を築く配慮が重要である。そうすることによって、すべての住民が必要としている学習要求に応えていくこと、すなわち地域住民と共に地域学習

236 第4部 現代日本の社会教育・生涯学習の課題

計画構想を柔軟に創造することが可能となる。地域のすみずみに協同連帯の喜びを分かち合う、人と人との関わりを生きる力として実感する経験が蓄積されるならば、自立的な地域自治体づくりも可能となると思われる。

その際に重要なことは、しばしば指摘されているように、ピア・カウンセリングや傾聴を含めて丁寧な人間関係の取り結びを行うことである。教育活動は目的意識的に人間形成を統御する営みである。そこでは常に価値志向的な強い力が働いている。社会教育はそこに至るまでの環境醸成を責務としている。一般的には、人間尊重、人権保障、平和など、人類が永い歴史の中で獲得してきた価値、すなわち人びとが共通に目標とすべきと考えられる価値について、教育活動においても明確に志向することが求められる。

しかし、住民の中には学習への多様な状態、さまざまな準備態勢の状況がある。多様な文化・スポーツ活動の取り組みやほっとできるような空間、自分自身の存在を静かに確かめられる時空間の確保が必要な場合があることも指摘されている。それぞれに応じた学習権保障のあり方は、学習者本人の主体的な状況に応じて一つひとつ丁寧な対応が求められる。そこでは、「個のかけがえのなさの受容から出発する」「覚悟」が問われ[11]、「『いのち』の対等性への感受を持続させ、『お互い様』の文化を形成していくための『しかけ』づくりこそが、社会教育実践の責務」[12]であると指摘されている。

3. 地域自治体づくりと地域生活文化運動

（1） 自立した地域自治体づくりとしての地域協同

各地で自立した地域自治体づくりが、それぞれの地域の実情に応じてさまざまな内容で取り組まれている。その取り組みを進め活性化するために、地域の生活課題に取り組む多様な活動の糾合・連帯・協同や地域を越えた連帯・支援の活動など、活動交流の必要性や、グローカルな視野をもって取り組むことの重要性などが指摘される。そこでは、地域活動と自治体行政との連携を進め、住民による地方自治の充実を進めることが重要であり、地域住民には地方自治

を支え創造する自治能力の形成が求められている。個人の選択権（多様性）を含む住民の活動と公的保障のあり方の探究が課題である。

　生活課題に取り組む住民の学習要求に応え、自立的な地域自治体づくりに寄与するのが社会教育の課題である。その目標・方向性は、人間尊重・人権保障への要求の共有とその具体的実現に向かうことである。より一般的に言えば、地域生活に人権の確立を具体的に実現することである。そこへ向かうためには、学習活動を通して社会構造的矛盾へ接近し、それが地域生活に大きく影響していることへの自覚化と認識の共有が求められる。

　自立した地域自治体づくりを進めるためには、その地域に対する愛着と所属意識に基づく地域課題解決への主体的意思形成が住民の中に運動として広がることが必要である。地域住民として他の住民と協力して地域課題解決の活動に取り組む中で、協同・連帯の喜びと協同・連帯することに対する切実な必要性の体感とその内面化・内在化が課題である。そこには学習・文化活動の組織化が不可欠となる。生活課題に立ち向かう学習・文化活動を通して、地域固有の文化を築くことが自立した地域づくりには求められる。

　地域に生活文化を築く運動を展開する必要条件として学習活動は不可欠であり、人権を確立しようとする地域づくりに向けた主体的な意思の形成はそうした実践によって可能となる。地域における協同の取り組みをどのように築いていくか、住民の生活の質にも関わる社会的文化的なネットワークづくりが求められている。

　これまでのあり方とは違う自立した地域自治体づくり、その意味では「新しい公共性」の創造が否応なしに迫られている[13]。ここで新しい公共性の追求という場合には、それぞれの地域の実状に応じながら、新しい仕事と生活のあり方を創造し、同時に地域自治のあり方を主体的に創造していくことが課題となる。とりわけ地域の生活基盤をどのように構築するかという、地域生活の土台になる部分にしっかりと目を据えて、地域住民の生活課題を受け止めることのできる地域協同自治を創り上げていくことが求められている。

（2） 地域生活基盤の創造に向けた地域生活文化運動

　「社会教育（の議論に…筆者注）は下部構造が弱い」[14)]との指摘があるように、とりわけ人間の基本的な活動である労働ないし勤労の場における学習については、社会教育研究は十分ではない[15)]。それだけでなく地域づくりと社会教育について論じる際にも、経済的基盤を土台に据えた議論が求められている。東日本大震災によって生きる土台を大きくえぐり取られる事態に遭遇したことだけではなく、東京一極集中が進むことによって、「限界集落化」や「シャッター街の広がり」など地域生活が危機的な状況に置かれている地域自治体が日本全国に広がっている現実がある。そうした状況の中で地域ぐるみの協同のあり方をいかに築くかということが問われている。

　社会教育に関しては、社会教育政策・社会教育行政のあり方を地域住民の学習要求に応えるものにしていくことが、社会教育における住民自治の課題である。住民要求に応える地域教育計画づくりが求められる。しかし、そこで行われる教育のあり方についても、教育内在的にのみ問うことはできない。むしろ、社会的規定の問題、すなわち、住民生活と地域自治体行政に覆い被さっている社会のあり方を問うことが重要である。

　とりわけ日本国憲法第25条生存権保障以降の社会権に関わる条文に関連して、人権保障にふさわしい国家保障の実現を求めていくことが、社会的格差が拡大し貧困が大きな問題となりつつある今日、差し迫る課題として浮上している。第25条と関わっては生活保護や年金保障の問題など、第26条と関わっては高等教育までの無償化の問題などがある。地域における生活要求に応える形でのコミュニティ・ミニマムの確認から、全国レベルでナショナル・ミニマムの確認・創造を進めることが求められている[16)]。

　また憲法第27条および第28条と関わって、「勤労」ないし労働の捉え返しをすることが今日の生活課題解決のためにはきわめて重要となっている。ILO提唱の「ディーセントワーク（働きがいのある人間らしい労働）」を確保することが、とりわけ日本社会の最も重要で基本的な課題であると言ってよい。超過勤務の限定、労働時間の短縮、最低賃金の引き上げ、有給休暇取得の推進、派遣労働など非正規労働の規制など、人間らしい生活を継続的に営めるものに

労働条件を変えることが、生活課題の中の中心的な課題であることは周知の通りである。

そのことと関わって、「労働三権」といわれる労働基本権が、憲法的権利（第28条）であることが忘れ去られているかのような現実があることも見逃せない。団結権・団体交渉権・団体行動権が労働者の基本的な権利であり、憲法に規定された社会権の一つであることは学校では学んでいるが、労働組合の組織化は実際には労働者の生活を改善する水準には程遠いのが現実である。

地域課題の改善のためには、労働組合やそれぞれの職業組織などの力添えが重要であるが、日本全体の労働条件改善のためには、さらに大きな協同のうねりが必要である。東日本大震災以来問われ続けている、生き方・生活の仕方の変革を全国的な生活文化運動の大きなうねりとして展開する必要がある。そのためにも困難な中で取り組まれている各地の地域おこしの取り組みの交流を深め、生活文化改革運動として展開し、国家・財界などの政策の方向性を人間尊重社会に向かわせるということが実現しなければならない。そうしなければ、人間らしい生活を営む日本社会の実現は困難にならざるを得ない。

東日本大震災の被災者・被災地に対する補償問題、原子力発電所問題、沖縄基地をはじめとする平和問題、少子高齢化社会問題などの喫緊の課題、さらに赤字財政問題や老朽化するインフラ整備の問題など、日本の抱える問題はどれをとっても生活文化の捉え返しを迫る課題となっている。周りの人間を気遣う文化をもっている日本では、「個人化」「孤立化」「分断化」の社会現象にもかかわらず、それを乗り越えて人間尊重を基軸とした生活文化を築ける可能性がまだ残されていると期待したい。

　おわりに

最後に今日の社会教育実践および社会教育研究に求められる課題を教育福祉論と社会的排除克服の観点から提示しておきたい。

第1に、既に述べてきたように、社会教育の取り組みでは、生活課題に即

240 第4部 現代日本の社会教育・生涯学習の課題

する教養として、科学的な視野と知識、地域の実情に応じた生活の知恵と絆、多様な人びとの交流と創造的な発想など、地域活動との結合を広い視野で進めることが求められている。地域の生活課題の困難さを増す今日の現実は、社会教育と教育福祉論が生活課題とその担い手を社会福祉と社会教育の関係のみならずより広い視野のうちに捉えることを求めている。地域住民・市民の生活の「あらゆる機会あらゆる場所」における教育学習活動がその視野に入っていることが求められる。従来の公的社会教育に限定しない、広い視野に立つ社会教育・生涯学習の果たす役割は今日ますます大きなものになってきていると言ってよい。

　第2に、社会教育・生涯学習をすべての地域住民に保障していくための協同をどのように築くかという課題である。そこでは、地域の多様な資源を有効に結合したり、必要によっては他地域からの新しい力を投入したり、同じような取り組みをしている地域の交流を進めたりしながら、さまざまな個人や団体や事業体と地域自治体の協同を追求することが求められる。その際に重要なことは、あくまでも地域住民自身の主体的な力量の形成と発揮をベースに据えるということである。それは、「地域の創造を担う集団的主体形成を見通す学習実践の必要性」[17] が指摘される理由でもある。

　第3に、さまざまなレベルの教育学習実践において、そこに参加する学習者と学習支援者が、あるいは、地域住民と研究者が、どのような協同を築くかという課題である。新しい地域の生活システムを築くためには、生活要求に基づく住民・市民組織の力量の強化が求められる。また、住民・市民の主体的な参画と学ぶ自由の保障を通して力量形成が図られる必要がある。そこには当然ながらさまざまな専門家（集団）や多様な個人・団体との関わりが出てくることが考えられる。そこでは、学習者が学習の主人公であると同時に、学習支援者も協同の学習者であるという臨床的教育実践の模索とも重なり合う観点が重要である。そのなかで社会教育職員を含めた学習支援者や支援のために関わる研究者が、いかにコーディネートし共に地域課題に取り組む伴走者として関わりを築くのか。新たな地域づくりの創造実践が紆余曲折を経ながらも軌道に乗るかどうかに、この点が大きく関わっていると考えられる[18]。

第 13 章　社会教育と教育福祉論　*241*

　残された課題はこれらに留まるものではない。なぜなら地域づくりの課題は
地域住民の生活のあらゆる領域にまたがるものであり、学際的な協同的総合的
な蓄積の結合を求めるものであるからである。社会教育実践および社会教育研
究に関わる者は、地域住民の切実な生活現実とその生活を取り巻く広大な領域
に対峙していることに謙虚にならざるを得ない。

注
1)　小川利夫『教育福祉の基本問題』勁草書房（1985）、同『小川利夫社会教育論集Ⅴ 社会福
　　祉と社会教育 教育福祉論』亜紀書房（1994）など参照。
2)　日本社会における急速な階級分化、二極化の進行については、多くの研究が行われてい
　　る。佐藤俊樹『不平等社会日本』中央公論新社（2000）、山田昌弘『希望格差社会』筑摩書
　　房（2004）、林　信吾『しのびよるネオ階級社会』平凡社（2005）、など参照。
3)　小川利夫『教育福祉の基本問題』前出、p.161。
4)　小川『同前』p.164。
5)　小川『同前』p.168。
6)　上田幸夫・辻 浩編著『現代の貧困と社会教育』国土社（2009）まえがき。
7)　その分析は他に譲るが、「地方消滅論」に抗する地域創造実践に関しては、多くの地域にお
　　けるさまざまな実践報告が出版されている。
8)　障害者社会教育論については、高橋正教「障害者社会教育論」『教育と医学』第 28 巻第 4
　　号（1980.4）、同「障害者社会教育研究の方法論的視座」『中京女子大学研究紀要』第 31 号
　　（1997.3）、同「障害をもつ人びとの学校教育以外の学習保障 そのとらえ方と課題」『障害者
　　問題研究』第 29 巻 1 号（2001.5）など参照。
9)　社会的排除については、鈴木敏正編著『社会的排除と「協同の教育」』お茶の水書房
　　（2002）、および、日本社会教育学会編『社会的排除と社会教育』東洋館出版社（2006）など
　　参照。
10)　アイヌ民族と教育保障については、日本社会教育学会編『アイヌ民族・先住民族教育の
　　現在』東洋館出版社（2014）、および、上野昌之『アイヌ民族の言語復興と歴史教育の研究
　　―教育から考える先住民族とエンパワーメント』風間書房（2014）参照。
11)　岡幸江「過疎化する地域における『暮らし』の学びの再生」日本社会教育学会 60 周年記
　　念出版部会編『希望への社会教育 3.11 後の社会のために』東洋館出版社（2013）p.205。
12)　津田英二「排除されるいのち、共感するいのち」『同前』p.64。
13)　中嶋信『新しい「公共」をつくる 参加型地域づくりの可能性』自治体研究社（2007）、日
　　本社会教育学会 50 周年記念講座刊行委員会編『講座 現代社会教育の理論 Ⅰ～Ⅲ』東洋館出
　　版社（2004）など参照。

242　第4部　現代日本の社会教育・生涯学習の課題

14)　第17回現代生涯学習研究セミナー（2005年3月、於長野県下伊那郡阿智村）の基調講演
における鈴木文熹氏の指摘。第17回現代生涯学習研究セミナー記録集『協同の学びで地域
をつくる（その3)』（2005）参照。

15)　戦後日本の社会教育実践と研究に労働者教育が位置づけられてこなかった経緯について
は、大串隆吉「労働者の権利と社会教育」日本社会教育学会50周年記念講座刊行委員会編
『講座 現代社会教育の理論 Ⅱ 現代的人権と社会教育の価値』東洋館出版社（2004）所収参
照。

16)　増田正人・黒川俊雄・小越洋之助・真嶋良孝『国民的最低限保障 貧困と停滞からの脱却』
大月書店（2010）参照。

17)　宮﨑隆志「地域教育運動における地域学習論の構築 —— 北方性教育運動の展開に即して」
佐藤一子編『地域学習の創造 地域再生への学びを拓く』東京大学出版会（2015）p.39。なお、
同論考で宮﨑は「新たな生産・生活システムの創造」の「実践に共通する特徴」を5点にま
とめているが、示唆的である。「同」pp.44-45。

18)　この点に関連して、研究活動のあり方を提起したものとして、菅豊『新しい野の学問の
時代へ 知識生産と社会実践をつなぐために』岩波書店（2013）が参考となる。

付記　本章は、高橋「教育福祉の視座としての社会教育」（『月刊社会教育』2015年8月号）を
ベースに、同「社会教育・生涯学習における新しい公共性の追求」（『中京女子大学研究紀要』
第40号、2006）の一部などを含めて加筆したものである。

第14章

地域社会教育の実践と課題
― 子どもと青年の人格形成支援 ―

1. 1990年代以降の子ども・青年の生育環境

　1989年の第44回国連総会において、子どもの権利条約が採択されてから、四半世紀が経過した。1994（平成6）年に日本が批准してからも、20年が過ぎた。この四半世紀の間に、日本社会は大きな変化を経験し、1980年代までとは異なる、子ども・青年の生育環境を生み出してきた。

（1）貧困と経済的格差
　日本は、1991（平成3）年の地価の下落に始まり、不良債権問題から、1995（平成7）年に住宅金融専門会社の破綻、1997（平成9）年に三洋証券・山一證券・北海道拓殖銀行が破綻し、1998（平成10）年に日本長期信用銀行が破綻するバブル崩壊期を迎えた。高度経済成長期に終わりを告げた、1973（昭和58）年12月のオイルショック以降の安定成長期は終わり、「失われた20年」と呼ばれる低成長期に入った。バブル崩壊後の不況対策としてとられた「緊急経済対策」の結果さらに膨らんだ財政赤字を解消するために、消費税の引き上げ、所得税減税停止、医療費の導入など、国民の負担を大きくしている。景気の悪化からの企業の倒産、失業率の上昇、非正規労働者の増加により、経済格差の拡大・貧困化が進行している。
　その中で、子どもの生活環境はどのように変化してきたのだろうか。
　子どもの貧困化は一貫して拡大傾向にある。世帯全体の相対的貧困率は、

1991（平成3）年の13.5%から2009（平成21）年の16.0%まで上昇し、子どもの貧困率も1991年の12.8%から2009年の15.7%まで上昇した。一人親家庭の子どもの貧困率は、この間常に50%を超えている。

　男性の給与水準が1997（平成9）年から低下する中で、女性の就業率が上昇し、家族形態の主流は片働き世帯から共働き世帯に移行した。平均世帯人員の減少も著しく、1980（昭和55）年の3.33人から2010（平成22）年の2.59人に減少した。一人世帯・二人世帯の増加、四人以上の世帯の減少は、家庭が一人ひとりを支える体力を落としていることを示している。

（2）　学校の機能不全 —「いじめ」と不登校—

　いわゆる「いじめ」問題は、1980年代から社会問題化していたが、その量的実態を把握することは難しい。認知件数は統計上減少傾向が見られるが、調査方法が変わるたびに数値は跳ね上がる。そして、自死に追い込まれるようないじめ事件はなおなくなってはいない。

　学校における不登校の増加は、1970年代に始まる。児童数・生徒数に占める不登校の割合は、1990年代は一貫して増加し、2001年には小学校で0.36%、中学校で2.81%に達し、その後もほぼ同じ水準にある。

　学級が機能不全に陥るいわゆる「学級崩壊」が話題になったのは1990年代からである。校内暴力は1980年代前半までは減少したが後半から増加に転じ、特に中学校では急増し、1996（平成8）年には8,000件を超えた。

（3）　不安定就労と「ブラック企業」

　一方、バブル崩壊後の「失われた20年」は、青年の生活様式を一変させた。年功賃金、長期（終身）雇用、企業別労働組合、新規学卒者一括採用という日本型雇用慣行は、徐々に崩壊の道をたどっている。特に正規労働者の削減と不安定就労の拡大により、学校を卒業すれば就労が約束される人生設計は成り立たなくなった。2%台であった完全失業率は、1990年代後半には3%台、2002（平成14）年には5.4%に達する。一般に若い年齢層ほど失業率は高いが、1980年代後半以降年齢層間の差が広がり、20〜24歳では2002年の完全失業

第14章 地域社会教育の実践と課題 — 子どもと青年の人格形成支援 — *245*

率は9.3％、翌2003（平成15）年には9.8％であった。

　新規学卒者の一括採用が崩れるということは、高等学校のあり方も大きく影響を受ける。学業成績によって就職先が配分されていたときには、高校生は教師の指導に従うことによって就職が保障されていた。しかし、高等学校への求人数が激減する中で、学校が職業紹介を行う機能が果たせなくなり、就労は個人責任に委ねられる。そして「自立」した生徒を育てることを目標としてキャリア教育の導入が図られてきた。

　非正規雇用の割合は、1985（昭和60）年に16.4％であったが、2014（平成26）年には40.0％までになっている。ニート（15歳から34歳までの非労働力人口のうち、通学も家事もしていない者）は、1990年代中頃までは40万人程度であったが、2000年代に入ると64万人程度に急増した。フリーター（15歳から34歳までの勤め先での呼称または希望する仕事の名称が「アルバイト・パート」の者）は1980年代に急増し、1992（平成4）年には101万人を超え、2003年には217万人に達する。女性の就労の拡大と外国人労働者の大量流入も、1990年代以降の大きな変化である。

　正規雇用数が絞られる中で、労働環境の劣悪化が進行している。「ブラック企業」と呼ばれる、違法労働・長時間過密労働を押しつけ、労働者の使い捨てをして顧みない職場が広がっている。グローバル化の中での構造的な人件費の縮減傾向がその背景にある。労働者間の競争によって正採用を勝ち取ったとしても、健康に働き続けることができるかどうかというリスクはなくならない。

（4）結婚・家族形成の危機

　就労状況が大きく変化する中で、結婚も変化を見せる。生涯未婚率という統計指標がある。50歳になった時点で一度も結婚をしたことがない人間の割合をいい、「45～49歳」と「50～54歳」未婚率の平均値から、50歳時の未婚率を算出したものである。国立社会保障・人口問題研究所の人口統計資料集によると、生涯未婚率は次のように推移している。

　1920（大正9）年には、男性2.17％、女性1.8％から、男性は1960（昭和35）年の1.26％、女性は1950（昭和25）年の1.35％まで減少し、その後徐々に増加す

る。そして、1990（平成2）年以降に急激に上昇し、2010（平成22）年には男性20.14%、女性10.61%に達する。この数値はさらに増加することが予想される。

　年齢別未婚率を見ると、2010年の20代後半の未婚率は、男性71.8%、女性60.3%である。特に、男性の未婚率の上昇が著しく、例えば、30〜34歳、35〜39歳の男性の未婚率は、1975（昭和50）年時点で、それぞれ14.3%、6.1%だったものが、2010年には、それぞれ47.3%、35.6%に達している。

　一方、50歳時の離婚を経験している割合は、戦後一貫して増加しているが、特に1980年代以降の上昇が目立つ。2010年には、男性6.03%、女性9.32%に達している。

　50歳時に配偶者がいない割合は、2010年には、男性で26.83%、女性で22.3%である。結婚が難しくなり、かつ離婚のリスクが高まり、その傾向が強まっているとすると、もはや結婚することが「ふつう」とは言い難くなっている。

　結婚の障害となるものとしては、結婚資金、結婚のための住居が挙げられており、経済的理由で結婚が困難になっている状況がうかがわれる。男性の雇用形態別婚姻状況では、2010年の正規雇用者既婚率27.2%に対し、非正規雇用者は6.7%にとどまっている（国土交通省調べ）。就労における不安定化と格差は、結婚・家族形成に対して大きな影響を与えるようになったのである。

（5）　地域社会形成の担い手

　さらに地域社会の担い手が大きく変化してきたことにも触れておこう。1950年代後半以降の高度経済成長は、産業全体を第一次産業から第二次産業へと変化させていったが、それは職住分離を進め、家産と関わる地域社会への参加動機を低下させることになった。地域共同体におけるいわゆる「寄合」に「家」を代表する者が参加をして協議する制度は減少し、男性が地域社会に関わる機会も失われていった。産業と労働に関わる地域共同体における自治への参加が、産業の再編に伴って限定されたものになっていくのに対して、人が生まれてから死ぬまでの生活を支え合う互助組織としての女性の組織、子どもの組織は維持されていたが、それを支えていたのは主婦を中心とする女性であった。1960年代から1980年代の地域活動、社会教育活動の担い手は、女性中心の住

民組織となっていた。

　それが1990年代に大きく変化する。女性の就労の拡大、少子化、貧困化により、地域活動に参加する女性が減少し、女性団体、子ども団体への参加者数、組織率も低下する。地域活動の担い手は、女性の参加が少なくなる中で、相対的に定年退職後の高齢者が中心となってきた。2010年代に入って、年金支給年齢の引き上げに伴い、60歳代後半から70歳代が、地域活動の中心とならざるを得なくなっている。

　2002（平成14）年の完全学校5日制の実施は、子どもたちを「地域に返す」こととされたが、子どもたちの青少年団体への加入率は低下し、例えば小学生の子ども会加入率は1999（平成11）年度の54.4％から2008（平成16）年度の43.0％まで減少した。子どもの保護者などの大人が地域社会に関わらなくなってきたことが、子どもの地域社会への参加を阻んでいる。

　2010年代の日本において、地域共同体の組織、女性団体・子ども団体などの社会教育関係団体が、地域づくりと社会教育を担うことが可能な地域社会は、ごく限られているといってよい。地域社会教育の組織化の課題がそこにある。

2. 2010年代の子ども・青年世代の生活課題

　このような社会変化の中で、2010年代の子ども・青年の世代が、「よりよく生きる」ことを目指すとき、どのような生活課題に直面すると考えられるか。彼らが、共通体験として経験し、協働して問題解決に取り組むべき課題はなんだろうか。十分な整理ではないが、仮説的に提示しておきたい。

（1）貧困・格差問題
　所得格差の拡大は、1980年代以降の趨勢となっているが、特にバブル経済の崩壊、リーマンショックは、より格差の拡大、相対的貧困率の上昇を招いている。格差の拡大は、中間層の分解を意味し、セーフティ・ネットの脆弱性から、経済的な将来不安を多くの子ども・青年が共有している。

（2） 就労問題

就労問題は、貧困・格差問題に直接に結びついている。バブル経済の崩壊以降の雇用不安は、就職に向けての排他的競争、長時間過密労働と過労死への不安、職場でのハラスメントからの回避など、複雑で多面性を持っている。

（3） 恋愛・結婚・家庭問題

結婚の困難性は、その前段である恋愛に対する消極性につながっている。自分と相手の人格を尊重し合い、共同の可能性を探るという、手間暇のかかる関係形成を諦める意識が生まれている。夫婦や親子、きょうだいという親密な関係を、意識的に形成することが求められている。

（4） 友情・なかまづくり問題

いわゆる「いじめ」問題は、友情・なかまづくりのゆがみである。幼少期の遊びをとおして、けんかと仲直りを繰り返す体験が少なくなる中で、相互理解・相互承認を形成する能力や見通しが持てないことが、その背景にある。

（5） 情報化社会における教養問題

膨大な情報量を享受できる反面、自分にとって価値のある情報、信頼できる情報を判断することは難しくなっている。また、直接的な体験による情報よりも間接的な体験、二次的な情報量がはるかに多いことも、世界観、社会観の不安定さにつながっている。

（6） 地域づくり問題

地域社会の共同の事業は家族の代表が集まって協議して実施するという、自治に基づいた地域共同体（コミュニティ）が機能している地域に育った子ども・青年は、あまり多くないだろう。共同体の事業に参加した経験を持つ者はさらに少ない。しかし、ゴミ処理、防災、交通安全、環境保全など、地域共同体抜きには機能しない。子育て、介護を支える地域福祉もまた同じである。

3. 子ども・青年の要求実現と人格形成

　人が、こうしたい、こうなりたいという「要求」を持ち、それを「実現」しようとする過程で、新しい能力や社会関係を獲得し、「人格」を再編成していくこと、それが人格形成の筋道である。前節で挙げたような生活課題の解決に取り組みたいと思うこと、例えば、貧困状態から抜け出したい、将来への不安を少なくしたい、働きがいのある仕事に就きたい、幸せな家庭を築きたいというような、要求の実現には、それを可能にする人格形成が不可欠である。この人格形成のモデルを、鈴木敏正の議論を基に考えてみたい[1]。

　鈴木は、近現代の人格を全体的・構造的に理解する必要を指摘し、表14-1のように「実体・本質・主体」の3つの規定の統一として、さらに、それぞれを「存在・関係・過程」の3つの側面をもつものとして把握すべきことを主張している。

表 14-1　人格の構造と主体形成 [1]

人格	存在	関係	過程	類的諸能力	実践	仕事（所産）
実体	自然的	自然―人間	自己実現	諸能力	活動・労働	生産物
本質	社会的	人間―人間	相互承認	所有関係	労働関係	分配関係
主体	意識的	自己関係	主体形成	自己意識化	理性形成	意識化

　ここで、実体としての人格とは、自然―人間関係において把握されたものであり、人間的諸能力の総体として規定され、自己実現を目指す過程として表れる。本質としての人格とは、人間―人間関係において把握されたものであり、社会的諸関係の総体として規定され、相互承認の関係を形成する過程として表れる。これらに対して、主体としての人格とは、生きた諸個人の自己関係において把握されたものであり、自由な意識的・自律的存在として規定され、主体形成の過程として表れる。この主体形成は、「自己実現と相互承認の意識的編成過程」ということもできる。これを筆者が図に表したものが図14-1である。

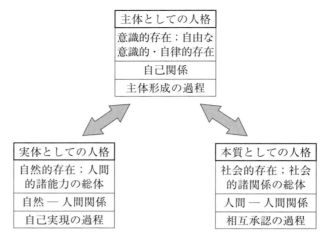

図 14-1　人格の構造
（筆者作成）

4. 学校教育における人格形成支援の不均衡

　人格の構造をこのように理解するとき、日本の学校教育が、人格の全体ではなく、実体としての人格の形成を中心に考えられてきたことに気づくだろう。すなわち、人間的諸能力を獲得することが、学校教育の目的として理解されているのではないだろうか。本来、教育基本法において教育の目的が「人格の完成」とされているように、人格の形成はあれこれの能力の獲得ではなく、「平和的で民主的な国家および社会の形成者」としての人格の完成を目指すものである。

　学校における子ども — 子ども関係におけるゆがみである「いじめ」問題や、子ども — 教師関係におけるゆがみである「学級崩壊」の背景には、本質としての人格の形成が軽視されてきた教育実践の弱さがある。また、就職して3年以内に中卒の7割、高卒の5割、大卒の3割が離職する七五三現象と呼ばれる新規学卒就職者の離職問題は、労働環境の劣悪さだけではなく、職業選択および進学選択を含む進路選択意識の未成熟という側面がある。日本型雇用慣行に

第14章　地域社会教育の実践と課題 — 子どもと青年の人格形成支援 —　　*251*

対応して、学校の成績によって進路が割り振られるという学校—職域の接続関係が機能しなくなった今、進路選択は 1990 年代前半までとはまったく違った重みを持つようになった。子どもたちの進路選択を支援するキャリア学習が広がってきているが、子どもたちをエンパワーメントするためには、主体としての人格の形成を目指すものでなくてはならないだろう。

　学校教育において、実体としての人格の形成を中心に考えられてきたことは、近代学校教育が、富国強兵の国家政策に従属して発展したことと関係が深い。近代軍隊において求められる兵士と、資本主義社会を構成する賃労働者の養成がその目的となっていたために、もっぱら必要とされるのは兵士・賃労働者に求められる人間的諸能力の獲得である。

　それに対応する、本質としての人格は、国家と軍隊および経営者に従順で、部下を明確に命令・監督ができる垂直志向の関係形成を得意とする人格であり、その限りにおいての相互理解・相互承認に限られる。水平志向の社会関係や、異なる意見・利益を調整し、お互いの最善の利益のために連帯を追求するための相互理解・相互承認は求められず、垂直志向の関係形成のためにはむしろ不必要であり、障害となるとみなされるだろう。主体としての人格においても、近代国家の持つ国家間の競争に打ち勝ち、帝国主義的な成功を目指す目標を、自らの価値・目標として同化することが求められる。そのために、国家と社会のあり方を客観的に「意識化」すること、近代国民としての自らのあり方を「自己意識化」することは、国家としての危険思想として扱われ、国家・社会に進んで奉仕・貢献しようとする「主体形成」が求められる。振り返り、問うこと自体が危険であるので、「主体形成」は、注入的・洗脳的な方法がとられることになるだろう。このような人格形成は、多くの矛盾をはらみ、近代学校における教育問題を生起させることになる。

　第二次世界大戦における日本の敗北と、日本国憲法下における国民主権への移行は、本来的にはこのような人格形成の抜本的改編を必要とし、それを目的とする教育改革が行われた。しかし、主権者としての、主体としての人格の形成の追求ははたして成功したといえるだろうか。戦後日本の学校制度は、従順で序列づけられた新規学卒者を労働市場に供給することで、日本社会の経済的発展に貢献

252　第4部　現代日本の社会教育・生涯学習の課題

したが、それは戦前の「近代軍隊において求められる兵士と、資本主義社会を構成する賃労働者」という人間像が、非軍事化されて前者が省かれただけであり、人格形成の支援の基本的なあり方は、戦前との連続性を維持していた。

　戦後教育体制の脆弱性の一つは、1994（平成6）年の子どもの権利条約の批准までの間、18歳までの子どもを、人間としての権利を行使する主体として、また国家・社会の主権者として、大人と対等の人格を持つと認めてこなかったことがある。子どもも国民・住民であるが、人権を制限する根拠と範囲は必ずしも明確ではない。近代学校において、子どもの人権が恣意的に制限される状態が放置されてきた。子どもの権利条約が、日本の社会、とりわけ学校教育において「黒船」として恐れられたのは、このような人権の制限の無限定な状況が暴かれること、人格形成の支援のあり方を問われることを嫌ってのことではなかっただろうか。

　子どもの権利条約の批准が直ちに学校教育に影響をおよぼしたとは言えないが、バブルの崩壊による学校教育と労働市場の接続形態の変容は、それまでの人格形成への支援のあり方を問うものになっている。さらに2016（平成28）年から実施される18歳選挙権は、中学校・高等学校における主権者教育を求めている。投票率を高めることを目標とした矮小化された主権者教育では、主権者としての主体形成は期待できないが、学校教育において主権者としての主体形成が議論されることによって、人格形成支援のあり方を問う契機となり得る。確かなことと思われていたことが揺らいでいく、再帰的な社会の中で、経済の維持・発展を含むあらゆる社会問題の解決、生活課題の追究のために、学校教育においても全体としての人格の形成が教育的課題となりつつある。

5.　社会教育における人格形成への支援

　一方、日本の社会教育においては、必ずしも人格の構造が意識されていたわけではなくとも、主体形成の学習、自己実現の学習、相互承認の学習が追求されてきている。例えば、共同学習運動は、主体形成を目指す学習であるととも

第14章　地域社会教育の実践と課題 ― 子どもと青年の人格形成支援 ―　　253

に、自己実現および相互承認を目指す学習でもあった。生き方を問い、生活を切り拓く学習は、いずれも全体としての人格の形成を促すものとして展開していたのではないだろうか。

　また、社会教育実践においてスローガン的に使われる「であい、ふれあい、わかちあい」という学習目的・内容・方法の表現は、相互承認を目指す学習の展開を表すものになっている。まず、「であい」は、学習なかまとしての承認を意味し、社会教育実践としては自己紹介（学習）を通じて相互理解への出発点となる。「ふれあい」は、社会教育実践の中でたまり場や二次会などの精神交流・生活交流の機会を設定し、傾聴と対話を通してより深い相互理解を目指すことを意味している。そして「わかちあい」は、共同・協働によって生活をわかち合う。具体的には、寝食を共にすること、分業と協業によって力を合わせて活動に取り組むこと、活動の成果を共感することなどを意味する。この「であい、ふれあい、わかちあい」の実践によって、相互理解と相互承認を深めていく関係形成のための学習目的・内容・方法は、ひとことでいえば「なかまづくり」であり、社会教育実践において広く浸透している。

　ただし、社会教育の現場において、その学習の意義が自覚されているかどうか、意識的・目的的に取り組まれているかといえば、取り組みの弱さが見られる場合もある。経験主義、形式主義的実践に陥ったり、あるいは講座や企画などの事業を円滑に進めるためなどという他の目的のための手段として、「なかまづくり」がゆがめられたりすることも少なくないことには注意しておきたい。

6.　生活史学習に見る子ども・青年の集団形成と人格形成

　前節で触れた共同学習運動の展開の一つに、青年団、青年サークルで取り組まれた生活史学習がある[2]。定型教育（formal education）、不定型教育（non-formal education）、非定型教育（informal education）という教育の3類型による構造的把握の整理を用いると[3]、共同学習は、学習主体と教育主体（講師・助言者・ファシリテイター等）とが協働でカリキュラムを編成する不定

254　第4部　現代日本の社会教育・生涯学習の課題

表14-2　生活史学習・生活集団理念図⁴⁾

	生活史学習の3部門			生活集団活動
	自己紹介	講義学習	自主活動	
準備段階	①さしあたり、各人各様の自己紹介から出発。 ②折にふれて、自己の問い直し、外面的な自己認識から内面的な自己認識への深化、主観的な自己表現から各観的な自己表現への転換。	①現代勤労青年（期）の生活様式。 現状＝自己喪失―「その日限り」の生活様式＝生活様式の時間的断片化＝生活様式の歴史軸の喪失、「その場限り」の生活様式＝生活様式の空間的断片化＝生活様式の社会軸の喪失、総じて〈生活と人格のまるごと〉の崩壊。 課題＝自己回復―「その日限り」の生活様式の克服＝生活様式の歴史軸の回復、「その場限り」の生活様式の克服＝生活様式の社会軸の回復、総じて〈生活と人格のまるごと〉の蘇生。 方向＝第1に生活学習から生活史学習への転換、第2に機能集団から生活集団への転換。 ②要求と必要に応じて、歴史学習および社会学習の開始。	①生活集団活動における〈であい〉の段階。語源「出る」＝「行く」「来る」。したがって〈であい〉とは、行く人と来る人との弁証法的統合、「人間」関係の準備段階。 ②要求と必要に応じて、〈たまり場〉の設置と〈宿泊活動〉の実施。	であい
生活史学習開始	①自己紹介から生活史発表への発展。内面的な自己認識とその客観的な自己表現とを可能ならしめるため、「書く」生活史から「語る」生活史への発表形態の転換。 ②折にふれて、歴史的・社会的な背景との関連において、	①生活史学習。 歴史軸基調の学習―〈見直し学習〉＝〈生いたち〉の見直しと吟味、〈見渡し学習〉＝〈生きざま〉の見渡しと点検、〈生きがい学習〉＝歴史学習として歴史的背景の認識（基調＝先世代・自世代・後世代の歴史的関係）。 社会軸基調の学習―機能集団などの克服＝実体的地域観の回復、その集約＝統合的地域観、実体的地域の統合的実体としての地域の復権、その集約＝先世代・自世代・後世代として社会学習＝社会的背景の認識（基調＝職場・学校・職場と社会学習の関係）。 ②生活集団論学習。 人間論―「人間」とは「人と人との間柄」＝人間の本質としての「間柄」（社会的関係）。	①生活集団活動における〈ふれあい〉の段階。語源「触れる」＝「親しく接する」「広く知らせる」。したがって〈ふれあい〉とは、親しく接することと広く知らせることとの弁証法的統合、「人間」関係の開始の段階。	ふれあい

第14章　地域社会教育の実践と課題―子どもと青年の人格形成支援―　255

			の3段階

の3段階

あい

わかちあい／あい

②自由な精神交流のために、〈たまり場〉の活用＝「間わず語りのよさ」や話し、〈宿泊活動〉の重視＝「寝床分科会」。

①生活集団活動における〈わかちあい〉の段階。したがって〈わかちあい〉とは、分配（分業）することと共有（協業）することとの弁証法的統合、「人間」関係の飛躍段階。

②要求と必要に応じて、〈であい〉や〈ふれあい〉への環流＝生活集団の量的拡大と質的深化。

（自主活動）

関係論―反関係的現象の流行＝集団の系では「孤立」と「分散」・世代の系では「核家族」と「高齢者世帯」・地域の系では「地域の教育力の喪失」など、それに対し親関係的行為の構築＝広範な集団的・世代的・地域的な交流（生活交流と人格交流）。集団論―〈生活と人格のまるごと〉の交流＝〈ふれあい〉と〈わかちあい〉の実践。

③要求と必要に応じて、系統学習・集中学習の開始。

①系統学習（長期系統学習）＝自然・社会・人間の統合的認識。
自然科学の系統学習―とくに人間的自然の認識＝感受性の基礎。
社会科学の系統学習―とくに人格性の認識＝連帯性の基礎。
人文科学の系統学習―とくに個体性の認識＝自立性の基礎。

②集中学習（短期集中学習）＝労働・生活・文化の統合的認識。
労働同題学習―とくに人間労働の特質＝人間労働と人間形成という関係の認識。
生活問題学習―とくに人間生活の特質＝人間生活と人間社会という関係の認識。
文化問題学習―とくに人間文化の特質＝人間生活の省察的再構成としての人間文化の認識さまざまな消費的青年文化に対する批判的見地。

③要求と必要に応じて、生活様式学習・生活史学習・生活集団論学習などへの環流。

（学習）

生活集団活動

自己認識の内容の深化。

①生活史発表から歴史的・社会的な自己認識への発展。
生活史発表と系統学習との統合により、歴史的・社会的な存在としての自己確立。

②自己紹介＝〈生活と人格のまるごと〉の紹介＝生活（生活・活動）の人格的(主体的)表現。

自己紹介

飛躍段階の3段階

型教育（non-formal education）に相当する。たまり場や会合など生活のさまざまな場において、自由で主体的な生活と意識の交流を行う（非定型教育）中で、相互理解・相互承認を深めて共同学習の基盤を醸成し、生活課題を交流して学習内容編成へとつなげることで、共同学習へと発展する。共同学習によって発見され、共通の課題として認識された生活課題の解決・克服を追求するために、系統的学習（定型教育）が接続される。同時に、共同学習や系統的学習（定型教育）の成果として、新しい生活創造、地域づくりが進められる中で、交流・活動の場（非定型教育）が広がっていく。このような生活と学習の循環を引き起こす心臓部にあたるのが、共同学習（不定型教育）である。

　生活史学習の特徴の一つは、生活史学習の展開と、その学習集団である生活集団の組織化を両輪として構想していることにある。生活史学習・生活集団の理念図は、表14-2[4)] のように整理できる。ここでは、自己紹介（学習）・講義学習・自主活動が、学習と集団を拡大・深化させていく構造が表現されている。

　生活集団とは、生活を共有する集団という意味もあるが、同時に、要求を共有することによって組織化を進める集団という組織論に基づく集団でもある。

　図14-2[5)] は、要求を共有することによって、集団の組織化の根拠となることを整理したものである。

　①の段階では、それぞれの青年の要求は多様化しており、要求別に集団を組織化しようとすると、より多くの者が要求として共有しているＣ要求、Ｄ要求という要求項目において組織をしたとしても、すべての青年を組織することはできない。特に、Ａ君、Ｄさんの２人は、要求が重なっていないので、どのような要求項目に基づいて組織化したとしても、同じ集団に属することはできない。

　そこで、②の段階で、個別の要求の背景となる意識を探ることになる。そこに、１人でいることの孤独感、体を動かす喜び、将来への不安、知識への渇望などを見ることができたとき、それが青年たちに共通する意識であれば、それに基づいて、それまで持っていなかった要求の存在に気づき、それを自分の要求として意識化することになる。Ａ要求、Ｆ要求は、共通する意識を背景とする要求群となる。これが、生活集団形成の第一歩とされる。

第14章　地域社会教育の実践と課題―子どもと青年の人格形成支援―　*257*

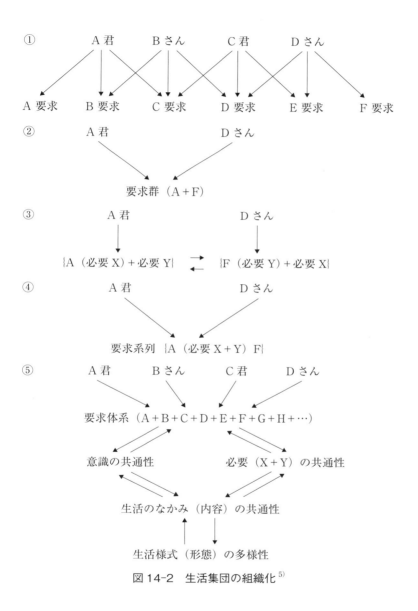

図14-2　生活集団の組織化[5]

258　第4部　現代日本の社会教育・生涯学習の課題

　さらに、③の段階では、共通する意識の背後にはどんな根拠があるのか検討する。この場合の根拠とは生活の事実を指し、要求項目がその根拠である必要の具体化であることを明らかにする。例えば「レクリエーション」という要求は、「自立する人格としての青年の自己主張」という必要を代表するもの、「学習」という要求は、「成長する世代としての青年の自己学習」を代表するものであるとすると、青年自身が、自らを「自立する人格」であると自覚する中で、「レクリエーション」が自立する人格の自己主張・自己表現であるという意味を獲得し、同様に、自らを「成長する世代」であると自覚する中で、「学習」が、成長する世代としての自己学習であるという意味を獲得する。

　その上で、④の段階では、A君においても、Dさんにおいても、「自立する人格」であること、「成長する世代」であることは共通し、その存在が求める「自己主張」と「自己学習」という「必要」を共有するがために、A要求、F要求を共有する要求系列を創出することになる。これが生活集団形成の第2歩であり、集団における個々の要求項目に基づく諸活動が、必要を根拠として、関連づけられていく。

　⑤の段階では、さらに青年の生活が検討される。生活様式（形態）の多様性の中に、生活のなかみ（内容）の共通性を発見し、生活向上と人格形成に向けた課題、すなわち諸要求を体系化していく。これが生活集団形成の第3歩であり、生活・必要・意識・要求のまるごとの中から諸要求の関連づけと体系化を深めることで、集団における諸要求と諸活動を豊かにしていく。

　この過程を見るとわかるように、意識の共有、必要の共有、生活課題の共有によって生活集団の組織化は展開する。そして、共通する意識の発見は、相互理解・相互承認を目指す自己紹介学習を深めることによって可能であり、必要の共有は、系統学習に支えられた自分の存在の探究、すなわち自己意識化の学習によって可能であり、生活課題の共有は、生活史・生活記録の検討によって可能になる。その意味で、学習活動の展開と生活集団の形成とは切り離すことのできない、まさに両輪なのである。このことは、青年個人の人格形成は、青年が生活を共有する生活集団の形成なしには困難であり、意識的自覚的な生活集団の形成が、人格形成において重要な要件となることを示唆している。本質

第14章　地域社会教育の実践と課題 ― 子どもと青年の人格形成支援 ―　*259*

としての人格の形成の、全体の人格形成における意味を理解する上で、このことに留意しておきたい。

7.　子ども・青年の生活領域と人格形成

　子ども・青年の人格形成は、生活領域における主体形成として具体化される。言い換えれば、生活の主人公になることを意味する。表14-3は、鈴木の人格の構造論を参考に、生活領域（時空間）における人格形成の課題を整理したものである。

表14-3　生活を創造する人格形成の課題領域

		生活・発達・学習の3つの課題			統合的課題
		〈労働・職場づくり〉	〈家族・家庭づくり〉	〈友情・なかまづくり〉	〈社会参画・地域づくり〉
人格の構造	主体としての人格	労働観 労働者像	家族観 家族像	友情観 なかま像	世界観・社会観 市民像・主権者像
	実体としての人格	職業的能力 自治的能力	家族形成能力 自治的能力	人間関係形成能力 自治的能力	社会参画能力 自治的能力
	本質としての人格	職場づくり	家庭づくり	なかまづくり	地域づくり

（筆者作成）

　自己教育とは、自ら自分の人格を育てようとすることであり、どんな自分になりたいか（主体としての人格の形成）という人間像を描き、どんな力を獲得したいか（実体としての人格の形成）という能力像を描き、どんな社会的関係・人間関係の中で生きていきたいか（本質としての人格の形成）という関係像を描きながら、自己教育（人格形成の過程）の要求を実現する過程でもある。要求は、自己教育への原動力であり、自分と他者の生活と意識の全体を意識化・自己意識化する中で、必要から転化・具体化して自覚化される。

　自己教育は、客観的な世界認識と自己認識の上で、半歩先の生きる見通し、「生き方」を探る生き方学習でもある。人格形成には、本質としての人格形成

を伴うものであるから、生活領域における人間関係と生活内容（労働・家事・社会活動など）を創造する実践と自己教育（人格の形成）とは、両輪の関係にある。

　ここでは、生活領域を、〈労働・職場づくり〉〈家族・家庭づくり〉〈友情・なかまづくり〉の３つに想定し、それを統合したものとして〈社会参画・地域づくり〉を位置づけている。生活領域とは、生活する時空間のことを指しているため、生活様式の変化によって、生活領域の編成は変更が必要になる。例えば、在学生の場合には、〈学習・学校づくり〉が必要であろうし、福祉施設に入所している場合には〈社会福祉・施設づくり〉が検討されなければならない。また、コンピュータネットワーク上に構築された仮想的な「電脳空間」も生活の場として成立するならば、生活の一領域として考える必要もあるだろう。いずれの生活領域においても、その生活の向上を目的とした、職場・家庭・なかま集団・地域社会の形成者として、意図的・目的的な人格の形成を目指すことが、全体としての人格の形成、生活の向上において必要であると考えている。

　なお、それぞれの生活領域に、実体としての人格形成の課題として、自治的能力を入れ込んであることは、それぞれの生活領域をつくるために、また、諸能力を発揮するために、必ず集団的な分業と協業およびその経営が必要となることを視野に入れているからである。

8.　子ども・青年の人格形成支援のために

　問題は、このような子ども・青年の人格形成を目的とした自己教育とその支援が、どのような制度・事業のもとに具体化できるかということだろう。残念ながら、青年学級振興法の廃止を契機として、社会教育行政・生涯学習行政において、青年の自立と社会参加を目指す「青年教育」という事業項目は、多くの自治体で失われてしまった。

　その歴史的断絶の後、子ども・若者支援という新しい事業が2010年代になっ

て立ち上がってきた。教育行政ではなく、社会福祉行政、労働行政として、「子どもの貧困」対策、「不登校・引きこもり」対策のように、社会対策として事業化されているが、子どもの権利条約批准以降、子ども施策としての統一的・総合的な施策が求められているように、青年に対しても統一的・総合的な青年施策が必要であろう。

　国際的には子どもにやさしいまちづくり（Child Friendly City）、青年にやさしいまちづくり（Youth Friendly City）というように、子ども・青年の社会参加・参画をまちづくりに位置づける実践が始まっている。日本においても、基礎自治体における支援の立ち上げに期待したい。そのとき、決して対策事業としてではなく、統一的・総合的施策として、かつ、その中核として、人格形成への支援、自己教育への支援を位置づけることを求めたい。それは、何より、子ども・青年を、独立した人格として承認し、尊重すること、成長する世代として学習を支援することが、「子ども・若者施策」の出発点にあるはずだからである。

注
1）　鈴木敏正「社会教育研究の対象と方法について —社会教育学とは何か—」『北海道大学大学院教育学研究院紀要』第 116 号、2012 年 8 月。
2）　大村惠「共同学習」日本公民館学会編『公民館コミュニティ施設ハンドブック』エイデル研究所、2006 年。
3）　鈴木敏正『学校型教育を超えて』北樹出版、1997 年。
4）　那須野隆一「生活史学習の理論的検討のために」（社会教育推進全国協議会研究調査部編『自分史・生活史学習の検討 —実践と理論—』社会教育推進全国協議会、1986 年 8 月 23 日）より作成。
5）　日本青年団協議会組織対策委員会中間報告『青年団の強化をめざして』1974 年より作成。なお、本報告は那須野隆一が執筆者となっている。

第 15 章

現代日本の社会教育・生涯学習をめぐる課題
― 社会教育の自由と自治をめぐって ―

は じ め に

　1945（昭和 20）年の敗戦を契機に、戦前の国家主義的軍国主義的教育を深く反省して出発した戦後社会教育は、日本国憲法 1946（昭和 21）年・教育基本法（1947（昭和 22）年、その後 2006（平成 18）年に「全部改正」）・社会教育法 1949（昭和 24）年等に基づき、さまざまな問題や課題を抱えつつも、地域・自治体で住民の学びを支え、まちづくりに貢献をしてきた。とくに 2016（平成 28）年の今年は、文部省が全国に公民館設置を呼び掛けてから 70 年（文部次官通牒「公民館の設置運営について」1946 年 7 月 5 日）という節目の年にあたる。

　一方、生涯学習について言えば、1965（昭和 40）年のユネスコ成人教育推進国際委員会による生涯教育論の提唱を受けて、1971（昭和 46）年の中央教育審議会・社会教育審議会答申において生涯教育が教育改革のキーワードとして登場し、1981（昭和 56）年の中央教育審議会答申「生涯教育について」を経て、中曽根首相のもとに設置された臨時教育審議会（1984（昭和 59）年～1987（昭和 62）年）が「生涯学習体系への移行」を打ちだしていく。その後、1988（昭和 63）年の文部省社会教育局の生涯学習局（現生涯学習政策局）への改組、1990（平成 2）年の中央教育審議会答申「生涯学習の基盤整備について」を受けて「生涯学習の振興のための施策の推進体制等の整備に関する法律」（生涯学習振興法）が 1990 年に成立・施行された。同法は、経済産業省

（当時）との共管法で、生涯学習民活法あるいは生涯学習関連産業立地法ともいうべきもので、同法第5条に規定された地域生涯学習振興基本構想は「民間事業者の能力を活用しつつ行う」ことを事実上義務付け、明らかに生涯学習における民営化・市場化を推進する法律であった。その後、バブル崩壊等の影響もあって同法は頓挫する。同法の作成に関わった寺脇研氏がその裏面史を赤裸々に語った『官僚批判』（講談社、2008年）は、同法がいかに理念なき法律であったかを如実に示している。

ユネスコ国際成人教育会議で採択された「学習権宣言」1985（昭和60）年は、「学習権はたんなる経済発展の手段ではない。それは基本的権利の一つとしてとらえられなければならない」と述べているが、生涯学習振興法は、「民活」型生涯学習振興を軸とした日本型生涯学習政策の集中的表現であって、資本に従属する生涯学習論であり、人権としての教育を後景に置くものであり、総じて公権力による教育システム再編原理として作用し続けている。

生涯学習振興法の批判的検討については、これまでさまざまなところで言及してきたのでここでは繰り返さないが[1]、2006年の第1次安倍内閣による教育基本法「全部改正」によって第3条「生涯学習の理念」が新設されたことは重要である。そこでは「国民一人一人が、自己の人格を磨き、豊かな人生を送ることができるよう、その生涯にわたって、あらゆる機会に、あらゆる場所において学習することができ、その成果を適切に生かすことのできる社会の実現が図られなければならない」とされた。

憲法・教育基本法制に「生涯学習の理念」という教育の全体構造に関わるマスターコンセプトが登場したことの意味は大きい。例えば、お隣の韓国では1982年に社会教育法が成立し、1999年に社会教育法が全面改正されて平生教育法が成立する。いわば平生教育概念（平生教育とは生涯教育の謂）のもとに法を一本化したともいえるが、日本では、社会教育法（1949年）と生涯学習振興法（1990年）が並立して存在し、さらに教育基本法に「生涯学習の理念」が登場することによって、法のレベルにおいても、国・自治体レベルにおいても、社会教育と生涯学習との関連が常に問われる状況になった。生涯学習の名のもとで社会教育や社会教育行政が縮小される事態も生まれつつある[2]。

264 第4部 現代日本の社会教育・生涯学習の課題

　今日の自治体社会教育・生涯学習をめぐる論点は多岐にわたるが、本章では、あらためて戦後社会教育法制における社会教育の自由と自治の理念を確かめるとともに、その社会教育の自由との関連で、さいたま市九条俳句不掲載事件、指定管理者制度、公共施設再生計画、地方教育行政法「改正」問題等を照射しつつ、現代日本における社会教育・生涯学習の諸課題に言及してみたい。

1. 社会教育における自由と自治をめぐって

　1949（昭和24）年に制定された社会教育法は、日本国憲法・旧教育基本法1947（昭和22）年・学校教育法1947年・旧教育委員会法1948（昭和23）年を受け、戦前の侵略戦争遂行に組み込まれた社会教育を深く反省し、広く学校教育以外において、社会教育の自由と自治を中核に据えて、権利としての社会教育を保障しようとしたものである。

　1949年の社会教育法立法時、当時の文部省社会教育課長寺中作雄は次のように指摘していた。

　　　…もちろん社会教育法は社会教育活動の全面に亘って、これを規制しようとするのではない。常に国、地方公共団体と言うような権力的な組織との関係において、その責任と負担を明らかにすることによって社会教育の自由の分野を保障しようとするのが社会教育法制化のねらいであって…

　　　　　　　　　　　　　　　　（寺中作雄『社会教育法解説』、傍点筆者）

　社会教育法は、国民の自主的な社会教育活動を、非権力的に「助長奨励」（1949年 柴沼社会教育局長説明）するため「国及び地方公共団体は、すべての国民があらゆる機会、あらゆる場所を利用して、自ら実際生活に即する文化的教養を高め得るような環境を醸成するように努めなければならない」（第3条）としている。

　社会教育法は、社会教育の自由・住民の学びの自由を守るために、社会教育関係団体に対する権力的な統制を幾重にも禁止している点が重要である。例

えば、社会教育主事の社会教育を行う者に対する命令監督を伴わない助言指導（第9条の三）、文部科学大臣・教育委員会の社会教育関係団体に対する「求めに応じ」た「専門的技術的指導又は助言」（第11条）、社会教育関係団体への権力的統制を強く禁止した第12条「国及び地方公共団体は、社会教育関係団体に対し、いかなる方法によっても、不当に統制的支配を及ぼし、またはその事業に干渉を加えてはならない」等である。

　社会教育法立法時は、この12条を受けて旧13条は、「国及び地方公共団体は、社会教育関係団体に対し、補助金を与えてはならない」として社会教育関係団体に対する補助金支出を明確に禁止していた。「公の支配に属さない」社会教育関係団体への補助金支出の禁止は、憲法第89条からいっても自明のことであった。しかし、1959（昭和34）年社会教育法「大改正」において、「内閣法制局回答「憲法第89条にいう教育の事業について」（法制局一発第八号　昭和33年2月22日）を援用して、社会教育関係団体における個々の事業を教育の事業と教育でない事業とに分け、教育でない事業に補助金支出を可能にするという強引な法解釈を行って補助金支出への道を開いたものである。「60年安保」と前後する時期でもあったが、ノーサポート・ノーコントロールの原則を外し、社会教育関係団体に対するサポートを通じてコントロールする危険性をはらんだ「改正」でもあった。

　社会教育の自由を実質化、あるいは保障するために、社会教育法は社会教育における住民自治ないし住民参加システムを豊かに有していることも特徴である。例えば社会教育委員制度は、第17条で教育委員会に対する助言機関として設置され、その職務として地域社会教育計画立案権等が付与されている。さらに第29条では、公民館運営に住民意思を反映させるための公民館運営審議会が規定されている。

　このほかにも豊かな住民自治システムをもっていた社会教育法であったが、1999（平成11）年の地方分権一括法によって大きく後退させられた。すなわち、①公民館運営審議会が必置から任意設置になる（第29条）、②教育長が作成した候補者名簿に対する教育委員会の再提出要求権（第15条第4項）が削除される、③社会教育委員や公民館運営審議会委員における「選挙その他の

266　第4部　現代日本の社会教育・生涯学習の課題

方法」による住民の自主的委員選出規定が削除され（第15条・第30条）、④公民館長任命にあたっての公民館運営審議会の意見聴取義務が削除される（第28条2項）、さらにその後の法改正によって、⑤社会教育委員や公民館運営審議会委員を選出する際に、「文部科学省令で定める基準を参酌するもの」とされた（第18条・第30条）。

　このような社会教育における住民自治システムの相次ぐ後退は、集権化を通して社会教育の自由と自治を空洞化させていく危険性を生み出している。もちろん、地域・自治体によってその現れ方は一様ではないが、社会教育の権利主体・学習の権利主体はあくまで地域住民であり、住民の学習の全過程にわたって社会教育の自由と自治が貫かれねばならない。

2.　九条俳句不掲載事件と社会教育の自由

　2014（平成26）年6月に、さいたま市三橋公民館で活動していた俳句サークル・三橋俳句会が選んだ句が、毎月発行の「三橋公民館だより」に掲載されていたにもかかわらず、「梅雨空に『九条守れ』の女性デモ」という句が不掲載になるという、社会教育の自由・学びの自由の根幹に関わる事件が起きた。

　さいたま市は、現在全国に20ある政令指定都市の一つであり、2001（平成13）年5月1日に浦和市・大宮市・与野市が合併してできた都市である。2005（平成17）年には岩槻市を編入し、現在人口は約127万人である。この政令指定都市への移行とともに社会教育行政・公民館体制も再編されてきた。片野親義は2003（平成15）年の段階で「合併後の気になる主な変化」について「教育委員会の社会教育課が2003年4月1日から廃止され」「新しく設置された9つの区に一館ずつ拠点公民館を新設…中央公民館（1館）の下に拠点公民館（9館）さらに拠点公民館の下に各区内地区公民館（42館）を位置づけることによって、いわゆる上から下へという中央集権化の体制が整えられた」「…公民館を区役所のコミュニティ課の傘下に位置づける方向性が打ち出され」「地区公民館の職員が拠点公民館等に吸い上げられることによって、地区公民

第15章　現代日本の社会教育・生涯学習をめぐる課題―社会教育の自由と自治をめぐって―　*267*

館の弱体化現象が生起し始めていること」「旧三市の公民館運営審議会を一本化したこと」と指摘している[3]。

　公民館をコミュニティ行政に位置づけようとする動きについては、2003 年11 月にさいたま市コミュニティ関連施設検討委員会が「コミュニティ関連施設の今後のあり方等について」という文書の中で、次のように指摘していた。

　　…①　公民館を生涯学習活動に加え、コミュニティ活動の充実を図るための施設とすると同時に、コミュニティ施設に生涯学習活動の場としての機能を持たせ、両施設の連携・融合化を図ることにより、コミュニティ関連施設を一体的かつ体系的に生涯学習活動とコミュニティ活動の双方の拠点として明確に位置付けることとする。…②　コミュニティ関連施設を原則として市レベル、行政区レベル、地区レベルの三段階に再編することとする。③　施設の維持管理や運営の効率化を図る観点から、コミュニティ関連施設の所管の一元化を目指すこととする。

　公民館をコミュニティ関連施設に一元化する動きについては、市民と職員の運動によって阻止されたが、社会教育機関としての公民館が一般行政であるコミュニティ行政のもとへ一元化されることによって、公民館が社会教育法など教育関連法の適用から外され、住民の学習の自由と自治が脅かされようとしていたのである[4]。

　現在、さいたま地方裁判所で審理されている「九条俳句不掲載損害賠償等請求事件」は当該俳句の作者がさいたま市に対して掲載等を求めて訴えている裁判である。弁護団・市民運動・社会教育関連団体が連携しつつ裁判を進めているが、この事件は、前述したように日本国憲法・1947（昭和 22）年教育基本法・社会教育法で確認されてきた社会教育の自由・学びの自由の根幹に関わるだけに、戦後社会教育史における画期となる裁判になることが予測される。

　今回の裁判で「被告」さいたま市側は 2015（平成 27）年 12 月 11 日の第 2回口頭弁論における「答弁書」において「『公民館だより』は、社会教育法 5条 16 号に基づくもの」であり、「公民館を運営するのは、教育委員会であって、その権限は教育長に委任されている。公民館だよりの発行者は教育長である」「『公民館だより』については、教育長から専決の権限を与えられた桜木公民館

長の判断によって行うものであって、当然に、本件9条俳句が掲載されるものではない。原告に掲載請求権はない」と主張し、さらに「今回、本件9条俳句を不掲載としたのは、その『公民館だより』発行時の以下のような社会状況等を考慮し、公民館の性格上、これを掲載しなかったものである」として、次の事柄を挙げている。

> ア．当時、政府が憲法9条の解釈につき、従前維持してきた解釈と異なる解釈を示した。イ．これに対し、野党側は、この解釈変更を強く非難することになった。ウ．平成26年6月の時点では。これをめぐって政府与党と野党が対立し、一方国民の間でも、それぞれの意見が存在した。エ．このような状況下で、原告が詠んだ「デモ」は、政府の9条解釈に反対するための意思を示すものである。オ．ところで、公民館には、その性質上、党派性の無いこと、中立性、また、公平性等が求められる。…

このようなさいたま市側の主張は多くの論点・問題点を含んでおり、ここですべてを扱うことはできないが、筆者なりにいくつかの問題点を指摘してみよう。

まず第1は、「公民館だより」を社会教育法第5条16号と位置づけている点である。第5条は「市町村教育委員会の事務」を定めたものであって、本来、教育委員会の事務と教育機関の事業は区別されなければならず、「公民館だより」の発行は明らかに第22条（公民館の事業）に規定された1号から6号に関連する事業として位置付けられる[5]。

現実には、教育委員会事務局の社会教育行政部局がさまざまな事業を展開していること、この間の社会教育法「改正」のもとで「事業の実施」（例えば2001（平成13）年法改正による12号、2008（平成20）年法改正による14号・15号）が新設されてきていることなどが挙げられるが、かつて文部省（当時）は「市町村教育委員会は、公民館その他の社会教育施設の充実に努め、これらの施設を通じて社会教育事業を行なうことを原則とし、直接市町村住民を対象とする社会教育事業を行なうことはできるだけ抑制すること」（「社会教育審議会答申『急激な社会構造に対処する社会教育のあり方について』の写しについて」（昭和四六・五・一五・文社社第一〇五号、社会教育局長通知よ

第15章　現代日本の社会教育・生涯学習をめぐる課題―社会教育の自由と自治をめぐって―　269

り））と指摘していたのである。

　社会教育法は、第5条（市町村の教育委員会の事務）、第6条（都道府県の教育委員会の事務）、第22条（公民館の事業）というように、教育委員会の「事務」と教育機関の「事業」を明確に区別している。社会教育「事業」は「一定の目的の下に同種の行為を反覆継続的に行い、その行為が権力の行使を本体としない場合をさす」（昭26・6・29地社一六号社会教育局長）のであって、まさに社会教育の自由と自治に基づいて自律した教育機関のもとで展開されることが望ましく、教育委員会事務局はその事業展開を支えるための「環境醸成」責務に徹すべきであるからである。

　第2は、「『公民館だより』については、教育長から専決の権限を与えられた桜木公民館長の判断によって行うもの」という主張である。地区公民館である三橋公民館が属する大宮区の拠点公民館は桜木公民館であり、さらにその上に全市を対象とする中央公民館として生涯学習総合センターが位置づく。このようなヒエラルキー構造のもとで今回の事件が起こっているのである。しかし、「地区公民館の所掌事務」（「さいたま市公民館条例施行規則」平成15年3月27日教育委員会規則第16号）として「地区公民館事業の実施に関すること」が明記されているのであって、地区公民館事業の一環として「公民館だより」の発行が自律的に行われ得ることは「施行規則」からいっても自明である。

　そして、第3は、社会教育法第23条を援用して「公民館には、その性質上、党派性の無いこと、中立性、また、公平性等が求められる」として当該俳句の不掲載を正当化している点である。社会教育法制定時、寺中作雄は第23条の「政党的事業禁止の範囲」として「…併しながらいやしくも政党の事業と関係ある限り、何事も実施できないというのではない。すべての政党の公平な取り扱いによって公民館の活用を図る事は公民館の公共的利用に反することではなく、又公民教育の目的で各政党の立会演説会または各政党の人びとが参加する討論会等を公民館の主催をもって行うことは公民館の趣旨に反するものではない。また仮に一政党に公民館を利用させる場合でも常に公平平等な取り扱いをなす限り不当ではない」（『社会教育法解説』1949年）と述べていた。社会教育法第23条二号は、公民館が「特定の政党の利害に関する事業を行い、又

270 第4部 現代日本の社会教育・生涯学習の課題

は公私の選挙に関し、特定の候補者を支持すること」を禁止しているのであって、憲法上保障された市民の政治的活動を禁止したものではない。現行教育基本法第14条（政治教育）においても「良識ある公民として必要な政治的教養は、教育上尊重されなければならない」（傍点筆者）と規定している。教育施設である公民館こそ、政治教育が豊かに展開されなければならないのである。

3. 社会教育施設への指定管理者制度の導入について

　社会教育の自由と自治をめぐる問題と深く関わっているのが公民館・図書館などの社会教育施設の首長部局移管や指定管理者制度への移行である。公民館を教育委員会から首長部局に移管し、名称を生涯学習センターや地域交流センター、コミュニティセンターなどに変更して非公民館化する動きが各地で強まっている。社会教育施設としての性格を失えば社会教育法の適用外となり、指定管理者制度の導入が容易になり、有料化も導入しやすくなろう。

　指定管理者制度をめぐっては、さまざまなところでその問題点が明らかにされているが、2008（平成20）年5月23日に衆議院文部科学委員会において全会一致で採択された「社会教育法等の一部を改正する法律案に対する附帯決議」が重要である。そこでは「国民の生涯にわたる学習活動を支援し、学習需要の増加に応えていくため、公民館、図書館及び博物館等の社会教育施設における人材確保及びその在り方について、指定管理者制度の導入による弊害についても十分配慮し、検討すること」とされた。「社会教育施設における人材確保及びその在り方」に関わって「指定管理者制度」に「弊害」があると指摘したこの決議の持つ意味は大きい。

　この制度導入の趣旨は、同法改正時に出された総務省自治行政局長通知（2003（平成15）年7月17日）において示されているように、「市民サービスの向上と経費節減」が目的である。同通知は、一方で「道路法、河川法、学校教育法等個別の法律において公の施設の管理主体が限定される場合には、指定管理者制度を採ることができないものであること」と指摘している。学校と並

んで地方教育行政法第30条で教育機関として位置づけられている公民館は、地方教育行政法第21条（教育委員会の職務権限）において明確に公民館の管理主体は教育委員会であると明示されているのであって「公の施設」と「教育機関」をめぐっては、「個別法優先の原理」からいっても地方教育行政法が優先されるべきである。さらに社会教育法第28条の「市町村の設置する公民館の館長、主事その他必要な職員は、当該市町村の教育委員会が任命する」という規定からいっても公民館に指定管理者制度を導入することはなじまない。以下、公民館に焦点をあてて指定管理者制度の問題点を挙げてみたい。

① 「市民サービスの向上と経費節減」という指定管理者制度の導入の目的からいって、経費節減のない指定管理者制度導入はあり得ない。公募については「指定管理者の指定の申請にあたっては、住民サービスを効果的、効率的に提供するため、サービスの提供者を民間事業者から幅広く求めることに意義があり、複数の申請者に事業計画書を提出させることが望ましい。…」（総務省自治行政局長「指定管理者制度の運用について」総行経第38号平成22年12月28日）とされる。特に人件費の割合が高くなる社会教育施設の場合は、人件費を下げる圧力のもとで民間事業者間の「価格競争」が生まれ、結果的に自治体そのものが官製ワーキングプアを創出する状況に置かれよう。

② 指定管理者制度のもとでは、自治体の教育財産と多額の公費（指定管理料）が指定管理者に投入されることにもっと注視する必要がある。

③ 指定管理者制度は、地方自治法第244条の二5項で「指定管理者の指定は、期間を定めて行うものとする」とされ、指定期間を定めることによる問題も大きい。自治体職員には異動があるので指定管理者制度のほうが職員の専門性が高まるという議論があるが、多くの場合は指定管理者に非正規で雇用され、さらに指定期間終了後の継続雇用の見通しがない中では、職員の専門的力量の蓄積と継承に大きな困難性を有していることは明らかである。

④ 公民館などの使用許可権限が教育委員会から指定管理者に移行することによって施設使用に関わる恣意的運営がなされ、住民の学びの自由が

侵害される危険性がある。

⑤　利用料金制度の導入によって今まで無料であった公民館が有料化される可能性が大きい。

⑥　指定管理者制度導入によって公民館等社会教育施設が教育委員会直営でなくなることから、公民館などの教育機関と教育委員会事務局職員に社会教育の専門的力量が蓄積されず、教育委員会事務局は指定管理者の監督業務に特化されていくだろう。

⑦　自治体と指定管理者との間で結ばれる協定書において明記された業務内容を超える業務は許されない。公民館をはじめ教育機関に最も大切なことは、そこで働く職員が自主的かつ創造的に教育事業を展開していくことが求められているからである。

　以上、指定管理者制度をめぐる問題点を挙げてみた。同制度の導入については、社会教育施設の管理運営をめぐる重大な改編・変更であるにもかかわらず、公民館運営審議会・社会教育委員会議・教育委員会等での住民参加による民主的な手続きや議論が十分なされず、さらには当該社会教育施設の職員参加も保障されず、首長部局のトップダウンで決められる傾向が強いのが現状である。

4.「公的サービスの産業化」と「公共施設再生計画」

　自治体の行財政改革と連動した社会教育施設再編に加え、この間、自治体の公共施設の「老朽化」を背景に、ファシリティマネジメント（FM）の名のもとで公共施設再生計画が各地で作成され、公共施設の持つそれぞれ固有の目的が等閑視されて社会教育施設の廃止や統廃合に至る状況が生み出されつつある。総務省は 2014（平成 26）年 4 月 22 日に地方公共団体宛てに公共施設等の総合的かつ計画的な管理を推進するため、速やかに「公共施設等総合管理計画」の策定に取り組むよう要請し、併せて同計画の記載事項・留意事項をまとめた「公共施設等総合管理計画の策定にあたっての指針」を出している。そこ

では「統合や廃止の推進方針」あるいは「PPP/PFI の活用」などが打ち出されている。

　さらに安倍内閣による「骨太の方針」である「経済財政運営と改革の基本方針 2015 について」（2015（平成 27）年 6 月 30 日、閣議決定）においても、「公的サービスの産業化」として「民間の知恵・資金等を有効活用し、公共サービスの効率化、質の向上を実現するとともに企業や NPO 等が国、地方自治体等と連携しつつ公的サービスへの参画を飛躍的に進める」とし、さらに「一方、公共施設の管理・運営については、人口減少・高齢化を反映して、生産性・効率性の高いまちづくりを目指し、生活密着型施設の統廃合やネットワーク化を進める等、必要な機能を維持しつつストック量を適正化していく。また、老朽化した施設・設備の適切な維持管理・更新によってその費用の増加をできる限り抑制するとともに、ファシリティマネジメントを通じ公共サービスの産業化をすすめる」として、自治体「公共施設等総合管理計画」の策定などを通じて「公共サービスの産業化」をいっそう推し進めようとしている。

　「公共施設再生計画」による公民館の廃止・統合問題が起きている千葉県習志野市は、中学校区に 7 館の公民館を地域配置し、多彩な学級・講座の開催、自主的なサークル活動、住民参加の公民館報づくり、地域生涯学習圏会議設置 1992（平成 4）年など、市民と職員が協働して豊かな公民館活動を展開してきた地域である。指定管理者制度の問題が持ち上がった時は、習志野市公民館運営審議会が審議を重ねて、答申「これからの公民館事業と運営のあり方について」（2007（平成 19）年 10 月 16 日）をまとめ、公民館活動の蓄積を踏まえて直営の大切さを述べていた。

　その一方で、習志野市の「公共施設の老朽化」を背景に「公共施設マネジメント白書」2008（平成 20）年がまとめられ、2011（平成 23）年には公共施設再生計画検討専門協議会が「習志野市公共施設再生計画策定に対する提言書 ─負担を先送りせず、より良い資産を次世代に引き継ぐために ─」（2011 年 3 月 24 日）を提出した。そこでは「民間事業者のノウハウ・資金、人材を活用するための様々な制度、手法」に注目が寄せられ、「施設重視から機能優先への転換と多機能化・複合化の推進」などが指摘されていた。これらを受けて

市が作成した習志野市公共施設再生計画（2014（平成26）年3月）によれば、例えば公民館は、菊田公民館（機能停止）、大久保公民館（複合化）、屋敷公民館（機能停止）、実花公民館（複合化）、袖ヶ浦公民館（複合化・多機能化）、谷津公民館（複合化・多機能化）、新習志野公民館（改修）とされ、大久保・新習志野公民館を除く5館の公民館の廃止・機能統合が出された。

　習志野市の公共施設再生計画で特徴的なのは、①教育委員会が管理する教育機関を含めて公共施設の首長部局による一元管理を目指して習志野市資産管理室を設置したこと、②2015（平成27）年4月から新習志野公民館は株式会社オーエンスが指定管理者として指定され、先行して進められている大久保地区公共施設再生事業ではUDS株式会社に事業委託されるなど、公共施設再生計画そのものが民間事業者への委託と不可分の状況で進行していること、③そしてきわめて特徴的なことは、習志野市公共施設再生基本条例（2014（平成26）年7月7日）を制定したことである。そこでは「第5条（市民の責務）市民は、次世代の負担を軽減するため、公共施設の再生並びに管理運営及び維持保全に必要となる現在及び将来の財政負担に関する理解を深め、より良い資産を次世代に引き継ぐよう努めるものとする」とされ、パブリックコメント段階では第5条2項で「市民は、基本理念にのっとり、公共施設再生に関する理解を深め、市が実施する公共施設再生に関する施策に協力するよう努めなければならない」となっていたのである。

　まちづくりに関する市民の考えはさまざまであって、公民館では行政施策に対する批判的視点も含めて住民の自由な学びが保障されなければならない。公民館はまさにその学びの自由を通して住民自治力を高めていく社会教育施設なのであって、このような条例は住民の学びの自由と逆行するといわざるを得ない。

5. 教育委員会に対する首長権限の拡大と自治体社会教育行政の再編

　指定管理者制度や公共施設再生計画をめぐって問われている問題は、実は今日の教育委員会制度が問われている問題でもある。戦後の教育委員会制度は、1947（昭和22）年教育基本法第10条を直接受けて制定された。すなわち1948（昭和23）年教育委員会法第1条は公選制の教育委員会制度を発足させた。以下の目的で、公選制の教育委員会制度を発足させた。

　　この法律は、教育が不当な支配に服することなく、国民全体に対し直接に責任を負って行われるべきであるという自覚のもとに、公正な民意により、地方の実情に即した教育行政を行うために、教育委員会を設け、教育本来の目的を達成することを目的とする。

戦後の地方教育行政における教育行政の民衆統制、地方分権、一般行政からの独立性を原理に進められたのである。

　残念ながら公選制教育委員会制度は、「教育の政治的中立」「教育行政と一般行政との調和」などを理由にした「地方教育行政の組織及び運営に関する法律」（以下、地方教育行政法と略す）の強行成立によって廃止させられ、首長が議会の同意を得て任命する任命制教育委員会に改編させられた。地域住民によるレイマンコントロールと教育長のプロフェッショナルリーダーシップという理念を掲げた公選制教育委員会制度は、1956（昭和31）年を境に大きく変質させられたのである。にもかかわらず教育の自主性を担保するために、教育委員会は一般行政から独立した行政委員会として、矛盾や課題を抱えながらも今日まで大きな役割を果たしてきた。

　その教育委員会制度が2014年6月の地方教育行政法改正（施行は2015年4月）によって大きく変更させられる。改正の概要は、以下の通りである。

1. 教育行政の責任の明確化　○教育委員長と教育長を一本化した新たな責任者（新教育長）を置く。（13条関係）○教育長は、首長が議会同意を得て、直接任命・罷免を行う。（4条、7条関係）○教育長は、教育委員会の会務を総理し、教育委員会を代表する。（13条関係）○教育長の任期は、3年とする（委員は4年）。（5条関係）など。2. 総合教育会議の設置、大綱の策定　○首長は、総合教育会議を設ける。会議は、首長が招集し、首長、教育委員会により構成される。（1条の4関係）○首長は、総合教育会議において、教育委員会と協議し、教育基本法第17条に規定する基本的な方針を参酌して、教育の振興に関する施策の大綱を策定する。（1条の3関係）○会議では、大綱の策定、教育条件の整備等重点的に講ずべき施策、緊急の場合に講ずべき措置について協議・調整を行う。調整された事項については、構成員は調整の結果を尊重しなければならない。

（1条の4関係）（文部科学省のホームページより）

　教育長はこれまで教育委員会の任命であったが、「改正」法では、新教育長を首長が議会の同意を得て直接任命し、さらに首長が招集する総合教育会議が設けられ、首長に教育振興施策大綱の策定権まで付与している。これまでも実態として教育委員会の首長部局からの独立性は脆弱であったが、今回の改正によって教育委員会に対する首長の権限強化が新教育長・総合教育会議・教育振興施策大綱のチャンネルを通じて作られたことはきわめて重大である[6]。

　特に筆者が注目しているのは、総合教育会議における「協議」「調整」である。「調整された事項」については、会議の構成員である首長と教育委員会は「その調整の結果を尊重しなければならない」（第1条の四の8）と法的尊重義務を課せられた。

　総合教育会議において首長に任命された教育長あるいは教育委員が首長の示す教育政策に異論を唱えるのは実際には大変難しい。例えば2015（平成27）年11月9日に開催された大阪府守口市総合教育会議会議録（守口市ホームページ）を見ると、そこでは、公民館のコミュニティセンターへの転換、地域のコミュニティ活動の促進のために公民館地区運営委員会組織の地域コミュニティ協議会への再編、地域コミュニティ拠点施設への指定管理者の導入、地区コミュニティセンターおよび地域コミュニティ拠点施設の有料化と5つの機能の設定（市民協働推進、健康・相談・生活支援、学習・運動・人材育成、集

会、防災支援）、教育委員会事務局生涯学習部の市長部局移管（地域づくりと結びつけていくために事務を一元化）、などが市民生活部長から説明され、教育委員会との質疑応答が記録されている。そして結局、2016（平成28）年3月末日をもって67年の歴史を有する公民館が廃止されている。

コミュニティ形成や地域づくりの方向をめぐっては「社会教育とも密接な関係がある地域の課題解決にかかわる住民の活動においては、行政も含めた関係者間での意見や考え方が異なることがしばしば見られる点にも留意する必要がある」（中央教育審議会生涯学習分科会ワーキンググループ「審議の整理」2013（平成25）年9月25日より）のであって、総合教育会議が市長部局の一方的な政策説明と「調整」の場であってはならないのは言うまでもない。しかし、地方教育行政法改正は、そのような首長の意向を反映させる回路をつくったといえるのである。

おわりに

今日、地域・自治体においては、公民館など社会教育施設と地域住民組織の再編を伴いながら、まちづくり・地域づくりを進めるコミュニティ行政に自治体社会教育行政が包摂されていく事態が生まれている。しかしながら、社会教育の自由と自治を守り保障するために、一般行政から独立した教育委員会制度があり、その教育委員会のもとに公民館などの社会教育施設が設置されていることの意味を、今日の政治的・社会的文脈のもとに位置づけ直してみることが重要であろう。

2006（平成18）年の教育基本法「全部改正」によって新設された「生涯学習の理念」は「国民一人一人が、自己の人格を磨き、豊かな人生を送ることができるよう」と述べているが、ここで述べられている人格概念を、同法第1条（教育の目的）・第2条（教育の目標）の文脈で捉えるならば、例えば「学問の自由を尊重しつつ」（第二条1項）と言いつつも、「伝統と文化を尊重し、それらをはぐくんできた我が国と郷土を愛するとともに、他国を尊重し、国際社会

278 第4部 現代日本の社会教育・生涯学習の課題

の平和と発展に寄与する態度を養うこと」（第二条五号）が教育基本法の求める人格概念とされかねない。さらに「その成果を適切に生かすことのできる社会の実現が図られなければならない」も、学びの成果を適切に生かすか、生かさないかも、本来学習者の自主的判断に任せられるべきである。このように読み解くと教育基本法第3条「生涯学習の理念」は、社会教育の自由の原理と大きく齟齬すると言わねばならない。一方、社会教育概念自体も学校教育支援にシフトしつつあり[7]、社会教育・生涯学習をめぐってはさまざまなコンテキストが錯綜している状況にある。このような中で、改めて生涯にわたる学びの権利を保障する社会教育・生涯学習の営みをそれらが内包する諸矛盾も含めて住民一人ひとりが主体的・自覚的に捉え、地域社会教育計画の主体になっていくことが求められているといえよう。

注
1) 詳しくは拙著『現代生涯学習と社会教育の自由』学文社、2006年を参照されたい。
2) 2015（平成27）年4月に、東京都中野区は、社会教育委員会議を廃止したが、その理由として「近年は社会教育という概念だけにとらわれずに、それこそ健康づくりですとか、それから高齢化時代を迎えて生きがい対策とか生きがいづくりという意味では、さまざまな分野がかかわっているというか、そういう状況になっています。…区政全体としてこれからも生涯学習について…進めていく必要があると思っていまして…」（中野区教育委員会会議録2015年1月16日）と述べられている。
3) 片野親義「さいたま市における合併問題と社会教育・公民館」『月刊社会教育』2003年6月号、国土社、より。なお、2003（平成15）年から公民館事業費は区役所コミュニティ課から支出されていたが、現在は教育委員会に戻っている。また、現在は、中央公民館として生涯学習センター・10の拠点公民館・49の地区公民館の60館体制になっている。
4) 長澤成次「地域の未来を築く公民館と教育委員会」『月刊社会教育』2004年4月号、国土社、を参照のこと。なお、政令指定都市における公民館体制は、多くのところで区行政を梃に公民館体制の再編・合理化が行われてきた。例えば1992（平成4）年に政令指定都市になった千葉市では2000（平成12）年4月に6つの区ごとに中核公民館を配置する体制に移行し、それまで全館に配置されていた公民館運営審議会を中核公民館ごとに配置して公運審を削減した。ただし、千葉市の場合は現在47館すべてに公民館運営懇談会を配置し、課題を残しつつも公民館運営に住民参加方式を取り入れている。
5) 公民館報の持つ意義については、長澤成次「地域に学びと自治を創る公民館報の可能性」

第15章　現代日本の社会教育・生涯学習をめぐる課題 ― 社会教育の自由と自治をめぐって ―　*279*

『月刊社会教育』2010 年 6 月号、国土社を参照。

6)　なお、改めて地方教育行政法の国会審議における前川初中局長答弁「旧教育委員会法の提
　　案理由説明に挙げられた三つの根本方針ですが、まず、原則として各地方公共団体が地方教
　　育行政を行うという教育行政の地方分権の考え方…この地方分権の考え方は、現行制度ある
　　いは改正案においても基本的に変わらないと考えております。…現行制度、改正案において
　　も、この首長からの独立性ということにつきましては基本的に変わらないと考えております。
　　…この住民意思の反映という理念につきましても、基本的には、現行制度あるいは改正案に
　　おきましても変わらないと考えております」(衆議院・文部科学委員会、2014(平成 26)年
　　4 月 16 日) に注目しておきたい。

7)　2015 年 12 月に「新しい時代の教育や地方創生の実現に向けた学校と地域の連携・協働の
　　在り方と今後の推進方策について」「チームとしての学校の在り方と今後の改善方策につい
　　て」「これからの学校教育を担う教員の資質能力の向上について ― 学び合い、高め合う教員
　　養成コミュニティの構築に向けて ―」の 3 つの答申が出され、それらを受けて出された文部
　　科学大臣決定 (2016 年 1 月 25 日) は、「学校と地域の連携・協働」に向けた社会教育法「改
　　正」、社会教育主事講習等規定の見直しの動きを強めている。

付記　本章は、これまで筆者が書きとめてきた、「社会教育施設再編の現段階 ― 住民の学びの
　　自由と権利を実質化する自治体社会教育行政の課題」(『住民と自治』2015 年 6 月号、自治体
　　研究社)、「人権としての社会教育　その現状と展望」(『経済』2015 年 10 月号、新日本出版
　　社)、「社会教育の自由と自治をめぐる今日的課題」(『自治と分権』2016 年春号、大月書店)
　　などを再構成し、加筆したものである。

お わ り に

　本書は、『現代世界の生涯学習』（大学教育出版、2002 年）の続編のような
ものだが、あれから 15 年近く経過しており、構成も内容も大きく変わってい
る。また、『現代世界の生涯学習』は、新海英行先生の名古屋大学退官を記念
して編集されたものであったが、本書は、新海英行先生の喜寿のお祝いを記念
して、教えを受けた者が寄稿して編集されたものである。喜寿のお祝いの会は
一昨年の 11 月に開いたので、2 年近く遅れての刊行となってしまったことを
まずはお詫び申し上げたい。

　名古屋大学の社会教育研究室は、比較研究を重視してきた伝統がある。
1965（昭和 40）年には、古木弘造編『外国の社会教育施設』（光文書院）が刊
行され、1967（昭和 42）年には『続外国の社会教育施設』が刊行された。私
はまだ中学生だったが、当時としては、海外の社会教育施設の全体動向を把握
する唯一の文献だったのではないかと思われる。その後、小川利夫先生が着任
され、続けて新海英行先生が着任されて、比較研究が継続された。両先生のも
とに多彩な大学院生が集まり、比較研究としては、イギリス、アメリカ、ドイ
ツ、フランス、イタリア、中国、北欧、ブラジル、韓国といった国々の研究を
それぞれの院生が行い、ゼミで発表して討論した。私は日本の歴史研究をして
いたが、比較研究もしなさいというアドバイスのもと、旧ソ連と旧ユーゴスラ
ヴィアの研究をほんの少しだけ行っていた。たまたまロシア語を読めたからで
ある。

　今回、新海英行先生の喜寿を記念して、再び教え子たちが集まり、このよう
な『世界の生涯学習』というタイトルを冠した本を発行できるのは、本当に嬉
しいことである。名古屋大学社会教育研究室の伝統が生きていることを示すこ
とができたからである。しかし、残念ながら近年は、海外、特に欧米の研究を
する院生はほとんどいない。日本社会教育学会全体を見渡しても、欧米の研究
をする若手研究者は少なくなったように思う。

おわりに　*281*

　本書は、一定の方針を設定したわけではなく、執筆者にそれぞれの問題意識で自由に書いていただいた。しかし、現代世界の諸課題を踏まえた論稿が集まったのではないかと思う。本書は学術書であるとともに大学の授業のテキストとして使用できるような構成にした。テキストとしても使っていただければ幸甚である。

　最後に、出版事情が厳しい折、本書の出版を快く引き受けていただいた大学教育出版の佐藤守氏に感謝申し上げたい。あわせて、校正など細かい編集作業に携わっていただいた中島美代子さんにも感謝申し上げたい。

　　　　　　　　　　　　　　　　　　　　　　　　松田　武雄

索　引

数字、A～Z

3L　　53-58, 61, 62, 65-67
5・31 教育改革方案　　168
CLC　　19, 183-197, 203, 206, 208-212
CLC 運営委員会　　185, 186, 193
EU　　i, 19, 22, 24, 27, 29, 32, 49, 50, 66, 67, 69
K-MOOC　　172, 180
NIACE　　54, 55, 63, 64, 67, 68
OECD　　ii, 19, 22, 24, 26, 27, 64, 68, 150, 165
Social Pedagogy　　33

ア行

アジア太平洋地域万人のための教育事業
　（APPEAL）　　184
アジア南太平洋成人教育協会（ASPBAE）
　　　　184
アソシアシオン　　87-93, 97
アダルトスクール　　104-106, 111-115
アニマシオン・センター　　87
アニマトゥール国家資格免状　　90, 91, 94
アニマトゥール職適性証　　89
アメリカ化教育　　112
異文化間教育　　9, 50, 51
王権神授説　　220
オスカー，オールソン　　77, 84

カ行

学習型都市　　151, 155-160, 162, 164-166
学習権　　ii, iii, 3, 9, 25, 151, 192, 263
学習権宣言　　25, 194, 263

学習権保障　　3, 229, 236
学習口座　　172, 176, 179
学習サークル民主主義　　78
学習社会　　38, 173, 221
学習の自由　　14, 37, 267
学点銀行制度　　174, 175
学校外活動アニマトゥール　　92
学校外教育アニマシオン　　87
ガドッチ，モアシル　　126
関係態　　225
官民協働　　146, 178, 179
寄宿制民衆大学　　39, 40
基礎教育　　43-46, 50, 88, 101, 111, 123, 124, 134, 135, 159, 182, 187, 192, 217
機能的非識字　　133, 134
基本的人権　　182, 218, 230, 234
九条俳句不掲載損害賠償等請求事件　　267
教育格差　　150, 151, 165, 168, 179
教育基本法　　10, 13, 16, 135, 221, 235, 250, 262-264, 267, 270, 275-278
教育行政のネットワーク化　　223
教育権保障　　16, 229
教育振興基本計画　　223, 224, 228
教育福祉　　33, 170, 178, 229-232, 234, 235, 239, 240, 242
教育福祉優先事業　　179
協同　　49, 95, 193, 233, 234, 236-241
共同学習　　11, 13, 17, 40, 162, 252, 253, 256, 261
共同体運動　　180
規律・訓練　　222
近代的自我　　219, 220

索　引　*283*

勤労青年会館　　87

グルントヴィ, N.　　39, 52

継続教育　　28, 36, 37, 39, 41-45, 47-52, 61, 119, 120, 128, 129, 152-157, 159-162, 164, 165

憲法第 89 条　　265

公共施設再生計画　　264, 272-275

公共性　　i, ii, 1, 2, 12, 17, 100-102, 104, 115, 229, 231, 233, 234, 237, 242

公正性　　194

公選制教育委員会　　275

公的サービスの産業化　　273

行動のためのベレン・フレームワーク　　25, 31, 33

幸福学習センター　　171, 172

公民館　　ii, 2, 7, 14, 72, 183, 195, 196, 261, 262, 265-274, 276-278

公民館運営審議会　　265-267, 272, 273, 278

功利主義　　195

公立学校成人教育　　104-106, 109, 113, 115

高齢者学級　　6

国際成人教育会議（CONFINTEA）　　21, 22, 25, 33, 41, 118-122, 125, 128-130, 194, 202, 203, 205, 208, 210-213, 263

互酬性の規範　　193

鯱城学園　　6

国家平生学習ポータルサイト　　172

国家平生教育振興院　　171, 172, 175-177, 181

子どもの権利条約　　2, 11, 243, 252, 261

子どもの貧困率　　244

コミュニティ・カレッジ　　104, 105, 107-113, 115

コミュニティ・サービス・プログラム

108

コミュニティ学習センター　　183

コミュニティ幼稚園　　188

サ行

ジェンダー　　17, 25, 121, 123, 187, 190, 193, 194

識字　　ii, 50, 183

識字教室　　136, 140, 141, 143, 185, 189, 191

識字後教育　　186, 187, 192

識字率　　133, 134, 137, 138, 147, 183, 184, 187, 188, 192

自己実現　　2, 12, 24, 41, 218-223, 226, 249, 250, 252, 253

自己責任　　1, 31, 32, 221

自己利益最大化　　195

市場原理政策　　i, 2, 3

自然権　　217-220, 226

指定管理者制度　　ii, 264, 270-273, 275

市民セクター　　179

市民文化活動　　12, 218, 220

社会・社会文化センター　　88

社会関係資本　　173, 192, 193

社会教育終焉論　　217

社会教育の自由と自治　　6, 13, 264, 266, 269, 270, 277

社会教育法　　10, 13, 169, 262-265, 267-271, 279

社会経験認定　　95

社会権　　iii, 217-220, 226, 238, 239

社会参加　　3, 33, 38, 47, 51, 126, 218, 219, 223, 260, 261

社会的格差（ソーシャル・ギャップ）　　2, 192, 194, 238

社会的教育・文化アニマシオン　95

社会的弱者　1, 4, 17, 163

社会保障　37, 91, 121, 226

社区教育　153-155, 157, 160-162, 165

自由権　218-220

収入向上プログラム　186

住民自治　159, 173, 178-180, 238, 265, 266, 274

住民自治センター　173

出入国管理法　9

生涯学習振興整備法　222, 262, 263

生涯学習センター　6, 7, 10, 12, 14, 270, 278

生涯学習体系への移行　ii, 30, 31, 262

生涯学習年　22

障害者青年学級　8

職業技術訓練　160, 183, 185-189, 193

職業平生教育　172

自立型地方化　173

人権保障　231, 235-238

新自由主義政策　i, 1, 4

身体性　216, 225

新方向　40

進歩主義教育思想　104

新来外国人（ニューカマー）　3

スミス, レスター　15

生活改善運動　190, 193

生活史学習　253-256

生活文化運動　239

生権力　220

青少年・民衆教育・スポーツ職免状　88, 95

成人学習に関するハンブルク宣言　21, 25, 204

成人教育学（Andragogik）　41

成人文解教育　171, 172, 174, 179

成人文解教育支援事業　174

青年と文化の家連盟　86

セーフティ・ネット　193, 224, 234

全国労働協約　91, 96, 97

全米ライシアム協会　112

総合教育会議　276, 277

相互承認　217, 225-227, 248-253, 256, 258

相互扶助　102, 193, 220

相互扶助促進事業　186

ソーシャル・キャピタル　193

ソーンダイク　102-104

タ行

多文化家族支援法　177

多文化家庭　176

地域教育ネットワーク　178

地域共同体づくり　178, 179

地域自治体づくり　236, 237

地域生涯学習振興基本構想　263

地域成人教育コンソーシアム（LARAEC）　109-112

地域の家　88

地域福祉　16, 183, 192, 248

小さな政府　2

知の循環型社会　31, 223

地方公務員アニマトゥール　89, 92-94, 96

地方分権一括法　265

付き添い型学習活動　87

デューイ, J.　10, 102, 104

寺子屋　183

天賦人権論　220, 226

ドイツ民衆大学連盟（DVV）　41, 42, 45,

49, 50, 203-207, 211
当事者性　225
同等性（同等化）プログラム　189, 192
洞別協議体　179
独学学位制度　172, 174
篤志的アニマトゥール　89, 90, 92, 96, 97
ドロール・レポート（学習：秘められた宝）
　　　　　23

ナ行

那須野隆一　261
習志野市公共施設再生基本条例　274
日本ユネスコ協会連盟　183, 184
人間開発指数　131, 132
任命制教育委員会　275
ノールズ，M.　101, 103, 104
ノンフォーマル教育　128, 183-185, 189,
　192, 208
ノンフォーマル成人教育　27

ハ行

ハーバーマス　219
排除　i, 3, 28, 38, 47, 50, 55, 88, 126, 136,
　164, 194, 216, 217, 222, 232, 233, 235,
　239, 241
パウロ・フレイレ研究所　119, 126
パンドラの箱　222-224
万人のための教育（EFA）　182-185, 195,
　208
非識字者　37, 46, 121, 133, 135, 137, 144,
　166, 182, 183, 186, 192
非宗教的事業連盟　86
ピヒト，W.　40
フォーマル成人教育　28, 29

フォール・レポート（生きるための学習）
　　　　　23
フォレーニング　71, 79-82
ブラック企業　244, 245
フレイレ，パウロ　ii, 119, 126, 127, 136,
　143, 144
文解教育　170, 171, 174, 180
平生学習館　171-173, 177
平生学習口座制度　172, 175, 176
平生学習タイムズ　180
平生学習中心大学育成事業　175
平生学習都市　172, 174, 180
平生学習都市造成事業　172, 173, 179
平生教育　168-172, 175-180, 263
平生教育院　173
平生教育士　170-172, 177, 180
平生教育振興院　170-172, 175-177, 180
平生教育振興基本計画　170, 181
平生教育振興条例　172
平生教育法　168-170, 174, 177, 179, 263
平成の大合併　223
ペーゲラー，F.　41
ボイエルレ，Th.　41
保健・衛生環境の改善　192
保健・衛生教育　186, 187, 190
ホッブズ　218, 222

マ行

マウル（共同体）　180
マウル共同体支援事業　180
マハッラ　207-209, 211
未完のプロジェクト　219, 220, 225
ミリタンティズム　90, 96, 97
民間職員アニマトゥール　89-91, 96, 97

民衆教育　　ii, 27, 29, 37, 40, 69, 70, 72-75,
　78-80, 82, 83, 85, 88-90, 94-97, 119, 120,
　126-129, 136, 140, 141, 143, 145-148
民衆教育協議会　　72, 75, 82, 128
民衆教育への国庫補助に関する政令　　75
民衆大学　　ii, 27, 29, 36-52, 70, 77, 79, 83,
　203
民主化宣言　　179
文部次官通牒「公民館の設置運営について」
　　　　　　　　　　　　　　　　262

ヤ行

夜間民衆大学　　40

山びこ学校　　14
ユネスコ生涯学習研究所（UIL）　　130,
　157, 158, 166, 212, 213
ユネスコ世界寺子屋運動　　183
余暇センター　　87

ラ行

ライスバンク（米銀行）　　187, 189, 193
リヴァイアサン　　218, 220, 225
リカレント教育　　26
臨時教育審議会（臨教審）　　ii, 30, 31, 221,
　223, 224, 262
ルソー, J.　　10, 103, 218

執筆者紹介 （執筆順）

新海　英行 （しんかい　ひでゆき）　**編者**
　現　　職：名古屋大学 名誉教授、柳城学院 理事
　最終学歴：名古屋大学大学院教育学研究科博士課程（後期課程）満期退学
　学　　位：博士（教育学）
　主　　著：
　　『GHQ の社会教育政策 ― 成立と展開 ―』大空社、1990 年
　　『子ども・青年の生活と教育』大学教育出版、1993 年
　　『現代社会教育の軌跡と展望 ― 生涯にわたる学習権保障の視点から ―』大学教育出版、
　　　1999 年
　担 当 章：はじめに、序論、第 1 章

松田　武雄 （まつだ　たけお）　**編者**
　現　　職：名古屋大学大学院教育発達科学研究科 教授
　最終学歴：名古屋大学大学院教育学研究科博士課程（後期課程）満期退学
　学　　位：博士（教育学）
　主　　著：
　　『現代社会教育の課題と可能性 ［新装版］』九州大学出版会、2009 年
　　『コミュニティ・ガバナンスと社会教育の再定義』福村出版、2014 年
　　『社会教育福祉の諸相と課題 ― 欧米とアジアの比較研究 ―』（編著）大学教育出版、
　　　2015 年
　担 当 章：総論、おわりに

鈴木　尚子 （すずき　なおこ）
　現　　職：徳島大学大学院総合科学研究部（大学開放実践センター）准教授
　最終学歴：英国ウォーリック大学大学院生涯教育研究科博士課程（PhD コース）修了
　学　　位：Ph.D. in Continuing Education （University of Warwick, UK）
　主　　著：
　　Naoko Suzuki （2010）, 'How to motivate Japanese NEET: Some possible implications
　　　for the role of learning', in Merrill, B. & González-Monteagudo, J. （Eds.）, *Educational
　　　Journeys and Changing Lives: Adult Student Experiences*, Vol.2, Digital@Tres:
　　　Sevilla, España, pp.332–341.

Naoko Suzuki (2014), 'The meaning of culture dissemination in Japanese inter-generational learning' / 'Il senso della disseminazione culturale per l'apprendimento intergenerazionale in Giappone', *European Journal of Research on Education and Teaching/ FORMAZIONE & INSEGNAMENTO* (ISSN1973-4778), No.2, pp.73-81.

Naoko Suzuki (2014), 'New Trends in Learning about Disaster Prevention: Some Lessons from the 2011 Great East Japan Earthquake', *Literacy Information and Computer Education Journal* (ISSN 2040-2589), Vol.5, No.2, pp.1458-1464.

担 当 章：第 2 章

木見尻　哲生　（きみじり　てつお）

現　　職：愛知大学 非常勤講師

最終学歴：名古屋大学大学院教育学研究科博士課程（後期課程）満期退学

学　位：修士（教育学）

主　著：

　『公民館・コミュニティ施設ハンドブック』（共著）エイデル研究所、2006 年

　『社会教育・生涯学習の再編とソーシャル・キャピタル』（共著）大学教育出版、2012 年

　『社会教育・生涯学習辞典』（共著）朝倉書店、2012 年

担 当 章：第 3 章

岩橋　恵子　（いわはし　けいこ）

現　　職：志学館大学法学部 教授

最終学歴：名古屋大学大学院教育学研究科博士課程（後期課程）満期退学

学　位：修士（教育学）

主　著：

　「フランス・アニマトゥール（社会教育関係職員）の専門職性とアイデンティティの形成」

　『日本学術振興会科学研究補助成果報告書』2014 年

　『地域を支える人々の学習支援』（共著）東洋館出版社、2015 年

　『大学はコミュニティの知の拠点となれるか』（共著）ミネルヴァ書房、2016 年

担 当 章：第 4 章

新田　照夫　（にった　てるお）

現　　職：長崎大学生涯学習教育研究センター 准教授、2016 年 3 月定年退職

最終学歴：名古屋大学大学院教育学研究科博士課程（後期課程）修了

学　位：教育学博士

主　著：
『六三制と大学改革 ― 大衆的大学の日米比較 ―』大学教育出版、1994 年
『大衆的大学と地域経済 ― 日米比較研究 ―』大学教育出版、1998 年
『生涯学習と評価 ― 住民自治をめざす主体形成 ―』大学教育出版、2006 年
担 当 章：第 5 章

野元　弘幸　（のもと　ひろゆき）

現　　職：首都大学東京 都市教養学部 教授
最終学歴：名古屋大学大学院教育学研究科博士課程（後期課程）中途退学
学　位：修士（教育学）
主　著：
「ブラジルにおける識字教育と青年・成人教育改革」（共著）牛田千鶴編『ラテンアメリ
　　カの教育改革』行路社、2007 年
「大船渡市赤崎地区公民館の避難・復旧経験に学ぶ」（共著）石井山竜一編『東日本大震
　　災と社会教育　3・11 後の世界とむきあう学習を拓く』国土社、2012 年
「アイヌ民族・先住民族教育研究の課題と展望」（共著）日本社会教育学会編『アイヌ民
　　族・先住民族教育の現在』東洋館出版社、2014 年
担 当 章：第 6 章

二井　紀美子　（にい　きみこ）

現　　職：愛知教育大学教育学部 准教授
最終学歴：名古屋大学大学院教育発達科学研究科博士課程（後期課程）満期退学
学　位：博士（教育学）
主　著：
『岐路に立つ移民教育 ― 社会的包摂への挑戦』（共著）ナカニシヤ出版、2016 年
担 当 章：第 7 章

上田　孝典　（うえだ　たかのり）

現　　職：筑波大学人間系 准教授
最終学歴：名古屋大学大学院教育発達科学研究科博士課程（後期課程）修了
学　位：博士（教育学）
主　著：
「中国における地域教育施設」『日本公民館学会年報』第 7 号、2010 年
『未来をつくる教育 ESD ― 持続可能な多文化社会をめざして』（共著）明石書店、2010 年

「近代中国における啓蒙と教育 ― 清末における『開民智』の言説を中心に ― 」筑波大学
人間系『学系論集』第36巻、2012年

担 当 章：第8章

李　　正連　（い　じょんよん）

現　　　職：東京大学大学院教育学研究科 准教授

最終学歴：名古屋大学大学院教育発達科学研究科博士課程（後期課程）修了

学　　位：博士（教育学）

主　　著：

『韓国社会教育の起源と展開 ― 大韓帝国末期から植民地時代までを中心に ― 』大学教育
出版、2008年

『社会教育福祉の諸相と課題 ― 欧米とアジアの比較研究 ― 』（共著）大学教育出版、
2015年

『国家主義を越える日韓の共生と交流 ― 日本で研究する韓国人研究者の視点 ― 』（共編
著）明石書店、2016年

担 当 章：第9章

益川　浩一　（ますかわ　こういち）

現　　　職：岐阜大学地域協学センター長、教授

最終学歴：名古屋大学大学院教育学研究科博士課程（前期課程）修了

学　　位：修士（教育学）

主　　著：

『戦後初期公民館の実像』大学教育出版、2005年

『戦後岐阜社会教育史研究』開成出版、2013年

『現代社会教育・生涯学習の諸相　歴史編』大学教育出版、2015年

担 当 章：第10章

河野　明日香　（かわの　あすか）

現　　　職：名古屋大学大学院教育発達科学研究科 准教授

最終学歴：九州大学大学院人間環境学府博士課程（後期課程）修了

学　　位：博士（教育学）

主　　著：

『「教育」する共同体 ― ウズベキスタンにおける国民形成と地域社会教育』九州大学出版
会、2010年

Asuka Kawano, *Mahalla and its Educational Role: Nation-Building and Community Education in Uzbekistan*, Kyushu University Press, March 2015.

『社会教育福祉の諸相と課題 ― 欧米とアジアの比較研究 ― 』（共著）大学教育出版、2015 年

担 当 章：第 11 章

牧野　　篤　（まきの　あつし）

現　　　職：東京大学大学院教育学研究科 教授

最終学歴：名古屋大学大学院教育学研究科博士課程（後期課程）修了

学　　位：博士（教育学）

主　　著：

『認められたい欲望と過剰な自分語り ― そして居合わせた他者・過去とともにある私へ ― 』東京大学出版会、2011 年

『人が生きる社会と生涯学習 ― 弱くある私たちが結びつくこと ― 』大学教育出版、2012 年

『生きることとしての学び ― 2010 年代・自生する地域コミュニティと共変化する人々 ― 』東京大学出版会、2014 年

担 当 章：第 12 章

高橋　正教　（たかはし　まさのり）

現　　　職：至学館大学 教授

最終学歴：名古屋大学大学院教育学研究科博士課程（後期課程）満期退学

学　　位：教育学修士

主　　著：

『教育福祉論入門』（共編著）光生館、2001 年

『障がい者が学び続けるということ　生涯学習を権利として』（共著）新日本出版社、2016 年

担 当 章：第 13 章

大村　惠　（おおむら　めぐみ）

現　　　職：愛知教育大学 教授

最終学歴：名古屋大学大学院教育学研究科博士課程（後期課程）満期退学

学　　位：教育学修士

主　　著：

『現代世界の生涯学習』（共著）大学教育出版、2002 年

「NPO・NGO における評価論の社会教育的意義 ― 参加型評価の可能性 ― 」『日本社会教

育学会年報』第56集、2012年

『子どもにやさしいまちづくり第2集』（共著）日本評論社、2013年

担 当 章：第14章

長澤　成次　（ながさわ　せいじ）

現　　職：千葉大学教育学部　教授

最終学歴：名古屋大学大学院教育学研究科博士課程（後期課程）満期退学

学　　位：教育学修士

主　　著：

『教師教育テキストシリーズ　社会教育』（編著）学文社、2010年

『公民館で学ぶⅣ　人をつなぎ、暮らしをつむぐ』（編著）国土社、2013年

『公民館はだれのもの　住民の学びを通して自治を築く公共空間』自治体研究社、2016年

担 当 章：第15章

■編著者紹介

新海　英行　（しんかい　ひでゆき）

　　現　　職：名古屋大学名誉教授、柳城学院理事
　　学　　位：博士（教育学）
　　主　　著：
　　『現代世界の生涯学習』（編著）大学教育出版、2002 年
　　『現代日本社会教育史論』（編著）日本図書センター、2002 年
　　『現代ドイツ民衆教育史研究 ― ヴァイマル期民衆大学の成立と展開
　　　―』（単著）日本図書出版、2004 年
　　『生涯学習概説』（共編）勉誠出版、2010 年（改訂）

松田　武雄　（まつだ　たけお）

　　現　　職：名古屋大学大学院教育発達科学研究科教授
　　学　　位：博士（教育学）
　　主　　著：
　　『社会教育・生涯学習の再編とソーシャル・キャピタル』（編著）大
　　学教育出版、2012 年
　　『現代の社会教育と生涯学習』（編著）九州大学出版会、2013 年
　　『コミュニティ・ガバナンスと社会教育の再定義』（単著）福村出版、
　　2014 年
　　『社会教育福祉の諸相と課題 ― 欧米とアジアの比較研究 ―』（編著）
　　大学教育出版、2015 年

世界の生涯学習
― 現状と課題 ―

2016 年 10 月 30 日　初版第 1 刷発行

■編 著 者 ——— 新海英行／松田武雄
■発 行 者 ——— 佐藤　守
■発 行 所 ——— 株式会社 大学教育出版
　　　　　　　　〒 700-0953　岡山市南区西市 855-4
　　　　　　　　電話（086）244-1268　FAX（086）246-0294
■印刷製本 ——— モリモト印刷㈱

©Hideyuki Shinkai, Takeo Matsuda 2016, Printed in Japan
検印省略　　落丁・乱丁本はお取り替えいたします。
本書のコピー・スキャン・デジタル化等の無断複製は著作権法上での例外を除き禁じられ
ています。本書を代行業者等の第三者に依頼してスキャンやデジタル化することは、た
とえ個人や家庭内での利用でも著作権法違反です。
ISBN978-4-86429-403-4